Sabine Thomsen

Goldene Bräute

Württembergische Prinzessinnen auf europäischen Thronen

Silberburg-Verlag

Sabine Thomsen, Jahrgang 1944, ist in einem schwäbischen Pfarrhaus aufgewachsen. In den letzten Jahren hat sie sich verstärkt mit der württembergischen Landesgeschichte beschäftigt, wozu sie schon früh durch die Tübinger Vorlesungen und Exkursionen mit Professor Decker-Hauff angeregt wurde. Sie leitet Kultur- und Studienreisen und hält Vorträge über Frauen aus dem Hause Württemberg.

Bilder auf der Einbandvorderseite:

**Queen Marys Diadem »The Girls of Great Britain and Ireland«.
Darunter die Porträts Queen Marys (links),
der russischen Zarin Maria Feodorowna (unten),
der Königin der Niederlande (rechts)
sowie der Königin von Westphalen (oben)**

Vorderes Vorsatzblatt:

**»Der Schlossplatz zu Stuttgart mit seinen neuen Anlagen 1863«,
kolorierte Lithographie von Zimmermann**

Seite 2:

**Jugendbildnis von Sophie, Königin der Niederlande,
halbkolorierte Zeichnung**

1. Auflage 2010

Schönbuchstraße 48, D-72074 Tübingen.

Umschlaggestaltung: Anette Wenzel, Tübingen.
Druck: Gulde-Druck, Tübingen.
Printed in Germany.

ISBN 978-3-87407-867-2

Inhalt

Vorwort

In der württembergischen Fürstenfamilie gab es zahlreiche Töchter, doch nur vier dieser Prinzessinnen haben nach ihrer Heirat einen Thron bestiegen. Sophie Dorothea wurde als Maria Feodorowna Zarin von Russland, ihre Nichte Katharina war Königin von Westphalen, ihre Enkelin Sophie Königin der Niederlande. Die populärste unter den Prinzessinnen wurde Queen Mary von Großbritannien.

Neben der Schilderung dieser vier Lebensschicksale war es mir wichtig, die vielfältigen familiären Beziehungen und Verflechtungen dieser württembergischen Prinzessinnen untereinander aufzuzeigen – ganz im Sinne und in der Tradition meines Lehrmeisters, Professor Hansmartin Decker-Hauff, der stets darauf hingewiesen hat, auch die Frauen zu beachten und nicht zu vergessen.

Die Recherchen zu diesem Buch haben mich in die Schweiz, nach Frankreich und Holland sowie nach London und St. Petersburg geführt. Ich traf bei diesen Reisen immer wieder Menschen, die sich für mein Thema interessierten und mir in verschiedener Weise geholfen haben – dafür möchte ich mich an dieser Stelle herzlich bedanken.

Mein besonderer Dank geht an Harald Schukraft für seine wertvollen Anregungen beim Studium der historischen Quellen, wie auch an Eberhard Wenzler, der mich beim Übersetzen besonders komplizierter fremdsprachlicher Texte unterstützt hat. Außerdem danke ich den Mitarbeitern des Silberburg-Verlags für die bewährte gute Zusammenarbeit. Ein spezieller Dank gilt meinem Sohn Christian, der mir jedes Mal hilfreich zur Seite stand, wenn der Computer ein »Eigenleben« offenbarte, dem ich nicht ganz gewachsen war …

Lassen Sie sich nun ins 19. Jahrhundert an die Höfe von St. Petersburg, von London und Paris und in andere europäische Metropolen entführen – ich wünsche Ihnen hierbei viel Vergnügen.

Sabine Thomsen

(1759–1828)

Prinzessin Sophie Dorothea von Württemberg

Zarin Maria Feodorowna von Russland

Prolog

»Ich gestehe Ihnen, dass ich leidenschaftlich für diese bezaubernde Prinzessin eingenommen bin. Sie ist gerade so, wie wir sie gewünscht: Schlank wie eine Nymphe, ihre Gesichtsfarbe ist lilienweiß, ihr Wangenrot wie eine Rose, sie hat die weltweit schönste Haut; Mit hohem Wuchs und entsprechender Fülle und einer großen Leichtigkeit im Gang. Milde, Herzensgüte und Aufrichtigkeit sprechen aus ihrem Angesicht. Alle sind von ihr entzückt und derjenige, der sie nicht lieb gewinnt, hat Unrecht, denn sie ist dazu geschaffen und tut alles, um geliebt zu werden. Mit einem Wort, meine Prinzessin vereint alles in sich, was ich wünsche und somit bin ich zufrieden.« So beschrieb Zarin Katharina II. ihre Schwiegertochter, die württembergische Prinzessin Sophie Dorothea, kurz nach deren Ankunft in Russland in einem Brief an eine Freundin. Ähnlich enthusiastisch fiel auch das Kompliment aus, welches ihr die Jugendfreundin aus Mömpelgard, Baronin Oberkirch, machte – sie nannte Sophie Dorothea »belle comme le jour«.

Diese Prinzessin aus Württemberg, durch ihre Heirat Großfürstin und Zarin von Russland, zeichnete sich vor allem aus durch Pflichterfüllung, die Sorge um ihre große Familie und die zahlreichen Verwandten. Sie war zuständig für die Repräsentation bei Hofe, bestimmte die Hofämter und erntete besondere Verdienste im sozialen Bereich. Weniger Einfluss nahm sie auf die Politik des Landes, nur für ihre Kinder betrieb sie eine intensive Heiratspolitik. Nach ihrem Besuch in Weimar im Jahre 1818 war Goethe sichtlich beeindruckt von Maria Feodorowna, er schrieb an seinen Freund Karl Ludwig von Knebel: »Ich bin über die zweifache Gesundheit des Leibes und der Seele dieser Hohen Dame erstaunt.«

Sophie Dorothea als Braut, noch mit barocker Haartracht, später trug sie ihre Haare nach der Mode des Empire.

St. Petersburg

»Die Stadt, die sich aus dem Meeresgrund erhob.« Mit diesen Worten beschreibt der russische Dichter Alexander Puschkin das 1712 zur neuen Hauptstadt des russischen Reiches erhobene St. Petersburg. Gegründet von Zar Peter I. im Jahre 1704 als »Fenster nach Europa«, wollte dieser durch einen befestigten Hafen an der Mündung des Flusses Newa in die Ostsee eine bessere Anbindung an das westliche Europa erreichen. Die Stadt nahm eine rasche Entwicklung als Handelsmetropole, 1725 zählte man schon 70 000 Einwohner. Die erste Kirche war den beiden Stadtpatronen Peter und Paul geweiht und wurde vom Hofarchitekten Peters des Großen, dem Tessiner Domenico Trezzini, innerhalb der gleichnamigen Festung erbaut. Sie gilt als dessen bedeutendstes Werk. Heute befindet sich dort die Grabstätte der russischen Zaren, auch Maria Feodorowna ruht hier neben ihrem Gemahl in einem weißen Marmorsarkophag, beschriftet mit goldenen Lettern.

Unter Zarin Elisabeth, der Tochter Peters des Großen, entstanden viele neue Adelspaläste an der Newa oder am Newski Prospekt, der Lebensader der Stadt. Der bevorzugte Architekt dieser Zarin war Bartolomeo Rastrelli, der in Rom studiert hatte und dessen aufwändiger Baustil als »Russischer Barock« in die Kunstgeschichte einging. Sein wichtigstes Werk in St. Petersburg ist der Winterpalast des Zaren mit der Eremitage, in welcher sich heutzutage die berühmte und weltweit beachtete Gemäldegalerie befindet. Auch Graf Alexander Rasumowski, einer der Favoriten Zarin Elisabeths, ließ seinen Palast am Newski Prospekt von diesem Architekten errichten.

Die nächste Zarin, Katharina II., beschäftigte mehrere Baumeister, wie Antonio Rinaldi und vor allem Giacomo Quarenghi, die schon in den Formen des frühen Klassizismus bauten. Rinaldi war ein italienischer Architekt, der hauptsächlich in Russland arbeitete, doch das Klima im Norden nicht gut vertrug und daher nach 15 Jahren wieder zurückkehren musste und in Rom verstarb. Quarenghi stammte aus Bergamo, war zunächst in Italien und in Wien beschäftigt, bevor er nach Russland berufen wurde. Er war Ehrenmitglied der Kunstakade-

Das Michaelsschloss nach einer Lithographie von Vasily Sadovnikov, 1830

mie in St. Petersburg. In seiner Zeit entstand beispielsweise der Taurische Palast für den Fürsten von Taurien, Gregory Potemkin, den Favoriten Katharinas. Auch das bekannte Smolny Institut für adelige Mädchen, welches später von Maria Feodorowna stark gefördert wurde, entstand 1806 unter Quarenghi. Am Ende des Zarenreiches schlug hier Lenin sein Hauptquartier auf, in jüngster Zeit dient das Gebäude der Bürgermeisterin der Stadt als repräsentativer Amtssitz. Zusammen mit dem barocken Smolnykloster in enger Nachbarschaft bildet dies ein viel besuchtes Ensemble in St. Petersburg. Das Kloster war 1764 von Rastrelli als Alterssitz für Zarin Elisabeth erbaut worden, wurde jedoch nie als Kloster genutzt, sondern als höhere Bildungsanstalt für Mädchen eingerichtet. Heute befindet sich dort ein Konzertsaal und erstrahlt wieder in altem blau-weiß-goldenem Glanz.

Ein bemerkenswerter Palast ist das Michaelschloss, welches Zar Paul I. von seinem Hofarchitekten Vincenzo Brenna aus Florenz 1797 erbauen ließ. Brenna hatte zusammen mit Quarenghi in Italien studiert, anschließend wurde der russische Zar sein wichtigster Auftraggeber. Das Michaelschloss wurde auf einem viereckigen Grundriss errichtet und war nach mittelalterlichem Vorbild stark befestigt mit gewaltigen Mauern, vergitterten Fenstern und ringsum von Wasser umgeben. Im Inneren war der Palast beinahe übertrieben üppig ausgestattet, man sprach vom »machttrunkenen« Zaren, der hier äußeren Prunk demonstrieren wollte und dafür sechs Millionen Goldrubel ausgab. Die Salons Maria Feodorownas hingegen wirkten sehr elegant, ganz in Weiß und Gold gehalten. Die Bauzeit von nur vier Jahren ist für ein solches Bauwerk ohne Beispiel, es sollen 6000 Arbeiter Tag und Nacht auf der Baustelle im Einsatz gewesen sein. Nur in diesem Schloss fühlte sich der damals schon unter Verfolgungswahn leidende Zar sicher und dennoch wurde er am 11. März 1801 hier ermordet, worauf später noch einzugehen sein wird. Jedenfalls übersiedelte die Zarenfamilie nach diesem tragischen Ereignis wieder in den Winterpalast, weshalb das Michaelschloss nur 40 Tage lang bewohnt war. Anschließend wurde in den Räumlichkeiten eine Ingenieurs-Schule eingerichtet, die sehr bald einen hervorragenden Ruf genoss. Inzwischen werden die ehemaligen Prunkräume wieder restauriert und als Museum genutzt, vor allem das Schlafzimmer des Zaren, Ort des grausamen Mordes, ist heute das Ziel jeder Schlossführung.

Ein hoher Anteil der Einwohner von St. Petersburg waren Ausländer, darunter sehr viele Deutsche, die häufig aus dem Baltikum stammten. Seit 1720 gab es deutsche reformierte Gemeinden wie Sankt Annen oder Sankt Petri, zu deren Kirchen auch Schulen gehörten. Diese »Kirchenschulen« erfreuten sich großer Beliebtheit und waren daher gut besucht. Die evangelische St. Petrikirche am Newski Prospekt diente in sowjetischer Zeit als Hallenschwimmbad – heute ist das Gotteshaus zurückverwandelt worden, und die Kirche bildet wieder das Zentrum einer kleinen deutschen Gemeinde. In der Zarenzeit waren viele Staatsämter von Deutschen bekleidet oder es wurden Wissenschaftler aus Deutschland hierher berufen, nicht nur baltische Familien, auch Württemberger waren hier vertreten. Im Jahre 1748 lobte der damalige Präsident der Akademie der Wissenschaften, dass allein acht Professoren aus Tübingen in St. Petersburg lehrten, Namen wie Gmelin, Kraft, Weitbrecht, Bilfinger oder Duvernoy sind hier zu nennen. Walter Jens formulierte es einmal bei einem Universitätsjubiläum überspitzt: »Die Akademie wirkte im 18. Jahrhundert fast wie eine Dependance von Tübingen.« Um das Jahr 1840 herum gab es in St. Petersburg eine richtige deutsche Kolonie, wobei es sicherlich eine Rolle spielte, dass auch die Familie des Zaren deutscher Abstammung war. Alexander Herzen, ein Intellektueller mit russischem Vater und deutscher Mutter, schrieb einmal spöttisch über diese »russischen Deutschen« oder auch »deutschen Russen«: »Auf dem Throne saßen Deutsche, um den Thron herum – Deutsche, die Truppenführer – Deutsche, die Minister für Auswärtige Angelegenheiten – Deutsche, die Bäcker – Deutsche, die Apotheker – Deutsche, überall. [...] Deutsche Frauen nahmen ausnahmslos den Platz der Kaiserinnen und Hebammen ein [...].«

Das Leben in St. Petersburg war (und ist) geprägt von seiner geographischen Lage und den damit verbundenen klimatischen Bedingungen. Bekannt sind die kurzen Petersburger Sommer mit ihren berühmten hellen (weißen) Nächten und die langen, strengen Winter, wenn dickes Eis bis in den Frühling hinein die Newa bedeckt. Selbst die Wohnungen der ärmeren Petersburger waren von jeher gegen diese winterliche Kälte gut gerüstet. Es gab überall große Öfen und doppelte Fenster, die Böden und Türen wurden mit dickem Filz beklebt. Der Verbrauch an Brennholz und Rohstoffen für die verschiedenen Beleuchtungen war enorm, in den Häusern wurden die Kerzen bereits zum Mittagessen angezündet. Zur Winterkleidung der Bewohner gehörten obligatorisch Mütze, Überstiefel und Muff, auch weniger begüterte Menschen waren in St. Petersburg meist in dicken Pelz gehüllt. »Ein lustiger Anblick ist es, welche kolossalen Hüllen sich in den Vorzimmern türmen, aus denen dann die elegantesten Leute sich schälen«, berichtet ein Zeitgenosse von einem winterlichen Empfang.

In der Bevölkerung unterschied man zur Zeit Katharinas II. vier gesellschaftliche Klassen, wobei dem ersten Stand nur der Zarenhof und reiche Landbesitzer angehörten, während zur letzten Klasse das gemeine Volk, jedoch auch russische Kaufleute und Handwerker zählten. Auffallend war, dass der Mittelstand in St. Petersburg aufwändiger und luxuriöser lebte als andernorts, was für den allgemeinen Reichtum in der Stadt sprach. Täglich gab es reiche Mahlzeiten, wozu gerne und regelmäßig Wein getrunken wurde, was für den hohen Norden gar nicht selbstverständlich war. Ein Zeitgenosse schreibt: »Die Wohnungen sind durchweg elegant und besonders reinlich. Die Kutscher tragen lange Bärte nach russischer Tradition und jagen nicht selten in wildem Galopp mit 6 Pferden durch die Stadt. Die reichen Bürger benutzen gerne Mietkutschen, um ihre eigenen, edlen Pferde bei der Witterung und dem schnellen Verkehr zu schonen!«

Besonderer Luxus wurde im Umkreis des Zarenhofes getrieben, was die Beschreibung eines Festes zu Ehren Katharinas II. veranschaulicht. Ihr Favorit, Fürst Potemkin, war mit der Vorbereitung nur für dieses eine Fest einen ganzen Monat lang befasst und beschäftigte damit einhundert Leute. Der Abend selbst begann um 18 Uhr. Während die Gäste eintrafen, wurden vor den Toren des Palastes Speisen, Getränke und Kleidung an die Bedürftigen verteilt. Im glänzend geschmückten Festsaal saß die Zarin etwas erhöht, um die Quadrille von 24 Paaren beobachten zu können, bei der auch ihre beiden Enkelsöhne mitwirkten. Es waren 600 Gäste geladen, deren Juwelenpracht allein auf einen Wert von zehn Millionen Rubel geschätzt wurden. Nach einer Theater- und Ballettvorstellung spielte zum Souper und dem anschließenden Ball ein 300-Mann-starkes Orchester auf. Die Speisenfolge entsprach in seiner Opulenz dem Glanz des Festes. Gegen ihre sonstige Gewohnheit zog sich die Zarin erst um Mitternacht zurück, was für den Erfolg der Veranstaltung sprach.

Die Zarenfamilie Romanow

In der Nachfolge des großen Zaren Peters I. wurde das russische Reich zunächst von den Nachkommen Iwans V. regiert, bis dann im Jahre 1741 mit Zarin Elisabeth I. die jüngste Tochter Peters des Großen an die Regierung kam. Sie blieb jedoch kinderlos und bestimmte daher ihren Neffen, den Sohn ihrer Schwester Anna, zu ih-

Dekor am Schloss von Pawlowsk mit den Initialen Maria Feodorownas

rem Nachfolger und Thronerben. Anna Petrowna war mit Herzog Karl Friedrich von Holstein-Gottorp verheiratet, ihr Sohn Karl Peter Ulrich wurde 1728 in Kiel geboren. Der junge Mann war ein wenig zurückgeblieben und kindisch, spielte am liebsten mit Zinnsoldaten und liebte auch in späteren Jahren alles Militärische. Als Zar Peter III. bestieg er 1762 den russischen Thron, doch fiel er nach wenigen Monaten einem Mord zum Opfer, für den vermutlich seine Gemahlin verantwortlich war. Den Hintergrund zu dieser Tat bildet eine unglückliche Geschichte: Gleichzeitig mit seiner Thronanwartschaft sollte für Peter auch die Ehe mit einer deutschen Prinzessin arrangiert werden, die Wahl fiel auf Sophie Friederike Auguste von Anhalt-Zerbst, die am 2. Mai 1729 in Stettin geboren worden war. Ihr Vater, Fürst Christian August von Anhalt-Zerbst, war verheiratet mit Johanna Elisabeth von Holstein-Gottorp, einer Verwandten der regierenden Zarin Elisabeth. Die Hochzeit fand am 21. August 1745 statt, beim Übertritt zum russisch-orthodoxen Glauben wurde Sophie auf den Namen Katharina getauft – als »Katharina die Große« ist sie in die Geschichte eingegangen. Die ersten Jahre am Zarenhof verliefen für die junge Großfürstin indes sehr unglücklich. Die Zarin und Schwiegermutter lebte höchst freizügig mit ihren verschiedenen Liebhabern und hielt die intelligente und ehrgeizige junge Katharina in möglichst weiter Entfernung vom Hofleben. Auch der Ehemann kümmerte sich wenig um seine Gemahlin, er zog die Gesellschaft seiner zahlreichen Mätressen vor.

Als am 20. September 1754 der ersehnte Thronfolger Paul zur Welt kam, wurde das Kind sofort nach der Geburt zur Versorgung und Erziehung in die Gemächer der Zarin gebracht und Katharina von ihrem Kind getrennt. Auch als drei Jahre später, am 9. Dezember 1757, Tochter Anna geboren wurde, verfuhr die Zarin in gleicher Weise. Anna verstarb schon mit fünfzehn Monaten, am 8. März 1759. Erst, nachdem sich Katharina in den schönen Gardeoffizier Gregor Orlow verliebt hatte, dem sie am 29. April 1762 einen Sohn gebar, stärkte dies ihr Selbstbewusstsein und sie gewann mehr Einfluss am Zarenhof, was ihre Lage erheblich verbesserte. Diesen unehelichen Sohn ließ sie nach ihrer Thronbesteigung in einem ihrer Paläste erziehen und verlieh ihm den Titel eines Grafen Bobrinskij. Später betraute sie ihren »le petit Bo« mit wichtigen Ämtern und er behielt stets ihr Vertrauen, obwohl er sich sehr zum Nachteil entwickelt hatte mit seiner Verschwendungssucht und den vielen Frauengeschichten. Im Gegensatz dazu hatte Katharina zu ihrem ehelichen Sohn, dem Großfürsten Paul, zeitlebens ein gespanntes Verhältnis. Als sie nach dem Tode Elisabeths ihren unfähigen Gemahl und neuen Regenten Peter III. zur Seite drängte und sich nach seinem gewaltsamen Tod selbst zur Zarin ausrief, hat ihr das der Sohn nie verziehen. Er trauerte um seinen Vater, dem er nicht nur äußerlich glich, auch in seinen Anlagen war er ihm ähnlich gewesen.

Unter der Regierung der energischen, klugen und tüchtigen Zarin Katharina II. nahm Russland einen gewaltigen Aufschwung, sowohl im wirtschaftlichen Bereich als auch in Wissenschaft und Forschung. Ihr Regierungsstil stand im Zeichen der »Aufklärung«, sie wollte eine moderne und liberale Monarchin sein, war von der westeuropäischen Kultur geprägt, nahm jedoch auch Rücksicht auf die nationalen Belange Russlands. In den Augen ihrer Untertanen blieb sie »eine Deutsche«, doch kannte sie »die russische Seele«, die Sitten und Gepflogenheiten des Landes. Die Monarchin war sehr tolerant, niemand wurde wegen kritischer Äußerungen verfolgt, in den Salons der adeligen und bürgerlichen Gesellschaft herrschte eine vorher nie gekannte Redefreiheit. In ihrer Außenpolitik war Katharina insofern erfolgreich, als ihr eine Gebietserweiterung des russischen Reiches gelang und sie die Ostseeprovinzen eingliedern konnte – man sagt, sie habe das Lebenswerk Peters des Großen weitergeführt und vollendet. »Der Ruhm des Monarchen und der Reichtum des Landes bedeutet Wohlstand für die Untertanen« – so ihre Erkenntnis. Katharina II. starb am 17. November 1796 nach einem Schlaganfall.

Bildnis Katharinas der Großen. Das Gemälde stammt von Dimitri Lewizki (um 1782). Die Zarin trägt eine Hermelin-Robe.

Ihre Nachfolge lag der Zarin sehr am Herzen, denn in ihrem Sohn Paul sah sie wohl ihren legitimen Nachkommen, nicht jedoch einen fähigen Thronerben. So kam es zur Überlegung, die Thronfolge gleich auf einen möglichen Enkel zu übertragen und sie suchte deshalb schon früh nach einer Eheverbindung für ihren Sohn. Die Landgräfin Karoline von Hessen-Darmstadt hatte fünf Töchter, von denen drei noch unverheiratet waren, weshalb man in St. Petersburg eine Brautschau veranstaltete, bei der sich der Großfürst die jungen Mädchen ansehen und danach eine von ihnen als zukünftige Braut auswählen sollte. Für heutige Begriffe war dies ein eher unwürdiges Unternehmen, welches jedoch vom preußischen König finanziell unterstützt wurde, der sich von einer russisch-hessischen Ehe einige Vorteile versprach. Im Juli 1773 wurde die Landgräfin mit ihren Töchtern von der Zarin empfangen. Angesichts deren Machtfülle fühlten sich die Gäste etwas beklommen. Doch Katharina erschien in privatem Rahmen bei ihrem Liebhaber Fürst Orlow einfach gekleidet, natürlich und fröhlich, so dass die beiden Mütter spontan Freundschaft schlossen. Die jüngste Tochter Wilhelmine machte übrigens das Rennen, die anderen beiden Mädchen wurden samt Mama wieder nach Hause geschickt. Über die Wahl Pauls schrieb die Landgräfin: »Die Auszeichnung durch den Thronfolger schien ihr nicht unangenehm zu sein.« Eine der Schwestern, Prinzessin Luise, heiratete später den Großherzog von Sachsen-Weimar, angeblich habe sie die »Ausmusterung« damals am Zarenhof nie verwunden und dies sei auch der Grund für ihre unglückliche Ehe gewesen.

Am 10. Oktober 1773 fand in St. Petersburg die Hochzeit des Thronfolgerpaares »mit unvergleichlichem Pomp« statt. Wilhelmine bekam beim Übertritt zum orthodoxen Glauben den Namen »Nathalia«, doch die Ehe verlief nicht glücklich. Nathalia starb am 6. April 1776 bei der Geburt eines Kindes, welches möglicherweise aus der Affäre mit Graf Rasumowski hervorging, von dem sich die Großfürstin über ihr unglückliches Schicksal hinwegtrösten ließ. Zarin Katharina hatte zu ihrer Schwiegertochter nie ein herzliches Verhältnis gefunden. Nach ihrer Meinung hatte Nathalia zu viel Ehrgeiz entwickelt und war zu verschwenderisch mit Geld umgegangen. Als nächste Gemahlin für den Sohn wünschte sie sich daher ein »bescheidenes, frommes, sittenstrenges Mädchen« – eine Württembergerin?

Herzog Friedrich Eugen von Württemberg und seine Familie

Herzog Friedrich Eugen war der jüngste Bruder des großen württembergischen Barockfürsten Herzog Carl Eugen und am 21. Januar 1732 geboren. Er stand wie seine Brüder zunächst in preußischen Militärdiensten, kämpfte im Siebenjährigen Krieg, wobei er im August 1759 verwundet wurde. Nach Kriegsende zog er mit seiner Familie in die Garnison Treptow an der Rega, wo er sich eine kleine, beschauliche Residenz aufbaute. Er war seit 1753 verheiratet mit der Tochter der jüngsten Schwester Friedrichs des Großen, Sophie Dorothee von Brandenburg-Schwedt, die dem nicht sehr begüterten Herzog eine beachtliche Mitgift brachte. Die Ehe war eine, in diesen Kreisen selten, glückliche Verbindung, aus der zwölf Kinder hervorgingen. Doch mit der wachsenden Familie wuchsen auch die finanziellen Bedürfnisse der herzoglichen Familie und so übertrug Carl Eugen seinem Bruder die Statthalterschaft im damals württembergischen Mömpelgard, heute Montbéliard in der Franche Comté. Im Juli 1769 zog die Familie dorthin, wo sie zwanzig glückliche Jahre erlebte, bis sie vor den französischen Revolutionstruppen ins preußische Bayreuth fliehen musste. Nach dem Tod seiner beiden Brüder übernahm Herzog Friedrich Eugen noch für kurze Zeit die Regierung in Württemberg, dort verstarb er am 22. Dezember 1797, wenige Monate danach folgte ihm seine Gemahlin im Tode nach.

Herzog Friedrich Eugen von Württemberg (1732–1797), der Vater Sophie Dorotheas

Die herzoglichen Kinder

Das Herzogspaar hatte acht Söhne und vier Töchter. Für ihre Nachkommen betrieben die Eltern eine hervorragende Heiratspolitik mit den führenden europäischen Fürstenhäusern, sie sind die Stammeltern des heutigen Hauses Württemberg.

Friedrich (1754–1816)

Der erstgeborene Sohn übernahm nach dem Tod des Vaters die Regierung in Württemberg und wurde 1806 zum ersten württembergischen König erhoben – bekannt geworden als »der dicke Friedrich«. Zuvor jedoch nutzte er die Chance, durch die Heirat seiner ältesten Schwester mit dem russischen Thronfolger dort in den Militärdienst aufgenommen zu werden. Da sein besonderes Interesse dem Aufbau der Verwaltung galt, ernannte ihn Zarin Katharina zum Gouverneur von Finnland. Wegen seiner Eheprobleme mit Auguste von Braunschweig-Wolfenbüttel, mit der er vier Kinder hatte, fand seine Zeit am Zarenhof 1786 ein abruptes Ende und er musste Russland verlassen. Erst nach dem Tod Katharinas wurde der Kontakt zu seiner Schwester Maria Feodorowna wieder intensiver. König Friedrich war in zweiter Ehe mit der englischen Königstochter Charlotte Mathilde verheiratet.

Ludwig (1756–1817)

Er war zunächst mit der sehr reichen polnischen Adeligen Maria Anna Czartoryska verheiratet und daher in die polnische Armee eingetreten. Beim Unabhängigkeitskampf Polens gegen Russland weigerte er sich mit Rücksicht auf seine russischen Verwandten, gegen die Russen zu kämpfen, was zum Zerwürfnis mit seiner Gemahlin und zur Scheidung führte. Durch Fürsprache seiner Schwester Maria kam er 1800 zunächst in russische Dienste, lebte jedoch anschließend mit seiner zweiten Gemahlin Henriette von Nassau-Weilburg und den sechs Kindern in Württemberg, wo die Familie von König Friedrich finanziell unterstützt wurde.

Eugen (1758–1822)

Eugen begann seinen Militärdienst wie seine Brüder in Preußen und war dann in Schlesien stationiert. Er heiratete Luise von Stollberg-Gedern, mit der er drei Kinder hatte. Nachdem er aus dem Militär ausgeschieden war, baute er seine Residenz in Carlsruhe (Schlesien) aus, richtete dort ein Theater ein und unterhielt ein eigenes Orchester, dessen prominentester Leiter 1806 Carl Maria von Weber war. Herzog Eugen ist der Begründer der 2. Schlesischen Linie des Hauses Württemberg.

Sophie Dorothea (1759–1828)

Russische Großfürstin, Zarin Maria Feodorowna. Sie ist die älteste Tochter. Gemahlin von Zar Paul I. von Russland.

Wilhelm (1761–1830)

Er war zunächst beim Militär in Dänemark, wo er es bis zum Kommandeur von Kopenhagen brachte. Nach seiner Verabschiedung dort betraute ihn sein Bruder, der württembergische König Friedrich, mit dem Amt des Kriegsministers. Auf seinem Schloss in Stetten widmete er sich in späteren Jahren naturwissenschaftlichen und medizinischen Studien. Er war verheiratet mit der schönen Wilhelmine von Tunderfeld-Rhodis, die wegen ihres niederen Adels nicht ebenbürtig war. Er bestand jedoch für seine Nachkommen auf den Titel eines »Grafen von Württemberg«, welche später zu »Fürsten von Urach« erhoben wurden.

Ferdinand (1763–1834)

Ferdinand machte eine militärische Karriere in Österreich, wo er zum Stadtkommandanten von Wien ernannt wurde. Seine erste Ehe mit Albertine von Schwarzburg-Sondershausen wurde 1801 geschieden, da das Paar durch die ständige, kriegsbedingte Abwesenheit des Ehemannes niemals zusammengefunden hatte. Eine zweite Ehe mit Pauline von Metternich blieb kinderlos, das Paar lebte in Wien und Mainz. Ferdinand starb in Biebrich bei Wiesbaden.

Friederike (1765–1785)

Sie heiratete 1781 Herzog Peter Friedrich Ludwig von Oldenburg aus dem Hause Holstein-Gottorp und führte mit ihm eine sehr glückliche Ehe. Friederike war nach den Aussagen des Philosophen Johann Caspar Lavater, der sie einmal getroffen hatte, »nicht schön, aber natürlich und gutmüthig«, und der Herzog sei »ein gesund denkender Mann«. Beide traten »so unfürstlich wie möglich« auf. Sie starb an der Geburt eines dritten Kindes und hinterließ zwei Söhne.

Elisabeth (1767–1790)

Sie ist die früh verstorbene erste Gemahlin des insgesamt viermal verheirateten Erzherzogs, späteren Kaisers Franz I. von Österreich. Sie kam schon mit 15 Jahren an den Kaiserhof nach Wien, um ihre Erziehung zu vollenden und heiratete 1788. Nach nur zweijähriger Ehe starb Elisabeth bei der Geburt einer Tochter. Sie hatte ein »gutes, gefälliges Wesen, zu gut, um auf Erden zu weilen, viel zu gut, um den Thron von Erdenbeherrschern zu zieren«.

Wilhelmina (*1768)

Sie starb bereits mit fünf Monaten.

Carl (1770–1791)

Das Patenkind von Zarin Katharina, die ihm schon zur Taufe den Titel eines russischen Generals verlieh und somit seine zukünftige Laufbahn vorgezeichnet hatte. Carl nahm 1789 am russischen Feldzug gegen die Türkei teil, in dem er verwundet wurde. Nach seiner Genesung kehrte er zurück ins Donaudelta, wo er erneut erkrankte und innerhalb von zwei Wochen am Sumpffieber verstarb.

Alexander (1771–1833)

Er heiratete Antoinette von Sachsen-Coburg-Gotha. Er war zunächst beim österreichischen Militär und kam erst 1899 nach Russland, wo er zum Generalgouverneur von Weißrussland aufstieg. Ab 1821 besuchte er die berühmte Ingenieur-Schule in St. Petersburg. Er hatte

Ansicht des Schlossberges von Mömpelgard (Montbéliard), dem württembergischen Besitz in der Burgundischen Pforte

hohe staatliche Ämter inne und machte sich besonders verdient um den Ausbau der Land- und Wasserstraßen in Russland. Von seinen Nachkommen stammt die heutige Linie des Hauses Württemberg ab, mit Herzog Carl an der Spitze.

Heinrich (1772–1838)

Der jüngste Sohn war nicht standesgemäß mit der Schauspielerin Karoline Alexej aus Breslau verheiratet, welche zur Freifrau von Rottenburg erhoben wurde. Nachdem Heinrich aus dem preußischen Militärdienst ausgeschieden war, verschaffte ihm sein Bruder Friedrich eine Tätigkeit in der Verwaltung der neuen württembergischen Gebiete. Er lebte im ehemaligen Kloster Wiblingen bei Ulm und ist in Ulm verstorben.

Sophie Dorotheas erste Kinderjahre in Pommern

Sophie Dorothea Auguste Louise wurde am 25. Oktober 1759 in Stettin geboren, wo ihr Vater gerade eine Kriegsverwundung auskurierte. Ihre erste Kindheit erlebte »Prinzessin Dörtchen«, wie sie im Familienkreis genannt wurde, in Treptow an der Rega, in der kleinen Residenz ihrer Eltern. Das Schloss wurde 1755 umgebaut und der Schlosspark nach Entwürfen des berühmten französischen Architekten Philippe de la Guêpière angelegt, ganz im barocken Stil mit kleinen Pavillons. Auch eine kleine Meierei gab es, die häufig besucht wurde und den Kindern zur Anschauung diente. Man muss sich einen solchen Besuch folgendermaßen vorstellen: Vorneweg ging Sophie Dorothea als älteste Tochter, flankiert von ihrer Gouvernante und dem Hoffräulein Juliane Schilling von Cannstatt, welche später zu ihren besten Freundinnen zählte. Dahinter schritt die Herzogin, begleitet von ihrer Obersthofmeisterin und einem Kavalier, dann kamen Heiducken und Diener, zuletzt folgte der Herzog mit seinen Offizieren. Es war wohlgemerkt nur ein einfacher Spaziergang zur Meierei – doch bei aller Natur-

Die Residenz in Treptow an der Rega in Pommern im Jahr 1809. Blick auf das Schloss und die Marienkirche. Gemälde von Peter Ludwig Lütke

verbundenheit, offenbar ging es damals nie ohne fürstliches Zeremoniell! Leider ist heute von der Schlossanlage nur mehr wenig erhalten.

Die zwölf Kinder des Herzogspaares wurden nach für die damalige Zeit modernsten Gesichtspunkten erzogen. Die Eltern waren überzeugte Anhänger des Rousseau'schen Gedankenguts und standen mit dem Philosophen in regelmäßigem Briefkontakt. Goethe nannte dessen Werk »Emile oder Über die Erziehung« das »Naturevangelium der Erziehung«. Die Kinder wuchsen also ganz natürlich auf, mit viel Bewegung an der frischen Luft. Auch war die Dienerschaft gehalten, alle Kinder nur mit ihren Taufnamen und niemals mit Titel anzusprechen. Die Söhne legten wie alle anderen Kinder von Treptow öffentliche Prüfungen ab, obwohl sie natürlich auch einen privaten Erzieher hatten, Baron Friedrich von Maucler. Die Töchter wuchsen unter der Aufsicht ihrer Mutter und einer Gouvernante, Frau von Borcke, auf. Sophie Dorothea erhielt Unterricht in Religion, Geschichte, Geographie, Kunst und Handarbeit. Wichtig war für die jungen Prinzessinnen das Erlernen von Sprachen, so konnte Sophie Dorothea später neben Deutsch und Französisch auch Italienisch parlieren. Nur ihre Handschrift ließ zu wünschen übrig, war nie gut lesbar, was vielleicht von einer angeborenen Kurzsichtigkeit herrühren konnte. Das Schriftbild deutet auf eine Linkshänderin hin.

Mömpelgard und die »Herzensfreundin«

Für ein glückliches Familienleben bot das Sommerschlösschen in Étupes, wenige Kilometer von der Residenz in Mömpelgard entfernt, einen idyllischen Platz. Schon bald nach der Ankunft der herzoglichen Familie in Mömpelgard im Jahre 1769 wurde mit dem Bau dieser Sommerresidenz begonnen. Der jüngste Sohn Alexander wurde 1771 bereits im neuen Domizil geboren. Das Schloss war eine dreiflügelige Anlage im frühklassizistischen Stil mit einem ausgedehnten Park über dem Tal des Doubs gelegen. Im Garten gab es Grotten, Säulen, eine Eremitage, einen Triumphbogen, die Meierei, die Köhlerhütte und vieles mehr. Das Leben dort war ländlich geprägt, man pflegte den Kontakt zu den Dorfbewohnern genauso wie man fürstliche Gäste empfing. Leider wurde das Schloss während der Französischen Revolution 1796 völlig zerstört und abgetragen und nie wieder aufgebaut. Heute finden sich nur noch spärliche Reste der Fundamente im Keller einiger Privathäuser.

Noch vor der Einweihung durfte Sophie Dorothea zusammen mit ihrer Freundin einmal eine Nacht beim noch unbewohnten Schloss in einer einsam gelegenen Köhlerhütte übernachten. Innen war die Hütte ein wahres Schmuckstück, mit Möbeln aus Paris, doch von außen stand sie unscheinbar mitten im Wald. Die Gouvernante war entsetzt bei dem Gedanken, doch die Mädchen setzten sich durch und waren stolz auf ihr großes Abenteuer.

Henriette-Louise Waldner von Freundstein, verheiratete Baronin Oberkirch, wurde am 5. Juni 1754 im Elsass geboren, war also fünf Jahre älter als Sophie Dorothea. Sie kam als junges Mädchen an den

Das Sommerschloss Étupes bei Mömpelgard. Es wurde während der Französischen Revolution vollständig zerstört.

herzoglichen Hof in Mömpelgard, und die beiden Mädchen wurden bald zu unzertrennlichen Freundinnen. In ihren Briefen nannte Sophie die spätere Baronin Oberkirch meist »Lanele« – ihr kleiner Bruder konnte das Wort »Catalane« bei einem Kostümfest nicht aussprechen und so blieb der Baronin dieser Spitznamen ein Leben lang erhalten. Sophie Dorothea sagte über die Freundin einmal: »Das ist mein anderes Ich, ich bitte, sie zu lieben wie meine anderen Schwestern, sie ist eine wahre Schwester für mich.« Bei seinen Besuchen in Étupes trieb ihr Onkel, Herzog Carl Eugen von Württemberg, gerne seine Scherze mit der hübschen jungen Nichte und ihrer Freundin. Es hört sich beinahe prophetisch an, wenn er ihr – im übertragenen Sinn – die Ehe mit einem alten, hinkenden Kurfürsten voraussagt, der immer der Schönste sein will und ihr einen »Hof von Affen« bietet – ihr späteres Leben am Zarenhof trug einige Züge dieser Weissagung. Auf die Frage der Prinzessin, ob er auch anderes vorhersehe, sagte er: »Ich sehe einen sehr schönen, strahlenden Stern, welcher ihrer ist, aber es ist eine Sternschnuppe, der Stern ihrer Freundin funkelt darüber. Niemals findet man eine schönere Anziehung der Sterne untereinander.«

Schon einmal war bei der Suche nach einer passenden Gemahlin für den russischen Thronfolger die Wahl Katharinas II. auf die württembergische Prinzessin Sophie Dorothea gefallen, doch wegen ihres zarten Alters von damals 13 Jahren wurde der Gedanke verworfen. »Ich gestehe Ihnen, dass ich mit Bedauern von der Wahl der Prinzessin von Württemberg absehe, aber die Vernunft siegt über die Leidenschaft, sie ist zu jung« – so die Zarin, deren Interesse an Sophie weniger einer Prinzessin aus dem Hause Württemberg galt, als viel mehr der Tatsache, dass diese mit dem preußischen König verwandt war.

Sophie Dorothea wird Maria Feodorowna

Inzwischen war Sophie herangewachsen und im heiratsfähigen Alter. Daher war sie am 27. März 1776 mit dem Erbprinzen Ludwig von Hessen-Darmstadt verlobt worden, dem Bruder der russischen Großfürstin Nathalia, der ersten Gemahlin Pauls. Die Eheabsprache zwischen den beiden Höfen war zur allseitigen Zufriedenheit perfekt und man wollte im April zu einem Treffen der Brautleute nach Kassel reisen. Doch kurz zuvor erreichte den hessischen Prinzen ein Angebot der Zarin, welches auch vom preußischen König unterstützt wurde, er möge auf seine Braut verzichten und als Ausgleich dafür werde er eine jährliche Apanage aus Russland beziehen. Der finanziell nicht sonderlich gut gestellte Ludwig ging nach einigem Zögern auf diesen Handel ein, und auch der Vater der Braut, Herzog Friedrich Eugen, ließ sich schnell davon überzeugen, dass eine Ehe mit dem russischen Thronfolger für seine Tochter natürlich die bessere Partie darstellte. Um dieser Entscheidung Nachdruck zu verleihen, übernahm die Zarin Reisekosten für die Braut und deren Eltern in Höhe von 40 000 Rubel und Friedrich II. steuerte noch ein Kleidergeld von

10 000 Talern bei, damit die Verwandten aus Württemberg am Zarenhof standesgemäß auftreten konnten.

Diese etwas skurril anmutende Geschichte war von Friedrich II. und Katharina II. eingefädelt worden, um die freundschaftlichen Beziehungen zwischen beiden Ländern zu festigen. Als besondere Ehre galt, dass der preußische König seinen Bruder, Prinz Heinrich, im Juli 1776 eigens nach St. Petersburg schickte, um den Großfürsten mit großem Gefolge nach Berlin zu begleiten. Dort sollte er mit der württembergischen Familie zusammentreffen und sich die Hoffnung auf eine entsprechende Verlobung erfüllen. Aus den Begrüßungsworten, die Paul an den Preußenkönig richtete, ist deutlich zu hören, dass die geplante Heirat zunächst ausschließlich aus politischer Motivation heraus geschah: »Sire, die Gründe, die mich vom äußersten Norden hierher in diese glücklichen Lande führen, sind der Wunsch, Sie über die Freundschaft zwischen Russland und Preußen zu vergewissern, die beide für immer verbinden soll und der Eifer, eine Prinzessin zu sein, die dazu bestimmt ist, auf den Thron aller Russen zu steigen.« Am 21. Juli wurde ein erstes Zusammentreffen mit einem Souper bei Königin Elisabeth-Christine arrangiert, auch am folgenden Tag traf man sich dort noch einmal. Zur großen Freude und Beruhigung aller Beteiligten fanden die beiden Hauptakteure Gefallen aneinander und so konnte am 23. Juli die Verlobung in Berlin bekannt gegeben werden. Aus diesem Anlass wurde Herzog Friedrich Eugen der russische Andreas-Orden verliehen und der Braut der Katharinen-Orden. Anschließend durfte Sophie Dorothea noch einige Tage mit ihren Eltern und Brüdern auf Schloss Rheinsberg verbringen, dem Lieblingsschloss Friedrich des Großen. Auch Paul besuchte seine Braut dort für ein paar Tage, bevor er sich mit Prinz Heinrich wieder auf die Rückreise nach St. Petersburg begab, um die Hochzeitsfeierlichkeiten vorzubereiten. Erst am 29. August erfolgte dann die endgültige Trennung der jungen Braut von ihren Eltern in Memel, bis dahin durften sie die Tochter begleiten. Einzig ihre treue Kammerfrau Prätorius reiste mit Sophie Dorothea in die neue Heimat.

So stolz sie zunächst darauf war, von vielen deutschen Prinzessinnen ausgewählt worden zu sein, den russischen Thronfolger zu heira-

Gemälde des Großfürsten Paul von Russland …

ten, allmählich befiel sie doch große Beklommenheit vor einer Zukunft so weit entfernt vom Elternhaus. Es war daher sehr klug von Katharina II. für die junge Prinzessin eine erfahrene Frau als Staatsdame auszuwählen, die Gräfin Rumanzoff, zu der Sophie auch schnell Vertrauen fasste. Die zukünftige Großfürstin überschritt dann am 30. August in Kurland die Grenze zum russischen Reich. Hier wurde sie überall von den deutschen Baronen empfangen, teilweise waren sie mit ihr verwandt, so dass sie deutsch sprechen konnte und sich zunächst nicht so fremd fühlte. Doch meist waren die Tage für Sophie ausgefüllt mit dem Studium der russischen Sprache und des neuen orthodoxen Bekenntnisses. Die Zarin hatte ihren Staatsrat Pastuchoff damit beauftragt, die Schwiegertochter möglichst rasch in die russische Sprache und auch in die neue Konfession einzuführen, sie meinte, je schneller das ginge, umso besser – »die Überzeugung kommt nachher«. Der Bräutigam war seiner Braut ein Stück weit entgegengereist und so wurden beide am 12. September von der Zarin empfangen, vor der reich vergoldeten Fassade des Katharinenpalastes in Zarskoje Selo.

Die Vorbereitung für den Übertritt zum orthodoxen Glauben erfolgte in Sprache und Ritus nach altkirchenslawischer Tradition. Seit dem 13. September hatte Sophie das orthodoxe Glaubensbekenntnis mit Hilfe des späteren Erzbischofs von Moskau, Plato Levsin, auswendig gelernt und so konnte sie am 25. September in einer feierlichen Zeremonie das Bekenntnis ablegen und ihren neuen Namen »Maria Feodorowna« annehmen. Nun galt sie auch offiziell als verlobt. Tags darauf, am 7. Oktober 1776, fanden die großen Hochzeitsfeierlichkeiten im Winterpalast statt. Die Prunkräume des Schlosses boten eine glänzende Kulisse für ein solches Fest und müssen die in wesentlich bescheidenerem Rahmen aufgewachsene Prinzessin sehr beeindruckt haben. Die Säle mit ihren Marmorsäulen, dem weißen und goldenen Stuck an Decke und Wänden, Springbrunnen und Wasserspielen inmitten des Raumes, erlesenem Mobiliar verfehlen auch heute auf den Beschauer ihre prunkvolle Wirkung nicht. Wenn dann Spiegel und kristallene Leuchter das Licht von tausend Kerzen reflektieren, muss dies beinahe überirdisch angemutet haben. Augenscheinlich waren alle Hochzeitsgäste und die versammelten Hofleute bezaubert von der jungen Braut. Anlässlich dieser Vermählung wurde eine Silbermedaille aufgelegt mit den Brustbildern des Brautpaares und der Inschrift »Russlands neue Hoffnung« – in Anspielung auf die erste, kinderlose Ehe des Großfürsten und die nunmehrige Hoffnung auf Kindersegen und den Fortbestand der Dynastie.

… und der Großfürstin Maria Feodorowna. Beide von Gawril Iwanowitsch Skorodumow, um 1782

Noch vor der Hochzeit hatte Paul seiner Braut in Berlin beim Abschied mehrere handgeschriebene Blätter überreicht, die sie in 14 Punkten anwiesen, was sie nach der Ankunft in Russland zu befolgen habe. Eine kleine Auswahl:

1. Den Glauben wahren, also alles, was die kirchlichen Gebräuche betrifft.
2. Ihrer Majestät Ehre zu zollen und sich ihr gegenüber in gebührender Weise zu verhalten.

St. Petersburg mit seinen Kirchen und Palästen um 1753.
Im Vordergrund die viel befahrene Newa, rechts der Winterpalast der Zaren.
Kolorierter Stich von Mikhail Makhaev

3. Sich mir gegenüber so zu verhalten, wie ich das wünsche.
4. Auf die russische Sprache und andere Kenntnisse des Landes achten.
5. Bezüglich des Geldes, der Garderobe und anderer Ausgaben die gebotene Sparsamkeit walten zu lassen.

Vor allen Dingen gab Paul seiner zukünftigen Gemahlin zu verstehen, dass sie viel Geduld aufbringen müsse, um seine Heftigkeit und seine wechselnde Gemütslage zu ertragen. Sie schrieb ihm daraufhin, dass sie seit ihrer Kindheit zu einem solchen Benehmen erzogen worden sei und dass nur die schlechten Erfahrungen aus seiner ersten Ehe ihn zu dieser Anweisung veranlasst haben können. Doch auch Sophie hatte für Paul einen Brief vorbereitet: »Ich schwöre mit diesem Blatt, Sie mein ganzes Leben zu lieben und zu ehren und Ihnen beständig zärtlich verbunden zu sein, nichts auf der Welt kann meine Beziehung zu Ihnen ändern. Dieses sind die Gefühle Ihrer auf ewig zärtlichsten und treuesten Freundin und Braut.«

Insgesamt schien sich Maria glücklich und höchst zufrieden in der neuen Umgebung zu fühlen, das bestätigt der Bericht des englischen Gesandten: »Die Hofgesellschaft spricht mit großem Lob von der Prinzessin; man rühmt ihre Schönheit und ihre Manieren. Der Großfürst fühlt, wie es scheint, eine zärtliche Liebe zu ihr [...].« Auch Maria war verliebt und schrieb am 27. Dezember 1776 an ihre beste Freundin Baronin Oberkirch sehr euphorisch über den Gemahl: »Der Großfürst, welcher einer der reizendsten der Ehemänner ist, sendet Grüße an sie. Ich bin sehr erleichtert, dass sie ihn gar nicht kennen, denn sie würden nicht umhin können, ihn zu bewundern und zu lieben. Und ich würde dann eifersüchtig werden. Dieser liebe Ehemann ist ein Engel, ich liebe ihn, bis zur Verrücktheit.« Da die Baronin damals gerade schwanger war, bedauerte Maria zutiefst, dass es bei ihr noch nicht so weit war. Paul amüsierte sich offensichtlich über die beiden Freundinnen, fragte oft nach ihr und gab ihr den Spitznamen »Zuckerbucker«. In diesen ersten Ehejahren führte das Großfürstenpaar ein ruhiges, harmonisches Privatleben abseits vom Getriebe des Zarenhofes. Katharina II. wachte streng darüber, dass ihrem Sohn keinerlei Einblick in Regierungsangelegenheiten gewährt wurde, damit er möglichst wenig Einfluss nehmen konnte – so sehr misstraute sie ihm. Paul und Maria hatten daher kaum Verpflichtungen, nahmen nur bei offiziellen Anlässen am Hofleben teil und hatten sich ihren eigenen kleinen, doch sehr kultivierten Hofstaat geschaffen.

Die große Reise der »Nordischen Herrschaften«

Es hatte sich schnell herumgesprochen, wer sich hinter dem Pseudonym »Comte und Comtesse du Nord« verbarg – das russische Thronfolgerpaar wollte weitgehend inkognito durch Europa reisen, um nicht von den vielen protokollarischen Verpflichtungen allzu eingeengt zu sein. Zarin Katharina schickte Sohn und Schwiegertochter aus zwei Gründen auf diese lange, beinahe 14 Monate währende Reise: Zum einen sollte das junge Paar seinen Horizont erweitern und möglichst vieles von Europa kennen lernen. Zum anderen war der Zarin daran gelegen, den Thronfolger weit weg von den Regierungsgeschäften zu halten, sie duldete keine Einmischung in ihren Machtbereich.

Die Abreise von St. Petersburg erfolgte am 19. September 1781. Begleitet wurde das Paar von einer kleinen Gesellschaft, unter anderem von einigen Jugendfreunden Pauls, darunter Graf Alexander Kourakin, sowie von einer Freundin Marias, der Baronin von Benckendorff. Die erste Route führte über Kiew, Polen bis nach Wien, wo sie auf Einladung Kaiser Josefs II. eine erste längere Station machten. Dieser hatte auch die Eltern Marias und ihre Geschwister nach Wien eingeladen und so herrschte dort am Kaiserhof eine beinahe familiäre Atmosphäre, welche besonders Großfürst Paul sehr genoss. Die Herrschaften blieben zwei Monate lang in Wien.

Daran schloss sich eine ausgedehnte Reise durch Italien an, die vier Monate in Anspruch nahm. Ihr Weg führte sie zunächst nach Ferrara und Venedig, von wo aus man mit dem Schiff bis Neapel weiterreiste. Dort besuchten sie die antiken Stätten, besonders die damals neu erschlossenen Funde in Herculaneum. Auf dem Rückweg machte das Paar Station in Rom, Florenz, Pisa, Mailand und Turin. Von den vielfältigen Begegnungen und Ereignissen, welche die Reisenden unterwegs in Italien erlebten, seien nur zwei Beispiele erwähnt. Der rus-

1781/82 besuchte das Großfürstenpaar auf seiner »großen Reise« auch das Forum Romanum in Rom. Ölgemälde von Abraham Ducros aus der Schweiz

sisch-orthodoxe Großfürst ersuchte um eine Audienz beim Papst und wollte auf diese Weise seine Verbundenheit mit den katholischen Christen zum Ausdruck bringen. Damals wurde wohl der Grundstein gelegt zu seinem späteren Engagement für den Malteserorden. Auch Maria konnte sich einen Wunsch erfüllen und in Rom die Malerin Angelika Kauffmann treffen, die von ihr sehr bewundert wurde und nach deren Vorlagen sie manche Figur in Stein schnitt.

Im Mai 1782 gab es dann wieder ein Zusammentreffen mit den Eltern Marias in Lyon, zusammen reiste man weiter bis Dijon, von wo aus das Thronfolgerpaar dann wieder alleine bis Paris reiste. Dort trafen sie am 18. Mai ein und feierten ein freudiges Wiedersehen mit der Baronin Oberkirch, welche die Großfürstin von nun an auf der Reise begleiten durfte. Dies gestaltete sich für die beiden Freundinnen zu einer wundervollen Zeit, sie verbrachten viele Monate miteinander und die Berichte der Baronin Oberkirch von dieser Reise geben uns heute wichtige Einblicke in das Leben der Großfürstin. Als Maria in Paris ihre Freundin erblickt hatte, »winkte sie sofort heftig mit dem

Taschentuch und sie lagen sich fünf Minuten in den Armen« – so die Baronin. Auch fand sie, Maria »ist nun die schönste Frau der Welt, hat einen graziösen Gang und nur mit der Königin (Marie Antoinette) zu vergleichen, so fürstlich!«

Der Aufenthalt in der französischen Hauptstadt dauerte einen Monat. Für Paul war das Zusammentreffen mit König Ludwig XVI. ein Hauptziel seiner Reise gewesen und er war ein wenig enttäuscht, als der Empfang beim französischen König sehr reserviert, ja fast ein wenig unterkühlt ausfiel. Sie wurden jedoch zu einem exklusiven Konzert mit einer damals berühmten Sängerin aus Sachsen, »Madame Mara«, geladen. Das Schloss war von tausend Kerzen wunderschön erleuchtet und neben dem Königspaar und den Gästen nahmen nur wenige Hofleute teil, so dass der Rahmen ganz intim war. Beeindruckt zeigte sich Maria von der Kathedrale Notre Dame, welche sie mit dem Petersdom verglich und dabei feststellte, dass ihr inzwischen »ihre« russisch-orthodoxen Kirchen doch am besten gefielen. Die Tage waren ausgefüllt mit dem Besuch von Museen, Ausflügen in die Umgebung und Besichtigungen verschiedener Manufakturen, wobei das Großfürstenpaar auch immer wieder gerne einkaufte. Manches Mal wurde Maria von Königin Marie Antoinette begleitet, die sich ihr gegenüber sehr freundlich zeigte. Abends begab man sich in die Oper oder ins Theater, wobei sie einmal einen Theaterbrand miterlebten, zum Glück jedoch wurde keiner verletzt. Einmal hatte sich der Dichter Beaumarchais bei ihnen gemeldet und wollte aus seinem »Figaro« vorlesen. Er erhoffte sich Hilfe bei der Aufhebung der Zensur, die über seine Werke verhängt war, doch gefiel den Herrschaften der »Barbier« besser und so wurde dieser aufgeführt und war erfolgreich. Erst mit der Musik von Mozart und den Texten da Pontes bekam der Stoff des Figaro jene Popularität, welche diese Oper heute zu den beliebtesten zählen lässt.

An die Tage von Paris schlossen sich eine Besichtigungstour durch das Loire-Tal, die Bretagne und die Normandie an. Danach bereiste man das heutige Belgien mit Ostende, Brügge und Brüssel, wo das großfürstliche Paar von Erzherzogin Christine, einer Schwester Marie Antoinettes begrüßt wurde. Auch verschiedene Städte in den Niederlanden wurden besichtigt und an die Zeit erinnert, als Zar Peter der

Große, der Ahnherr Pauls, in den Niederlanden weilte. Die Reise wurde nun, wenn es möglich war, zu Schiff fortgesetzt, was wesentlich bequemer war als das Fahren im Wagen über holperige Landstraßen. Allmählich machten sich besonders bei der Großfürstin die Strapazen einer solchen Reise bemerkbar. Die vielen neuen Eindrücke und die immer wiederkehrenden Zeremonien und Feierlichkeiten erschöpften sie zunehmend. Doch nach einer Fahrt auf dem Rhein äußerte sich Maria in Düsseldorf begeistert über die kurfürstliche Gemäldegalerie: »Sie ist die schönste in Europa.«

Eine freudige Überraschung erwartete die Reisegesellschaft in Lauterburg, als Baronin Oberkirch Besuch vom Ehemann samt Tochter erhielt und Maria endlich ihr Patenkind kennen lernen durfte. Danach jedoch waren alle bestrebt, möglichst rasch nach Mömpelgard zu kommen, der alten Heimat der Großfürstin, wo man vier Wochen der Erholung einlegen wollte. Am 1. August trafen die Reisenden in Étupes ein und genossen nun das ungezwungene Familienleben im Kreise der württembergischen Verwandten. Großfürst Paul schrieb darüber sehr glücklich: »Für mich ist das ein ganz neues Gefühl und umso angenehmer, als es vom Herzen kommt und nicht vom Verstand.« Von Marias Geschwistern kamen einige nebst ihren Ehegatten nach Étupes, um die russischen Verwandten zu treffen, auch andere Gäste und viele Freunde wurden eingeladen – sie »gaben sich beinahe die Klinke in die Hand«.

Wie meist überraschend und ohne Anmeldung traf auch der württembergische Herzog Carl Eugen mit Franziska von Hohenheim in Mömpelgard ein, weshalb Maria im Scherz meinte, »man macht nun aber keine Umstände mit ihm«. Zur Erinnerung an diesen denkwürdigen Besuch des russischen Thronfolgerpaares in Étupes wurde dort im September 1782 ein Denkmal aufgestellt in Anwesenheit des Herzogspaares und der meisten seiner Kinder.

Nach diesen erholsamen Tagen wurde die Reise über die Schweiz bis nach Württemberg fortgesetzt. Anfangs fühlte sich Maria fremd in ihrem eigentlichen Stammland, war sie doch in Pommern geboren und in Mömpelgard aufgewachsen. Doch die Bevölkerung in den Residenzen Stuttgart und Ludwigsburg bereiteten »ihrer« Prinzessin einen so herzlichen Empfang, dass sie sich bald heimisch fühlte. Die

Am 22. September 1782 fand die berühmte Flucht Friedrich Schillers aus Württemberg statt. Schiller und sein Freund Streicher nutzten das abendliche Spektakel auf Schloss Solitude, um heimlich Stuttgart zu verlassen. Die Radierung zeigt den Dichter und seinen Freund vor dem illuminierten Schloss.

Menschen umlagerten das Schloss, um wenigstens einen Blick auf das russische Großfürstenpaar zu erhaschen. Schon Wochen vor ihrer Ankunft liefen die Vorbereitungen zu diesem Ereignis auf Hochtouren, sowohl bei Herzog Carl Eugen, der zu diesem Anlass viele auswärtige Fürsten in die württembergische Residenz geladen hatte, als auch bei den Einwohnern, die zahlreiche Auflagen für ihr Verhalten während des Besuches erhielten. So mussten beispielsweise die Straßen »von jeglichem Unrat« frei gehalten werden, es durften keine »Bettler und anderes liederliches Gesindel« in die Stadt, kurzum, es wurde alles getan, um »die gute Ordnung des Gemeinwesens aufrecht zu erhalten«.

Am Abend des 17. Septembers kamen die hohen Herrschaften unter Kanonendonner, Vivat-Rufen und Festbeleuchtung in Stuttgart an. Auch die Familie aus Mömpelgard war versammelt, mit Ausnahme des ältesten Bruders Friedrich, der schon nach St. Petersburg abgereist war. Am folgenden Tag vermerkt Franziska von Hohenheim, die »Lebensgefährtin« Herzog Carl Eugens, in ihrem Tagebuch: »In der Früh schon tausend Zerstreuung […]. Ihro Durchlaucht hatte viel zu tun, jeder wollte bald dies, bald jenes. Große Mittagstafel, danach Oper, dort so voll, dass man sich nicht rühren konnte.« Zehn Tage lang dauerten diese Lustbarkeiten an mit Soupers, Bällen, Theateraufführungen, einer großen Jagdpartie am Bärensee. Man besuchte die »Akademie« (die Hohe Karlsschule) und die Porzellanmanufaktur in Ludwigsburg, wobei der Herzog seinen Gästen wertvolle Geschenke machte. Besonders freuten sich die Besucher auf die neu entstandenen Gartenanlagen in Hohenheim und das so genannte »Dörfle«. Anregung hierzu hatte der Herzog wohl bei seinen Besuchen in Étupes erhalten.

Leider spielte das Wetter nicht mit, die Tage waren sehr verregnet und stürmisch, was allenthalben auf die Stimmung drückte. Der Großfürst zog sich immer früh zurück, so dass er von den ganzen Festlichkeiten wenig mitbekam. Auch für die Gastgeber war diese »Invasion von Fürstlichkeiten« anstrengend, immerhin waren 32 Fürsten und Fürstinnen mitsamt ihrem Gefolge in der Residenz versammelt. Franziska notiert nach dem vierten Tag abends in ihr Tagebuch: »[…] und dankten Gott, dass der Tag vorbei war.« Einen Höhepunkt jedoch bildete der festliche Empfang für die illustren Gäste auf Schloss Solitude nahe Stuttgart. Damals war das Schloss noch umgeben von herrlichen Gartenanlagen mit Rosen, Lorbeer- und Feigenbäumen. Besonders beeindruckend waren die zahlreichen Orangenbäume, die eine Allee aus 364 Bäumen bildeten oder auch kleine Plätze zierten. Insgesamt gab es auf der Solitude 1000 Orangenbäume, die ihren Duft verströmten und für Maria sicherlich eine Inspiration im Hinblick auf die Gärten von Pawlowsk bildeten. Aus Anlass des hohen Besuches wurde nun das Schloss wunderbar illuminiert, die Säle innen erstrahlten im Licht von 576 Wachskerzen, es sei »lichterfunkelnd« gewesen. »Tout Stuttgart« strömte heraus zur Solitude, um dieses Schauspiel mitzuerleben.

Der Musiker Andreas Streicher, ein Freund Friedrich Schillers und sein Fluchthelfer, beschreibt das Ereignis folgendermaßen: »Gegen Mitternacht war eine außerordentliche Röte am Himmel […] das Schloss zeigte sich in einem Feuerglanze, der sich noch in einer Entfernung von anderthalb Stunden auf das Überraschendste ausnahm.« Die beiden Freunde, Schiller und Streicher, sahen in diesem Spektakel ihre Chance, heimlich und ungesehen Württemberg zu verlassen. Der Herzog hatte Repressalien angedroht, wenn Schiller den ungeliebten Dienst als Militärarzt weiter vernachlässige und sich nur seiner Dichtung widme, die Carl Eugen verboten hatte. Wie wir wissen, ist Schillers Flucht gelungen und er konnte sich zunächst in Mannheim niederlassen.

Nach einem tränenreichen Abschied zwischen Mutter Sophie Dorothee und Tochter Maria Feodorowna »was keinen Menschen ungerührt ließ« – wie Franziska von Hohenheim vermerkt hat – trat das Großfürstenpaar die Heimreise nach Russland an. Auch die Trennung von ihrer »besten Freundin« Baronin Oberkirch, scheint Maria sehr schwer gefallen zu sein, hatte sie doch ihr Herz ausschütten können über alle Probleme mit der Schwiegermutter – doch durfte die Freundin »ja nichts weitersagen«! Auch Großfürst Paul hatte sich während der Reise immer wieder ungewöhnlich offen über seine Schwierigkeiten im Umgang mit der Zarin geäußert, was in manchen Kreisen Befremden hervorrief und als taktlos empfunden wurde. Nachdem in Wien noch einmal für zwei Wochen Station gemacht worden war, traf das Paar im November 1782 wieder in St. Petersburg ein. Sie hatten während ihrer großen Reise eine Menge Geld ausgegeben, weshalb sie sofort nach ihrer Rückkehr von der Zarin mit Vorwürfen überhäuft wurden. Mit ihren »Souvenirs« aus den Metropolen Westeuropas legten sie jedoch den Grundstock für die Einrichtung ihrer Residenzen, die als besonders erlesen und geschmackvoll galten. Gleichfalls empfingen sie mannigfache Anregungen für die Gestaltung der Gärten und vieles mehr.

Die kaiserlichen Sommerresidenzen

Zarskoje Selo, zu deutsch »Zarendorf«, war die Sommerresidenz der Zarinnen. Unter Zar Alexander I. wurde 1811 eine Schule gegründet, deren erster Absolvent der Dichter Alexander Puschkin war, weshalb der Ort im Jahre 1937 in Puschkin umbenannt wurde. Ein erster Landsitz war schon unter Katharina I. begonnen worden, der so genannte Katharinenpalast wurde dann für Zarin Elisabeth von Rastrelli erweitert und später von Katharina II. durch Charles Cameron noch einmal umgebaut. Er hat alles in höchstem Maße kunstvoll, mit großem Aufwand und Geschmack gestaltet, wobei den heutigen Besucher diese üppige Pracht beinahe zu erschlagen droht. Die 325 Meter lange Fassade wurde einheitlich gestaltet und auf eine gleichmäßige Höhe von drei Geschossen gebracht und damit die verschiedenen Gebäudeteile zusammengefasst. Für die Vergoldung der Figuren auf dem Dach und an der Fassade wurden insgesamt 100 Kilogramm Gold verarbeitet. Im Inneren des Palastes befindet sich das legendäre Bernsteinzimmer, dessen Wände aus Bernsteinplättchen in verschiedener Größe bestehen, insgesamt sind sechs Tonnen Bernstein auf 55 Quadratmeter Wandfläche verteilt. Dieses Kunstwerk wurde zuerst vom Barockbildhauer Andreas Schlüter für das Berliner Schloss Charlottenburg entworfen und kam dann 1716 als Geschenk des preußischen Königs an Zar Peter I. nach St. Petersburg, wo es zunächst im Winterpalast lagerte. In zehnjähriger Arbeit wurden dann die Bernsteine im Katharinenpalast eingebaut. Im Zweiten Weltkrieg wurde der Palast von den Nazis geplündert und zerstört, der Verbleib des Bernsteinzimmers ist nach wie vor ungeklärt. 2003 wurde eine Rekonstruktion nach jahrelanger Arbeit eingeweiht.

Nach der Geburt der ersten Enkeltochter Alexandra 1783 erhielt das Großfürstenpaar als Geschenk der Zarin das Schloss in Gatschina, welches nun bis zur Thronbesteigung den Lebensmittelpunkt der Familie bildete. Katharina hatte diesen Besitz von ihrem Exgeliebten Gregor Orlow übernommen, der das Schloss vom Architekten Rinaldi einst vollenden ließ. Unter Großfürst Paul und seinem Baumeister Vincenzo Brenna wurde Gatschina umgebaut, es herrschte ein einfacher, edler Stil, geschmackvoll, doch nicht so heiter wie Pawlowsk, es ähnelte ein wenig einer Festung. In späteren Jahren war hier der Lieblingsaufenthalt Zar Pauls, während Maria das Schloss in Pawlowsk vorzog. Beiden Orten wurde im Jahre 1796 von Zar Paul das Stadtrecht verliehen.

Aus Freude über die Geburt des Thronerben Alexander schenkte Katharina II. den Eltern 400 Hektar Land am Flüsschen Slavjanka, mit Dörfern und zwei kleinen Jagdhäusern, Krik und Krak. Zu Ehren des Großfürsten Paul wurde es »Pawlowsk« genannt. Eine kleine Straße verband das Landgut mit Zarskoje Selo, dem Sommersitz der Zarin, welches nur fünf Kilometer entfernt lag. Hier plante vor allem Maria ein Sommerschloss für ihre Familie, ganz im Stile von Étupes. Zunächst entstanden zwei kleine Landhäuser, Marienthal und Paulslust, die umgeben waren von Blumengärten. Erst 1780 wurde mit dem Bau des Hauptschlosses begonnen unter Vincenzo Brenna, dem Lieblingsarchitekten Pauls. Innen zeugt das Schloss vom Geschmack und dem Kunstverstand der Besitzerin, es ist prachtvoll eingerichtet, wirkt jedoch nicht überladen, es sind Räume zum Wohlfühlen. Es gab eine große Bibliothek, doch der Lieblingsaufenthalt Marias war ihr Schreibsalon. Der Raum mit halbrunder Kuppel und hohen Fenstern war lichtdurchflutet und gab den Blick in den Garten frei. Dort stand ihr gar nicht damenhafter, eher monströser Schreibtisch, und die Wände waren geschmückt mit Familienbildern und anderen Gemälden. Bei einem Brand im Jahre 1803 wurde vieles zerstört, doch hat man das Schloss unter Baumeister Andrej Voronichin wieder aufgebaut.

Der ausgedehnte Schlosspark wurde mit jedem Jahr weiter verschönert mit teilweise romantischen Neuschöpfungen, welche die Übereinstimmung von Natur und Kunst symbolisieren sollten. So entstanden am Flussufer eine chinesische Gartenlaube, künstliche Ruinen, eine Eremitage, Wasserspiele mit großer Kaskade und vieles mehr. Auf einem Hügel stand eine Rotunde mit 16 dorischen Säulen, der »Tempel der Freundschaft«. Auf einer Halbinsel im See plante Maria, einen Familienhain anzulegen, zusammen mit ihrem Gemahl wollte sie für jedes neue Familienmitglied eigenhändig eine junge Birke als Erinnerungsbaum pflanzen. Eine Tafel mit dem jeweiligen Namen kennzeichnete die Bäume. Bei Marias Tod standen 44 Bäume, der letzte wurde 1827 für ihren Enkel Konstantin Nikolajew, den Vater der Herzogin Vera von Württemberg, gepflanzt.

Maria liebte Blumen und sammelte besonders gerne exotische Pflanzen, die sie sich von überall her schicken ließ, Lilien, Mandelbäu-

Schlosspark von Pawlowsk um 1803. Federzeichnung von Alexander Bugrejew

me, Linden, auch Rosen aus Mömpelgard. In ihren Gewächshäusern und der Orangerie versuchte sie, eine eigene Zucht aufzubauen. Nach der Beschreibung eines Besuchers haben im Sommer 15 000 Blumentöpfe den Säulengang am Schloss gefüllt – es muss ein Blumenmeer gewesen sein! Doch bei allem Luxus, Maria hat streng auf die Preise geachtet, immer Kostenvoranschläge eingeholt und Rechnungen genau kontrolliert. Lange Zeit war der aus Sachsen stammende Karl Küchelbecker Marias Verwalter, der ganz in ihrem Sinne wirtschaftete und die Preise aushandelte, denn manche Architekten und Handwerker verlangten den doppelten oder dreifachen Preis, wenn sie sahen, dass der Auftrag aus dem Zarenhaus kam.

Auf die passende Möblierung ihrer Schlösser legte das Großfürstenpaar großen Wert. Bei Marias Eltern in Mömpelgard lernten sie den Ebenisten David Roentgen aus Neuwied kennen, bei welchem

Herzogin Sophie Dorothee viele Möbel bestellt hatte, von denen die Tochter begeistert war. Sie habe »Möbel wie bei Mütterchen in Étupes« bei ihm gesehen und bestellte den ganzen Bedarf für Pawlowsk, während er für die Zarin Katharina nichts fertigen durfte, ihr waren die Möbel zu modern. Roentgen arbeitete in streng klassizistischen Formen, berühmt wurde sein kunstvolles Design der so genannten Verwandlungsmöbel, die mit den raffiniertesten Techniken und mehrfarbigen Intarsien ausgestattet waren. Es waren luxuriöse Möbel zu horrenden Preisen, das Großfürstenpaar gab ein Vermögen dafür aus. Kleinere Möbelstücke wurden von Maria vielfach auch verschenkt, sie lieferte dann selbst kleine Gemälde auf Porzellan als Schmuck für die Möbelstücke, ähnlich wie ihre Schwägerin in Stuttgart, Königin Charlotte Mathilde, gleichfalls eine Künstlerin auf diesem Gebiet. David Roentgens »Neuwieder-Stil« wurde auch von seinen Schülern Heinrich Gambs in St. Petersburg und Johannes Klinckerfuß am württembergischen Hof weitergeführt. Das passende Interieur im Zusammenklang mit der Architektur zu schaffen, wurde von den Besuchern der Schlösser in Ludwigsburg oder Pawlowsk bewundert und gerühmt. Der Beruf des Kunstschreiners wurde damit aufgewertet und als »Kunst« erst richtig wahrgenommen.

Familienglück des Thronfolgerpaares

»Meine Kinder und mein Ehemann sind mein Glück. Das ist auch das einzige in diesem Trubel der großen Welt«, schrieb die Großfürstin an ihre Freundin im Jahre 1780. Bei der Geburt ihres ersten Enkels hat Zarin Katharina heftige Tränen der Rührung vergossen und wollte nun bei jeder neuen Niederkunft der Schwiegertochter zugegen sein. Und dennoch wiederholt sich hier die Geschichte, denn gleich nach der Geburt ließ Zarin Katharina die beiden älteren Enkelsöhne in ihre Obhut bringen und mutete ihrer Schwiegertochter dasselbe Schicksal zu, unter welchem sie selbst einst gelitten hatte. Sie entschied über alle Belange der Enkel und räumte Maria nur wenig Mitspracherecht ein. Diese fühlte sich hilflos und gedemütigt, dass sie bei der Erziehung ihrer Kinder nur eine Nebenrolle spielen sollte. Dennoch war Maria sehr darum bemüht, ein Familienleben aufrechtzuerhalten, um zumindest für die Töchter eine fürsorgliche Mutter zu sein.

Glücklicherweise standen ihr in dieser Lage Freunde zur Seite. Ihre beiden Jugendfreundinnen zählten dazu und vor allem ihr Sekretär, Baron von Nicolay. Er war zusammen mit ihr aus dem Elsass nach St. Petersburg gekommen und bekleidete nun die Stelle des Bibliothekars und Sekretärs beim Großfürstenpaar. Maria konnte mit ihm Konversation treiben, im Park spazieren gehen oder musizieren. Sie fand bei ihm Unterstützung in der Gestaltung ihrer Gesellschaftsabende mit Hausmusik oder Theateraufführungen, der Baron hat auch Gedichte verfasst. Baron von Nicolay wurde schließlich zum Präsidenten der Akademie der Wissenschaften in St. Petersburg gewählt.

Auch dem Züricher Theologen Johann Caspar Lavater stand das Großfürstenpaar sehr nahe, sie hatten ihn bei ihrer Europareise in Zürich getroffen. Lavater selbst hat über diese zweistündige Begegnung am 12. September 1782 im Gasthof »zum Schwert« sehr ausführlich berichtet. Sein Werk »Physiognomische Fragmente zur Beförderung der Menschenkenntnis und Menschenliebe« wurde in den Jahren 1775 bis 1778 veröffentlicht und fand große Beachtung. Viele europäische Fürsten standen damals mit Lavater in Briefkontakt, berühmt geworden ist seine Freundschaft und der Briefwechsel mit Goethe. Lange Jahre hat Lavater auch mit Maria Feodorowna eine beachtliche Korrespondenz »über den Zustand der Seele nach dem Tode« geführt.

Eine enge Freundin in Russland wurde für Maria die Fürstin Charlotte Margarethe von Lieven, geborene von Gaugreben, welche aus dem Baltikum stammte. Sie war mit dem Generalmajor der Artillerie Otto Heinrich von Lieven in Riga verheiratet und hatte acht Kinder. Einer ihrer Söhne heiratete später Dorothea von Benckendorff und lebte in London als russischer Gesandter. Diese Schwiegertochter Dorothea Lieven wurde bekannt durch ihre Liaison mit Metternich und ihren Briefwechsel mit ihm, der einen guten Einblick in das gesellschaftliche Leben dieser Zeit gibt. Als die Baronin Charlotte von Lie-

Die Familie von Zar Paul I. Gemälde von Gerhard von Kügelgen um 1800. Die früh verstorbene Tochter Olga ist als Statue im Hintergrund dargestellt.

ven mit 48 Jahren Witwe geworden war, wurde sie von Katharina II. an den Zarenhof geholt, um die Erziehung vor allem der Enkeltöchter zu leiten. Charlotte verstand sich sehr gut auch mit der Großfürstin, und dieser enge freundschaftliche Kontakt war ein großes Glück für Maria. Auf diesem Wege konnte sie doch manchen Einfluss auf die Erziehung ihrer Kinder nehmen, der ihr von der Zarin versagt war. Charlotte von Lieven diente der Zarenfamilie lange Jahre in Anhänglichkeit und Treue. Für ihre Verdienste wurde sie zunächst in den Grafen-, später in den Fürstenstand erhoben. Als sie am 25. März 1828 mit 85 Jahren starb, wachte Maria stundenlang am Sterbebett dieser vertrauten Freundin.

Eine weitere Vertraute auf lange Jahre war Baronin Anna Juliane Charlotte Schilling von Cannstatt, genannt »Tille«, eine Jugendfreundin aus Mömpelgard, die ihr als Ehrendame nach Russland gefolgt war. Sie heiratete 1780 den General Baron Christoph von Benckendorff aus baltischem Adel. Maria war sehr froh darüber, dass die Freundin auf diese Weise an Russland gebunden war und in ihrer Nähe blieb. Die Kinder des Paares machten in Russland Karriere. Der Sohn Alexander wurde unter Zar Nikolaus I. Chef der Geheimpolizei und sein Bruder Constantin war russischer Gesandter in Württemberg und Weimar. Seine Grabkapelle auf dem Friedhof in Stuttgart-Heslach, von Giovanni Salucci erbaut, gehört heute zu den kunsthistorisch bedeutenden Denkmalen der Stadt. Die Tochter Dorothea wurde 1800 die Gemahlin von Baron Lieven, sie spielte eine große Rolle in der Gesellschaft.

Zum Leidwesen Marias hat ihr Gemahl die Freundin vom Hofe verbannt in der Zeit, als er seiner Umgebung immer misstrauischer gegenüberstand. Er befürchtete, die Baronin habe einen schlechten Einfluss auf seine Gemahlin, leider verstarb Juliane von Benckendorff wenig später im Jahre 1797.

Das Großfürstenpaar bekam vier Söhne und sechs Töchter:

Alexander (1777–1825)

Er folgte seinem Vater als ältester Sohn in der Regierung nach. Alexander war ein wenig sentimental und romantisch veranlagt, aber sehr gesellig und war ein großer Philanthrop. In späteren Jahren entwickelte er ein Sendungsbewusstsein, das sich mit der realen Politik schwer vertrug. Seine Ehe mit Luise von Baden, nach der Heirat Elisabeth, war nicht glücklich und er hinterließ keinen Thronerben.

Konstantin (1779–1831)

Er war ein schwieriges Kind, ähnelte dem Vater und Großvater nicht nur äußerlich, sondern auch in seiner Veranlagung. Er wurde zum Gouverneur in Polen ernannt und verhielt sich in dieser Position immer loyal gegenüber seinen Brüdern. Die Großmutter hatte ihm Juliane von Sachsen-Coburg, Anna Feodorowna, als Gemahlin ausgewählt, von der er sich jedoch scheiden ließ. Er verliebte sich in die schöne Polin Johanna Grudzinska, geadelt Gräfin Lowitsch, mit der er in morganatischer Ehe lebte und deshalb auf eine etwaige Thronfolge in Russland verzichtete.

Alexandra (1783–1801)

Alexandra sollte den jungen Schwedenkönig Gustav IV. heiraten, es sollte eigentlich eine Liebes-Ehe werden. Die Braut musste zu diesem Zweck allerdings konvertieren. Doch die Zarin weigerte sich, die Klauseln wegen der verschiedenen Religionen zu unterzeichnen. Daraufhin reiste der schwedische König ab, Alexandra brach zusammen und hatte danach »ihre Heiterkeit verloren«. 1799 heiratete sie dann den ungarischen Palatin Erzherzog Josef. Sie starb im Kindbett kurze Zeit nach dem Mord an ihrem Vater.

Helena (1784–1803)

Sanftmütig und religiös, heiratete Helena 1799 in Schwerin Erbprinz Friedrich von Mecklenburg-Schwerin. Sie war ein sehr zartes Wesen, Graf Kalkreuth berichtet von einem Erlebnis im Danziger Dom, als die hohe Gestalt der erst 16-jährigen jungen Frau in der dunklen Kirche, nur von einem einzigen Lichtstrahl erhellt, besonders zerbrechlich wirkte. Helena war eng mit Königin Luise von Preußen befreundet, die auch an ihrem Krankenlager stand, als sie mit 19 Jahren an der Auszehrung starb.

Maria (1786–1859)

Sie hatte eine besondere künstlerische Begabung. Maria heiratete 1804 in Weimar den Erbprinzen Carl Friedrich von Sachsen-Weimar und spielte am dortigen Hof eine wichtige Rolle. Als der Brautwerber damals in St. Petersburg vorstellig wurde, war Maria erst 13 Jahre alt und die Mutter fand, sie sei noch zu jung für eine Ehe und der Erbprinz solle erst mal seine Bildungsreise absolvieren. Das Glück ihrer Tochter lag ihr also trotz aller Politik am Herzen. Als spätere Großherzogin war Maria eine große Förderin und Freundin der in Weimar versammelten Dichter und Musiker.

Katharina (1788–1819)

Ihr wurde in der Jugend viel nachgesehen, sie galt als Lieblingstochter des Vaters. Sie war vielseitig interessiert und sehr gebildet und belesen. Nach ihrer strikten Weigerung, auf die Werbung Napoleons einzugehen, heiratete sie 1809 ihren Vetter Georg von Oldenburg. Nach dessen frühem Tod ging sie eine zweite Ehe ein, wieder mit einem Vetter, Kronprinz Wilhelm von Württemberg. Sie ist früh verstorben, hinterließ vier Kinder und wurde im ganzen Königreich tief betrauert.

Das Zarenpaar hatte zehn Kinder. Eine der Töchter, Katharina Pawlowna, heiratete 1816 den württembergischen Thronfolger Wilhelm. Hier ist Katharina als kleines Mädchen dargestellt, Ölgemälde von Dimitri Lewizki

Olga (1792–1795)

Olga starb schon als kleines Mädchen. Sie wurde auf dem berühmten Gemälde der großfürstlichen Familie von Gerhard von Kügelgen als Statue im Hintergrund dargestellt.

Anna (1795–1865)

Anna war als jüngste Tochter stets etwas eifersüchtig auf die älteren Schwestern, die auch alle vor ihr das Elternhaus verlassen hatten. Sie heiratete den holländischen Thronfolger Wilhelm und wurde Königin der Niederlande.

Nikolaus (1796–1855)

Er wurde am 24. Dezember 1825 als Nachfolger Zar Alexanders I. zum Kaiser proklamiert, nachdem sein älterer Bruder Konstantin auf den Thron verzichtet hatte. Zehn Tage zuvor war es zu einem Aufstand der Offiziere gekommen, die eine liberalere Verfassung durchsetzen wollten, jedoch scheiterten. Der Aufstand wurde blutig niedergeschlagen und ist als »Dekabristen-Aufstand« in die Geschichte eingegangen. Zar Nikolaus regierte daraufhin in reaktionärer Weise und verfolgte alle Aufständischen. Seit 1817 war er mit der preußischen Prinzessin Charlotte, in Russland Alexandra Feodorowna, verheiratet und hatte mit ihr sieben Kinder.

Michael (1798–1849)

Der jüngste Sohn schlug eine militärische Laufbahn ein. Er schloss sich sehr seinem Bruder Konstantin an, auf dessen Meinung er großen Wert legte, beispielsweise bezüglich seiner Gemahlin, Helena Pawlowna, die er nicht mehr so eisig behandelte, nachdem Konstantin von ihr begeistert war. Die Zarin hatte darauf bestanden, dass Michael ihre württembergische Nichte, Prinzessin Charlotte, heiratet, obwohl er niemals eine deutsche Gemahlin haben wollte. Doch die Ehe kam zustande und das Paar bekam fünf Töchter. Der Salon von Großfürstin Helena Pawlowna, wie sie in Russland hieß, war ein beliebter Treffpunkt liberaler, intellektueller Kreise. Ihr großer Verdienst war ihr Einsatz für die Aufhebung der Leibeigenschaft der russischen Bauern.

Auch wurde in ihren Räumen im Michaels-Palais das spätere Konservatorium von St. Petersburg gegründet, dessen berühmtester Schüler Peter Tschaikowsky war.

Zar Paul I. und seine Regierungsjahre

Im Gegensatz zu seiner Mutter, Zarin Katharina II. und seiner Großmutter, Zarin Elisabeth, die kein familiäres Glück kannten, galt Paul zumindest am Beginn seiner Ehe als guter Vater und liebevoller Ehemann. Er selbst hatte keine glückliche Kindheit, wuchs völlig isoliert auf ohne Geschwister oder Spielgefährten. Doch genoss er die beste Erziehung, hatte einen Lehrer aus der Schweiz, La Fermière, so dass er auch sehr gut Deutsch und Französisch sprach. Er hat das Gedankengut der Französischen Revolution kennen gelernt, auch wenn er später einen Hang zur Autokratie entwickelte. Sein großes Vorbild war der Preußenkönig Friedrich der Große, den er selbst in seiner Pose nachahmte. Er liebte alles Militärische, seine Soldaten mussten oft stundenlang exerzieren.

Mit den Jahren wurde Pauls Wesen immer widersprüchlicher und unberechenbarer, und so ist es interessant, dass er bei seinem Treffen mit Lavater dessen ehrliche und nicht geschönte Meinung zu seiner Physiognomie wissen wollte. Er selbst war nicht zufrieden mit seinem Gesicht, weshalb er Lavater fragte, ob er ein guter, nützlicher Mensch werden könne. Dieser meinte: »Die Redlichkeit kann in allen Gesichtsformen wohnen« und weiter, »Sie haben sehr viel Temperament und sind äußerst heftig, rasch, stürmisch«. Wenn er verzweifelt sei, solle er nie verzagen, sondern seine Gemahlin herbeirufen. »Lehnen Sie sich an sie, die dunkle Gewitterwolke wird bald vorübergehn.« Paul war zufrieden und rief seine Gemahlin hinzu. »Dieser liebe Freund sagt mir Wahrheiten, die Du mir selbst nahe genug ans Herz gelegt hast.« Nach Lavaters Beschreibung zog er sie ein wenig an sich und gab ihr einen so herzlichen Kuss »als ich je zwei gute bürgerliche Eheleute einander küssen gesehen habe. Und dennoch waren in allem gewiß immer zehn bis zwölf Personen im Zimmer«. Nach einem ersten flüchtigen Eindruck

Zar Paul I., dargestellt im Krönungsornat und mit dem Malteserkreuz. In seinem Michaelsschloss ließ er den so genannten »Malteser-Saal« einrichten.

beschreibt Lavater Maria folgendermaßen: »Die schöne, ziemlich hohe, obgleich fette, doch wohlgebildete, blonde, doch nicht weichliche Gestalt [...].« Und nach eingehender Betrachtung ihres Gesichts fällt sein Urteil schmeichelhaft aus, er entdeckt nur »einen kleinen Hang zur Nonchalance und die Begierde, delicat zu essen«!

Zu Beginn seiner Regierungszeit legte das Zarenpaar viel Wert auf großes Hofzeremoniell, achtete streng darauf, dass die Etikette eingehalten wurde, auch die Kinder hatten sich daran zu halten. Bei Hofe herrschte eine strenge Kleiderordnung. So hatten die Hofdamen der Zarin bei offiziellen Anlässen einheitliche Kleidung zu tragen und zwar lichtblaue Roben mit Goldstickerei. Stoffe aus Silberbrokat beispielsweise blieben nur der kaiserlichen Familie vorbehalten, wobei die Zarin selbst und die Großfürstinnen die Farben ihrer Garderobe frei wählen konnten. Da jedoch die Ehrendamen durchweg hellblau trugen, war diese Farbe für alle anderen streng untersagt. Zur Robe trugen die Hofdamen ihren »Chiffre« – die mit Diamanten besetzten Initialen der Zarin. Es muss bei großen Empfängen ein wunderbares Bild gewesen sein, wenn sich etwa zweihundert Damen versammelt hatten, alle einheitlich in helles Blau gekleidet, mit funkelnden Brillanten.

Die Regierungsübernahme Zar Pauls war am 17. November 1796. Die Krönung fand am 17. April 1797, am Osterfest, in der Kathedrale des Kremls in Moskau statt. Erstmals wurden dabei die Kronen benutzt, welche noch Katharina II. bei den Juwelieren Posier und Loubier in St. Petersburg in Auftrag gegebenen hatte. Alle nachfolgenden Zaren der Romanows sind dann mit diesen Kronen gekrönt worden. Die Gestaltung der Zarenkrone zeigt byzantinischen Einfluss, da sich die Zaren nach dem Fall Konstantinopels als legitime Erben Ostroms betrachteten und sich zur Schutzmacht über alle orthodoxen Gläubigen erhoben. Die mit 7500 Brillanten und 75 großen Perlen geschmückte Krone trug an der Spitze einen Rubin von 400 Karat und ein Diamantkreuz. Die Zarinnenkrone war ähnlich gestaltet, jedoch übersät mit Brillanten und bekrönt von einem diamantenen Stern. Diese Kronen wurden zusammen mit den Throninsignien im »Brillanten-Zimmer« des Winterpalastes aufbewahrt, heute kann man sie im Kreml bewundern.

Sofort im Anschluss an die Krönung wurde ein neues Gesetz zur Thronfolge erlassen, wonach Frauen zukünftig davon ausgeschlossen waren. Der Zar wollte den liberalen Stil seiner Mutter, den er für verderblich hielt, vollständig tilgen und erließ für die Bürger zahlreiche neue Auflagen. Zunächst klangen diese recht verständlich und vernünftig, beispielsweise durften kleine Kinder nicht ohne Aufsicht auf die Straße oder Blumentöpfe waren nur mit Gittern gesichert auf den Balkon zu stellen. Doch wurde die Reglementierung von Jahr zu Jahr restriktiver. Es waren nur bestimmte Tänze erlaubt, es wurden Ruhezeiten festgelegt, die einzuhalten waren. Kutscher durften beim Fahren nicht schreien und jeder Mensch auf der Straße hatte stehen zu bleiben, wenn der Kaiser vorbeifuhr. Der Adel war von den Gesetzen nicht ausgenommen, alle mussten sich den Regeln des Zaren beugen. Die Offiziere hatten zu täglichen Wachparaden anzutreten, Fehlverhalten und Nichtachtung der kaiserlichen Erlasse wurden mit Prügel und Arrest bestraft. Mit der Zeit wurde die Situation immer unerträglicher und das Murren immer unüberhörbarer. Es fiel auf, dass der Zar nicht immer den Überblick behielt …

Andererseits war Zar Paul ein entschiedener Förderer der protestantischen sowie der römisch-katholischen Kirche in Russland und er hatte auch in Rom Verbindung mit Papst Pius VI. aufgenommen.

Außerdem wollte er die Gründung einer Universität in Mitau, im Baltikum, veranlassen, damit junge Leute zum Studium nicht mehr ins Ausland gehen mussten. Dieser Plan kam nicht mehr zur Ausführung. Erst nach seinem Tod nahm Zar Alexander I. den Gedanken wieder auf und gründete die Universität in Dorpat. Dort wurde unter anderem lange Zeit die gesamte protestantische Pastorenschaft Russlands ausgebildet.

Schon von jeher hatte Paul einen Sinn für Ritterromantik, er fühlte sich als Bewahrer der ritterlichen Tradition. So war es nur folgerichtig, dass er sich als Schirmherr des Malteserordens profilierte und den von Napoleon 1798 aus Malta vertriebenen Ordensrittern Unterkunft und Hilfe in Russland anbot. Aus Dankbarkeit hierfür wurde er zum Großmeister des Ordens ernannt. Dieser geistliche Ritterorden der Johanniter war 1099 in Jerusalem für die Pilger im Heiligen Land gegründet worden und pflegte die Verbindung von Krankenpflege und Rittertum. Nach ihrer Vertreibung von dort, später auch aus Rhodos durch die Türken, hatte der Orden 1530 von Kaiser Karl V. die Insel Malta als Lehen erhalten und nannte sich seither auch Malteserorden. Laut den Ordensstatuten konnte der Papst die Wahl Pauls zum Großmeister jedoch nicht anerkennen, da er verheiratet, orthodoxen Glaubens und kein Ritter war, auch keine Novizenzeit absolviert hatte, doch die Ordensbrüder sahen in Paul de facto ihren Großmeister. In seinem neu erbauten Michaelschloss gab es einen speziellen Ordenssaal, den Georgsaal und die Malteser-Galerie für die Rituale des Ordens. Dort verlieh Zar Paul als Erstes seiner Gemahlin und den Söhnen das Großkreuz des Malteserordens. Nach seinem gewaltsamen Tod wollte der Sohn das Amt des Großmeisters nicht übernehmen, so fiel die Wahl auf den italienischen Ordensritter Tommasi.

Auf die Politik des Zaren hatte Maria keinen direkten Einfluss, doch sein Regierungsstil nahm immer despotischere Formen an, so dass auch sie Kritik übte. Statt der früheren Vertrautheit und Gemeinsamkeit des Paares trat nun eine gewisse Entfremdung ein. Paul verlor gegenüber seiner Gemahlin jede Höflichkeit, die ganze Familie hatte unter seinem Verfolgungswahn zu leiden, der sichtbar zunahm. In dieser Zeit begann der Zar »die Freundschaft« einzelner Damen am

Nahe des Schlosses in Pawlowsk befand sich auch das Haus der Katharina Nelidowa, der Mätresse Pauls I. Hier eine Ansicht des Gebäudes um 1824.

Hofe zu entdecken, sie wurden seine »guten Geister« – zum Schrecken seiner Gemahlin, die unter dieser Untreue litt. Für einige Zeit war seine Favoritin Katharina Nelidowa, ein Hoffräulein der Zarin, auf die Maria sehr eifersüchtig war. Ihr folgte bald eine neue Liebe, Anna Lopuchin, die von Paul mit Ehren und Geld überschüttet wurde und zusammen mit ihrer Familie auch in den Fürstenstand erhoben wurde. Diese Mätresse wohnte sogar im Michaelschloss, worüber Maria tobte, letztendlich aber machtlos war. Die alten Freunde Marias wurden vom Zaren verbannt, worauf sie in ihrer Not die Nelidowa zurückholte und sich mit ihr verbündete. Die ehemalige Mätresse hatte noch ein wenig Einfluss auf Paul und so wurden Ehefrau und Geliebte richtige Freundinnen.

Je größer das Misstrauen des Zaren gegenüber seiner Umwelt wurde, umso mehr wuchs die Gefahr für seine eigene Familie. Er wollte Maria und die Töchter in ein Kloster schicken, sie vielleicht hinrichten lassen, die Situation war allmählich unerträglich. Sein Sohn Alexander war ihm zu liberal, er hatte kein Vertrauen zu ihm. Es gibt das Gerücht, Paul habe erwogen, den Neffen seiner Gemahlin, Eugen von Württemberg, zu adoptieren und ihn anstelle Alexanders als Thronfolger einzusetzen. Zudem soll er eine Ehe Eugens mit seiner Lieblingstochter Katharina geplant haben, doch in den Aufzeichnungen seines Lebens erwähnt Herzog Eugen nichts davon.

Maria hatte den damals 13-jährigen Neffen an den Zarenhof eingeladen, denn sie liebte ihn wie ein eigenes Kind und auch der Zar hatte ihn ins Herz geschlossen. Eugen traf Anfang Februar 1801 in St. Petersburg ein und wurde dort mit Ehrungen geradezu überhäuft. Später erwarb er sich in Russland große militärische Verdienste, doch trotz seiner Erfolge blieben ihm bedeutende Aufstiegsmöglichkeiten versagt, man munkelt, Alexander habe ihm die Thronanwartschaft damals durch seinen Vater nie verziehen. Zu seiner Tante Maria Feodorowna pflegte Herzog Eugen beste Beziehungen, er lebte auf seinem Besitz in Carlsruhe (Schlesien). Noch einmal reiste er auf Einladung Marias nach St. Petersburg, aber kurz nach seiner Ankunft kam die Nachricht vom plötzlichen Tode Zar Alexanders, woraufhin er sich erfolgreich für seinen Vetter, den neuen Zaren Nikolaus, gegen die Aufständischen einsetzte. Als er 1828 vom Tode der geliebten und verehrten Tante erfuhr, kam er eigens, um an ihrer Beisetzung teilzunehmen.

Der Zarenmord

Haupt der Verschwörung gegen Paul war Graf Peter Pahlen, Chef der Geheimpolizei und eigentlich ein Vertrauter des Zaren. Nachdem der geistige Zustand Pauls immer bedenklicher geworden war, wollte man ihn zur Abdankung zwingen und hatte eine entsprechende Urkunde vorbereitet. Nach langen Verhandlungen hatte sich der Sohn Alexander bereit erklärt, diese Vorgehensweise zu akzeptieren und die Regierung vom Vater zu übernehmen. Graf Pahlen hatte alles sorgfältig geplant und durchdacht, denn es durfte möglichst nichts schief gehen, es hätte für die Verschwörer den sicheren Tod bedeutet. Außer ihm waren auch der Vizekanzler Graf Nikita Panin und der englische Gesandte Whitworth beteiligt.

Am Abend des 23. März 1801 trafen sich die Verschwörer zunächst zum Abendessen, wobei der Plan zur Abdankung des Zaren schon im Voraus mit Champagner begossen wurde, wohl auch, um sich Mut anzutrinken. Jedenfalls standen die Männer so heftig unter Alkohol, was erklärt, weshalb sie so unverständlich grausam auf den wehrlosen Zaren eingeschlagen haben. Folgendes passierte: Nachdem die Palastwachen ausgeschaltet worden waren, drangen die Verschwörer über eine Wendeltreppe ein, welche direkt in das Schlafzimmer des Zaren führte, und überraschten den Zaren im Schlaf. Rasch wurden die einzige Fluchttüre abgeriegelt und die Wachen festgenommen. Vom Lärm erwacht, lehnte Paul die Unterzeichnung der Abdankungsurkunde ab und flüchtete sich hinter einen Ofenschirm. Die angetrunkenen Eindringlinge nahmen daraufhin den Zaren gefangen und schlugen mit einer goldenen Tabaksdose auf ihn ein. Dieser wehrte sich heftig, strauchelte, wurde jedoch schwer am Kopf getroffen. Die lange erduldeten Repressalien seitens des Zaren setzten vermutlich in diesem Augenblick bei den stark alkoholisierten Männern Gefühle frei, weshalb sie mit solcher Wucht und Härte den wehrlosen Zaren bedrängten. Nachdem Paul noch immer Lebenszeichen von sich gab, wurde er kurzerhand erdrosselt.

In dieser Mordnacht wurde die Zarin durch die Unruhe im Schloss geweckt, sie eilte durch die Korridore zum Schlafzimmer ihres Gemahls, doch wurde ihr der Zutritt durch Bajonette verwehrt. Die halbe Nacht verbrachte sie nun völlig aufgelöst vor der Zimmertüre, man wollte sie nicht einlassen. Als sie vom Tode des Zaren erfuhr, wurde sie kurz ohnmächtig – sie hat wohl als Einzige echte Tränen um Paul geweint. Erst nachdem man die Spuren der Gewalteinwirkungen weitgehend beseitigt hatte und der Leichnam Pauls etwas zurechtgeschminkt war, durfte die Witwe den Toten sehen. Die ganze Nacht verbrachten daraufhin die Großfürstinnen Elisabeth und Anna bei der Mutter. Die Gemahlin Alexanders entwickelte in dieser Nacht eine Autorität, die man so an ihr nicht kannte. Sie stand der Schwiegermutter und dem Ehemann liebevoll und tröstend bei, was ihr Alexander zeitlebens nicht vergessen hat. Obwohl die Ehe der beiden nie glücklich war, die Erlebnisse in dieser Nacht prägten eine Gemeinsamkeit, über welche das Paar in seinen letzten Lebensjahren wieder zusammenfand.

Graf Peter Pahlen, einer der Hauptverantwortlichen um den Mord an Zar Paul I.

Am Morgen des 24. März ging es wie ein Befreiungsschlag durch die Stadt und die Nachricht vom Tode des Despoten verbreitete sich wie ein Lauffeuer. Elisabeth schrieb, sie atme mit ganz Russland auf. Einen Moment lang soll Maria Feodorowna mit dem Gedanken gespielt haben, selbst die Zügel in die Hand zu nehmen und die Regierung anzutreten. Doch sie besaß keine Hausmacht, war beim einfachen Volk nicht sehr populär und so wurde sie vom Sohn liebenswürdig beiseitegeschoben, ohne ein Zugeständnis, politisch mitzuwirken. Die ehemaligen Mitarbeiter Pauls scharten sich um sie, und die konservativen Kreise versammelten sich immer wieder bei ihr, doch auf die Politik des Landes hatten sie keinen Einfluss. Nach außen hin wurde ihr vom neuen Zaren eine glänzende Rolle zugedacht, sie war mit dem Titel einer »Zarin-Mutter« das Familienoberhaupt und ihre Stellung bei Hofe rangierte im Protokoll vor der jeweiligen Zarin.

Die von Maria gewünschte Bestrafung der Mörder hat nie stattgefunden, Alexander selbst war viel zu tief in die Sache involviert. Dennoch wurde Graf Pahlen gleich nach der Tat vom neuen Zaren aller seiner Ämter enthoben. Mit der Zeit hat Maria die Namen aller Verschwörer erfahren und dafür gesorgt, dass sie vom Zarenhof entfernt wurden, die meisten Beteiligten hat sie bis zu deren Lebensende verfolgt und in die Verbannung getrieben.

Zar Alexander I.

Seine Bildung war westeuropäisch geprägt, sein Vorbild war die Großmutter als aufgeklärte Monarchin, die er sehr liebte und verehrte. Katharina II. hatte aus der Schweiz den Republikaner Frédéric-César de La Harpe nach St. Petersburg kommen lassen, um die Erziehung des jungen Großfürsten zu übernehmen. Sie meinte, »der Großfürst soll zu einem Menschen erzogen werden«. Doch der Vater mochte den Erzieher für seinen Sohn nicht und so wurde er wieder entlassen, als Alexander gerade 16 Jahre alt war. Alexanders Regierungsstil, als er 1801 die Macht übernommen hatte, wird so definiert: »Im Prinzip liberal, Hand in Hand gehend mit dem absoluten Willen zur Macht.« Mit Alexander war auch eine neue Generation von Hofbeamten angetreten, zur Zarin-Mutter war sein Verhältnis nicht immer vertrauensvoll – er ließ jahrelang ihre Korrespondenz überprüfen – doch nach außen hin schien alles harmonisch.

Eine erste Eheanbahnung für den Thronfolger Alexander fand noch unter der Großmutter, Katharina II. statt. Sie ließ drei badische Prinzessinnen nach St. Petersburg anreisen, wobei die 14-jährige Luise Marie Auguste als zukünftige Braut ausgesucht wurde. Die anderen beiden Schwestern heirateten später die Könige von Schweden und Bayern. Luise blieb ein Jahr am Zarenhof, bis sie mit 15 Jahren reif genug erschien, eine Ehe einzugehen. Die Hochzeit fand am 9. Oktober 1793 statt und sie erhielt bei der orthodoxen Taufe den Namen Elisabeth Alexejewna. Die Ehe verlief nicht glücklich, leider wurde kein Thronerbe geboren, zwei Töchter starben schon als Kleinkinder. Zar Alexander erlaubte sich viele Affären, seine langjährige Geliebte war Maria Naryschkina, von der er auch eine Tochter hatte. So blieb Elisabeth ohne großen Einfluss am Zarenhof, stand immer etwas im Schatten der Schwiegermutter und der Schwestern ihres Gemahls. Als die neue Großfürstin Alexandra nach St. Petersburg kam, hoffte sie in der neuen Schwägerin eine Freundin zu gewinnen, doch die beiden verstanden sich nicht. Möglicherweise fand sie ein bisschen Glück bei dem besten Freund ihres Gemahls, Fürst Adam Czartoryski, von dem vermutet wird, dass er eine intime Beziehung mit ihr unterhielt. Jedenfalls ist uns der umfangreiche Briefwechsel mit der Mutter in Baden erhalten, in dem sie sich ausgesprochen und ihr Leid geklagt hat.

Erst nachdem er als »Retter Europas« durch den Sieg über Napoleon gefeiert wurde, ist der Zar auch in Russland populär geworden. Seine Erfolge im Napoleonischen Krieg und danach auf dem Wiener Kongress wurden in Russland anerkannt. Innenpolitisch konnte er seine anfänglichen liberalen Ideen und entsprechende Reformen nicht durchsetzen, worauf er sich immer mehr in die Privatsphäre zurückzog, die Tagespolitik nicht mehr aktiv gestaltete und lieber am gesellschaftlichen Leben der bürgerlichen Salons teilnahm. Etwas kurios waren Alexanders Teeabende mit Damen der Deutschen Gesellschaft, bei denen keine Herren zugelassen waren und das Hauptvergnügen darin bestand, Gesellschaftsklatsch und Stadtgeschichten durchzuhecheln. In diesem intimen Zirkel fühlte er sich unbeobachtet und frei von Zwängen der Etikette.

In diesen Jahren begann auch sein Hang zu religiöser Schwärmerei und Mystizismus, er hielt sich für vorbestimmt, der Welt den Frieden zu bringen, hatte die Idee, eine Mission auf Erden erfüllen zu müssen. Der Zar hatte schon im Jahre 1815 die Baronin Barbara Juliane von Krüdener, geborene von Vietinghof, aus dem Baltikum getroffen und stand eine Zeit lang unter deren Einfluss. Man sagt, die Idee zur »Heiligen Allianz« gegen Napoleon sei bei einem Gespräch mit ihr auf ihrem Gut Rappenhof bei Weinsberg erstmals angesprochen worden. »Die Krüdener« war mit einem Diplomaten verheiratet gewesen, hatte daher in ihrer Jugend einige Länder bereist und war sehr weltgewandt. In reiferen Jahren stand sie dem Pietismus nahe, auch den Böhmischen Brüdern, doch steigerte sich ihre ursprüngliche Frömmigkeit zum religiösen Fanatismus. Als Sektiererin wurde sie deshalb in vielen Ländern ausgewiesen – sie starb im Dezember 1824 während eines Besuches auf der Krim.

Nachdem Zar Alexander lange Jahre seine Gemahlin vernachlässigt hatte, kümmerte er sich nun noch einmal liebevoll um die inzwischen leidend gewordene Zarin und reiste mit ihr zur Kur nach Taganrog ans Schwarze Meer. Elisabeth war glücklich und voller Hoffnung, die letzten Jahre noch gemeinsam mit Alexander verbringen zu können. Doch der Zar erkrankte plötzlich schwer bei einem Besuch der Krim und verstarb am 1. Dezember 1825 in Taganrog. Die Leichenüberführung des Zaren musste auf dem Landweg geschehen und ist mit 475 Wegstunden Dauer die längste in der Geschichte. Zarin Elisabeth war zu schwach, den Leichnam ihres Gemahls zu begleiten und so konnte sie das Begräbnis nicht miterleben. Nur fünf Monate danach ist sie mit 47 Jahren ihrem langjährigen Leiden erlegen. Bei der Ankunft des Leichnams Alexanders in St. Petersburg versammelte sich vor der Aufbahrung die Familie nochmals privat, wobei Maria am Haupt des Toten stand »stumm, unbeweglich, ganz in Trauer versunken, sie hielt seine Hand noch lange in der ihren«, so ein Beobachter. Kaum war der Zar so überraschend gestorben, kam es in Russland zur Legendenbildung, es hieß, er sei gar nicht tot, sondern lebe unerkannt in Sibirien. Tatsächlich lebte in Tomsk, in Sibirien ein Eremit namens Fedor Kusmitsch, dessen Herkunft nie geklärt werden konnte und der dem Zaren angeblich sehr ähnlich gesehen haben soll. Dieser starb im Jahre 1864, ohne dass man irgendeinen Zusammenhang mit Alexander feststellen konnte.

Darstellung von Zar Alexander I. und seiner Gemahlin, Zarin Elisabeth, einer badischen Prinzessin, auf einer Postkarte. Sie heirateten 1793 und hatten zwei Töchter, die sehr jung verstarben.

Maria Feodorowna, die »Schwiegermutter Europas«

Nachdem Maria auch unter den jeweiligen Regierungen ihrer beiden Söhne Alexander und Nikolaus politisch keine wichtige Rolle spielen durfte, hat sie ihre Stellung als Zarin-Mutter und Familienoberhaupt ganz ausgefüllt und auch verteidigt. Nicht nur für ihre eigenen Kinder betrieb sie eine kluge und weitsichtige Heiratspolitik, auch für andere Verwandte hat sie gerne Ehen eingefädelt und überhaupt ein wenig »mitgemischt«. Maria war eine hoch gewachsene Frau, nach Aussagen einer Hofdame war sie figürlich gerade recht für ihre Größe und gut erhalten für ihr Alter, dank tausend kleiner Tricks am Kleid. »Ihr Korsett ist so eng, dass sie die Handschuhe nicht anziehen kann, wenn sie lange trägt. Sie hat eine große Würde, verbunden mit einer Leutseligkeit.« Manche sagen ihr nach, sie hätte ein stark betontes Geltungsbedürfnis besessen und mit zunehmendem Alter ihre Freude an fürstlicher Prachtentfaltung immer mehr betont – nun, einen großzügigen Hofstaat hat sie auf jeden Fall unterhalten.

Zarin Maria Feodorowna in großer Hoftoilette, Gemälde von George Dawe. Sie trägt ein Medaillon ihres damals schon verstorbenen Gemahls.

Für die Aussteuer ihrer Töchter hatte sie alles selbst vorbereitet, wobei die Höhe der Mitgift von einer Million Rubel schon von Katharina II. festgelegt worden war. Demnach sollten alle in gleicher Weise ausgestattet sein, neben dem Geldbetrag gehörten auch die praktischen Dinge dazu, der so genannte Brautschatz: Kirchengeräte, Juwelen, Kleider, Möbel, Porzellan. Jede Tochter bekam ein Service für Kaffee oder Tee aus Gold und aus Silber, auch ein Frühstücks-Service. Hinzu kamen Stoffe aus Samt und Seide, Spitzen aus Brüssel und Leinen aus den Niederlanden sowie Tisch- und Bettwäsche. Es kostete einiges Bemühen, alle diese Dinge zusammenzustellen und bedeutete viel Arbeit für Maria.

Als letzte der sechs Töchter verließ Großfürstin Anna das Elternhaus. Nach seiner vergeblichen Werbung um die ältere Schwester Katharina wandte sich Napoleon zunächst der jüngsten Großfürstin Anna zu, welche damals 15 Jahre zählte. Die Zarin-Mutter konnte das Ansinnen erfolgreich abwehren mit dem Hinweis auf das Alter des Mädchens. Anschließend hatte sie zehn Jahre lang versucht, Anna vernünftig zu verheiraten, es wollte nicht gelingen. Weder eine Ehe mit Prinz Heinrich von Preußen noch mit Erzherzog Karl von Österreich kamen zustande. So war Maria erleichtert, als sich eine Heirat mit dem holländischen Thronfolger abzeichnete und man die Hochzeit mit angemessenem Prunk feiern konnte. – Die Heiratspolitik war also keine leichte Aufgabe und beschäftigte die Zarin über lange Jahre.

Als Schwiegermama war sie nicht immer sanft und zurückhaltend, die Gemahlinnen ihrer Söhne fühlten sich manches Mal von ihr »schlecht behandelt«. Ihre Schwiegertochter Elisabeth Alexejewna, die badische Prinzessin Luise, hegte zunächst nur Respekt vor der Schwiegermutter, weniger Sympathie, sie fühlte sich von ihr absichtlich zurückgedrängt. Auch Maria war manchmal verärgert über Elisabeth in ihrer Rolle als »Unbeachtete und Gekränkte« am Zarenhof, in der sie sich ein wenig gefiel – »Le génie de la douleur« wurde sie daher von der Zarin apostrophiert. Mit den Jahren entspannte sich das Verhältnis der beiden und nach dem Tode Alexanders schrieb Elisabeth an Maria: »Mein einziger Wunsch hienieden ist, die Mutter des Engels, der mir vorausgeeilt, noch einmal wiederzusehen.« Sofort reiste Maria zu der todkranken Schwiegertochter, traf sie jedoch nicht mehr lebend an. Anschließend wurde sie umgehend zu Helena, der anderen Schwiegertochter gerufen, die gerade in den Wehen lag und ein Mädchen zur Welt brachte, das nun den Namen der eben Entschlafenen erhalten sollte.

Das Verhältnis zur Schwiegertochter Alexandra Feodorowna, der Prinzessin Charlotte von Preußen, war von Beginn an etwas herzlicher. Die Ehe war zwar von den beiden Müttern, der Zarin und Königin Luise von Preußen, bestimmt worden, doch die Kinder Nikolaus und Alexandra waren einverstanden und führten eine äußerst glückliche Ehe. Die Braut wurde am russischen Hof herzlich empfangen, Maria war sehr bemüht um sie, da Alexandra kurz zuvor ihre Mutter verloren hatte. Die junge Großfürstin war fast noch ein Kind, sehr lebhaft, Maria hat mit ihr gelacht und gespielt, was der Schwägerin Elisabeth offenbar »auf die Nerven« ging, wie sie äußerte. Sie war eifersüchtig und fühlte, dass Alexandra ihr ein wenig vorgezogen wurde. Nach dem frühen Tod ihrer Tochter Helena hatte sich die Zarin-Mutter zunächst mit dem Schwiegersohn, Friedrich von Mecklenburg-Schwerin, überworfen. Sie überhäufte ihn mit Vorwürfen und gab in ihrer Trauer um die Tochter ihm die Schuld am Tode seiner Gemahlin Helena. Erst nachdem Friedrich den dreijährigen Sohn Paul aus dieser Ehe der Großmutter Maria in St. Petersburg vorgestellt hatte, zeigte sich diese wieder versöhnlich. Aus diesen Beispielen wird ersichtlich, wie sehr es auch am Zarenhof »gemenschelt« hat – wie es wohl in einer Großfamilie nicht ausbleiben kann.

Nur noch selten trat Maria als Witwe und Zarin-Mutter ins Licht der Öffentlichkeit, sie wirkte im Familienkreis und in ihren wohltätigen Einrichtungen. Doch es gab Ausnahmen, so zum Beispiel, als der endgültige Sieg über Napoleon mit einer Feier begangen wurde. In einem Bericht der »Königlich privilegierten Stuttgarter Zeitung« vom 5. Februar 1816 heißt es: »Russland: Feier des Christfests und Dank wegen der Befreiung Russlands vom Feind. Im Winterpalast feierte der Metropolit mit der ganzen Geistlichkeit. Dankgebet, Lied: Herr Gott! Dich loben wir! Maria Feodorowna hat alle Kinder und Anhang eingeladen, die Kronprinzen von Württemberg und Niederlande, Herzog von Sachsen-Weimar.«

Im Herbst 1818 unternahm Maria nochmals eine ausgedehnte Reise ins westliche Europa, um ihre Töchter in Württemberg, den Niederlanden und in Weimar zu besuchen. Am 12. Oktober traf sie zunächst bei Königin Katharina in Württemberg ein. Die Bevölkerung war neugierig auf die Zarin und ehemalige württembergische Prinzessin, deren Tochter Katharina im Lande so segensreich wirkte. Zahlreiche Verwandtschaft war aus diesem Anlass nach Stuttgart gekommen, auch der Herzog von Oldenburg und ihr Schwiegersohn Erzherzog Joseph, Palatin von Ungarn. Die Festlichkeiten überschlugen sich, auch ihren Geburtstag hat die Zarin-Mutter noch in Stuttgart gefeiert und ist dann am 28. Oktober weitergereist. Sie zeigte sich sehr beeindruckt von den Werken, welche Katharina bereits in der kurzen Zeit in Württemberg geleistet hatte, und der Tochter fiel der Abschied von der Mutter unendlich schwer. Deshalb reisten König Wilhelm und Katharina ihr heimlich nach, um sie in Heidelberg zu überraschen. Am 30. Oktober musste man sich in Mannheim dann endgültig verabschieden und keiner konnte ahnen,

Die Frau des jüngsten Sohnes Maria Feodorownas war auch eine Württembergerin, Prinzessin Charlotte, in Russland hieß sie Helena Pawlowna. Hier ist sie mit ihrer Tochter Maria zu sehen.

Maria Feodorowna war 27 Jahre lang Witwe. Dieses Gemälde mit dem Witwenschleier malte Gerhard von Kügelgen bald nach dem Zarenmord, 1801.

dass es tatsächlich für immer war. Königin Katharina ist wenige Wochen danach, am 9. Januar 1819, im Stuttgarter Schloss an einem Schlaganfall gestorben.

Maria reiste weiter nach Brüssel, wo sie sich mit ihrer jüngsten Tochter Anna, Königin der Niederlande, treffen wollte. Anna war stets ein wenig eifersüchtig auf die älteren Schwestern, mit denen die Mutter wohl mehr Kontakt hatte. Ihre Ehe mit Wilhelm II. von Oranien war nicht besonders glücklich, obwohl sie äußerlich ein glänzendes Leben am holländischen Hof führte. Annas älterer Sohn Wilhelm heiratete später die Tochter ihrer Schwester Katharina von Württemberg, Sophie.

Vom 1. bis zum 21. Dezember 1818 hielt sich Maria in Weimar auf und genoss das Familienglück bei ihrer Tochter Maria und deren Gemahl, Großherzog Karl Friedrich von Sachsen-Weimar. Ein unvergessliches Erlebnis bot die Dichtung »Der Maskenzug«, der am 18. Dezember am Hofe aufgeführt wurde, wobei die Dichter der Weimarer Klassik – Wieland, Herder, Goethe – beteiligt waren. Noch vor Weihnachten kehrte Maria, erfüllt von den vielfältigen kulturellen Anregungen, die sie erhalten hatte, nach St. Petersburg zurück.

Ein Zentrum des Familienlebens in Russland war zweifellos Schloss Pawlowsk mit seinem weitläufigen Park, auch Schauplatz vieler Familienfeste. Besonders den Sommer über versammelte sich die ganze kaiserliche Familie gerne um die Mutter. Das Gästebuch, von der

Hausherrin liebevoll geführt, gibt Einblick in verschiedene Ereignisse. Im Januar 1804 beispielsweise wurde die Verlobung Marias mit dem Erbprinzen von Sachsen-Weimar gefeiert, den Frühling genoss das Paar in Pawlowsk und im Juli fand dann die Hochzeit statt. Auch die Heirat von Katharina mit dem Herzog von Oldenburg im April 1809, verbunden mit einem Sommeraufenthalt, fand hier statt. Die Mutter schrieb ins Album: »Ich danke Gott für das Glück meiner lieben Katharina, die ich verheiratet, zufrieden und glücklich hierher brachte.« Auch ihre zweite Hochzeit mit Kronprinz Wilhelm von Württemberg im Januar 1816 wurde hier gefeiert, genauso wie wenig später die Vermählung der jüngeren Tochter Anna mit dem Kronprinzen der Niederlande. Ein Jahr später kam die neue Schwiegertochter Alexandra, die Gemahlin von Großfürst Nikolaus, in den Familienkreis und auch Prinzessin Charlotte von Württemberg – als Helena Pawlowna die Gemahlin des jüngsten Sohnes Michael – verbrachte ihre ersten Wochen in Russland hier im Schloss.

Als Witwe hat sich Maria immer mehr hierher zurückgezogen. Sie fuhr nur einmal in der Woche nach St. Petersburg, speiste dann im Familienkreis und kehrte schnell wieder zurück in ihr Refugium. Sie war eine Frühaufsteherin, schon um sieben Uhr morgens fand man sie am Schreibtisch, um ihre umfangreiche Korrespondenz zu erledigen. Am Mittag, um 13 Uhr, unternahm sie meist einen Spaziergang im Park oder sie fuhr mit dem Wagen aus, gegen 14 Uhr wurde dann gespeist. Anschließend ging es wieder an die Arbeit. Von 19 bis 22 Uhr empfing sie Gäste und um 23 Uhr begab sie sich zur Nachtruhe. Dieser Tagesablauf zeigt, sie war tätig bis ins hohe Alter, liebte jedoch ein regelmäßiges und beschauliches Leben.

Häufig zu Gast war Tochter Maria von Sachsen-Weimar, manchmal alleine, wie bei der Rückreise vom Wiener Kongress, als sie ein Jahr lang in Russland weilte, oder zusammen mit ihrem Gemahl und den beiden Töchtern Marie und Augusta, der nachmaligen deutschen Kaiserin. Diese schrieb, sie seien »überhäuft von Liebeserweisungen von Seiten der teuren Großmama«. Ein letzter Eintrag noch zu Lebzeiten Marias stammt vom 20. Juni 1828, der Schwiegersohn Karl Friedrich von Sachsen-Weimar notiert: »Wann werde ich wieder die Sonne in diesem lieben Pawlowsk untergehen sehen? Wolle Gott, dass dies nächsten Sommer geschehe, und dass ich mich dann von neuem ungestört der Güte der besten und liebsten Mutter möge erfreuen können.« Dieser Wunsch sollte sich nicht mehr erfüllen, wenige Monate danach ist Maria Feodorowna gestorben.

Maria Feodorowna und die schönen Künste

»Maria F« (= Maria fecit) – so stolz und selbstbewusst signierte die Zarin ihre Werke, ganz im Stile einer professionellen Künstlerin. Viele der Geschenke, die sie einst für Familie oder Freunde angefertigt hat, sind erhalten geblieben und geben so einen Eindruck von ihrer Kunstfertigkeit. Sie war künstlerisch vielseitig begabt, konnte gleichermaßen zeichnen, malen oder aquarellieren. Etwas ungewöhnlicher für eine Fürstin dieser Zeit war ihre Liebe zum Kunsthandwerk und die Fertigkeit, darin mehrere Techniken zu beherrschen. So standen in Pawlowsk einige Drehbänke aus Mahagoni mit einem umfangreichen Satz an Beitel und Meisel zur Verfügung, an denen Maria mit Geschick und Leidenschaft Elfenbein verarbeitete. Gerne hat sie auch Kameen geschnitten oder kleine Kunstwerke aus Bernstein und anderen Halbedelsteinen geschaffen.

Anleitung zu ihrer künstlerischen Tätigkeit bekam sie von bekannten Professoren ihrer Zeit. Sie lernte beispielsweise die Kunst des Medaillierens von Karl von Leberecht, welcher unter vier Zaren die Medaillen zu allen offiziellen Anlässen schnitt und an der Akademie in St. Petersburg lehrte. Der Bibliothekar und Sekretär des großfürstlichen Paares, François de Lafermiere, schrieb: »Maria fertigte zuerst nach der Natur oder einem guten Porträt ein Muster des Medaillons aus Wachs an. Danach führte sie es auf dem Stein aus […] bei dieser Arbeit bediente sie sich niemandes Hilfe […] der Lehrer legte dabei nicht Hand an, sie hörte aber auf seine Ratschläge. Seine einzige Aufgabe beschränkte sich dann auf das Zureichen der nötigen Werkzeuge.«

Daneben galt Maria mit ihren Kenntnissen und ihrem exquisiten Geschmack als große Kunstkennerin und trat auch als Mäzenin in Erscheinung. So besuchte sie schon bei ihrem ersten Aufenthalt in Stuttgart 1782 das neue Atelier des Bildhauers Johann Heinrich Dannecker, der damals noch am Beginn seiner Karriere stand, und gab die beiden Büsten ihrer Eltern in Auftrag. Bei ihrem zweiten Besuch in Stuttgart 1818 bestellte die Zarin eine überlebensgroße »Christusstatue«, die später von ihrem Sohn in Zarskoje Selo aufgestellt wurde und heute als das größte Werk Danneckers angesehen wird. Noch in seiner Entstehungsphase lösten die Gipsmodelle, welche der Künstler für diese Statue anfertigte, unter Kunstfreunden eine wahre Wallfahrt zum Atelier des Bildhauers aus. Maria Feodorowna blieb seine wichtigste Auftraggeberin, auf ihr Betreiben hin wurde Dannecker 1798 an die Kunstakademie in St. Petersburg berufen. Er konnte sich jedoch nicht entschließen, diesem Ruf zu folgen, sondern blieb in Württemberg.

Diese Porträts von sechs ihrer Kinder fertigte Maria Feodorowna im Jahre 1790 selbst an. Aquarell und Bleistift auf Milchglas

Am 26. Dezember 1818 erreichte Maria eine besondere Auszeichnung. Sie wurde zum Ehrenmitglied und gleichzeitig auch zum ordentlichen Mitglied der Berliner Akademie der Künste ernannt. An den Festlichkeiten hierzu nahm die preußische Königsfamilie teil, auch um zu zeigen, wie verbunden man mit dem Zarenhaus war. Als Dank für diese Ehrung lieferte Maria nach altem Brauch unter Künstlern ein Aufnahmestück ab, eine von ihr selbst entworfene und geprägte Medaille in Gold, die den Einzug der Alliierten in Paris zum Thema hatte. Zwei Jahre später wurde die Zarin Maria Feodorowna von Russland im Ausstellungskatalog der Berliner Akademie als »Künstlerin« aufgeführt und damit offiziell als solche anerkannt.

Soziales

Wie auch an anderen Fürstenhöfen üblich, lag das Engagement für Bildung und Armenfürsorge in der Hand der jeweiligen fürstlichen Gemahlin. So wurde auch Maria schon kurz nach ihrer Thronbesteigung mit der Leitung verschiedener schon bestehender Bildungs- und Wohltätigkeitseinrichtungen betraut. Für diese Tätigkeit setzte sie sich pflichtbewusst, doch auch mit Freude ein. Sie war bildungspolitisch sehr engagiert, plante und verwirklichte zahlreiche neue Objekte und förderte bestehende Institutionen nach Kräften. Im Laufe ihres Lebens hat sie insgesamt 39 Lehr- und Sozialeinrichtungen geleitet, gefördert oder gegründet. Darüber hinaus erreichten die Zarin täglich Bittgesuche von bedürftigen Menschen, welche sie gewissenhaft prüfte. Für alle diese Aktivitäten hatte ihr der Zar eine Summe von jährlich einer Million Rubel zur Verfügung gestellt, die möglichst Gewinn bringend bei den Banken angelegt war und so die erforderlichen Mittel erwirtschaftete. Oftmals jedoch setzte Maria auch Geld aus ihrem Privatvermögen ein, wenn ihr ein Projekt besonders förderungswürdig erschien.

Besonders am Herzen lag ihr eine vernünftige Ausbildung für Mädchen, weshalb sie sich schon früh um das »Smolny Institut«, eine Gründung Katharinas II. zur Erziehung und Bildung der Töchter aus adeligen Familien, gekümmert hat. Die Mädchen wurden dort vor allem für den Hofdienst ausgebildet und sollten »gute Hausfrauen« werden. Später war diese Schule auch für Töchter aus bürgerlichen Kreisen zugänglich. Auch in anderen Städten Russlands entstanden im Laufe der Jahre ähnliche Einrichtungen, zu erwähnen ist hier das »Katharinen-Stift« in St. Petersburg des Katharinen-Ordens, mit 200 Elevinnen gehörte es zu den größten Instituten. Bei einer Russlandreise besuchte die Schriftstellerin Madame de Staël einmal dieses Stift und schrieb darüber: »Die Jungfrauen werden hier in unmittelbarer Aufsicht der Zarin erzogen, wie es selbst die wohlhabenste Familie auf ihre Kinder nicht verwendet. Ordnung und Zierlichkeit herrscht hier.«

Als die Zarin einmal im Park von Pawlowsk einem taubstummen Jungen begegnet war, erwuchs die Idee, für diese Kinder eine speziel-

Entwurfszeichnung von Quarenghi für das Smolny Institut. Heute befindet sich hier der Amtssitz des Bürgermeisters von St. Petersburg.

le Schule zu gründen, und so entstand 1806 in Pawlowsk die erste Taubstummen-Schule Russlands – Marienthal. Zehn Jahre später wurde gleichfalls in Pawlowsk eine Gartenbauschule ins Leben gerufen, dort bekamen die Jugendlichen, neben ihrer Ausbildung, auch einen geringen Lohn ausbezahlt und »das Zeugnis über die geschenkte Freiheit« – nicht unwesentlich bei der damals noch bestehenden Leibeigenschaft. Dafür mussten sich die Absolventen verpflichten, mindestens sechs Jahre lang in den kaiserlichen oder staatlichen Gärten zu arbeiten. Im September 1821 wurde auf Anregung Marias das erste landwirtschaftliche Fest veranstaltet »mit der Austeilung von Preisen an Landleute, die sich ausgezeichnet haben. Das Fest schließt mit ländlichen Vergnügungen« – so steht es in ihren Anweisungen. Vermutlich wurde die Zarin inspiriert durch das landwirtschaftliche Fest in Cannstatt, das sie drei Jahre zuvor bei ihrem Besuch in Stuttgart kennen gelernt hatte. Für die Preise setzte Maria eine Summe von jährlich 600 Rubel aus, die in folgender Weise verteilt wurde: Für die besten Farren eine silberne Kanne im Wert von 100 Rubel, für die besten Kühe silberne Becher, für die besten Schafe eine silberne Kette im Wert von 25 Rubel, für den besten Erfolg im Ackerbau eine silberne Kanne im Wert von 100 Rubel, für die beste Erhaltung des Hauses in »Reinlichkeit und Wohlanständigkeit« eine silberne Kanne im Wert von 100 Rubel. In dieser Weise gab es noch weitere Preise für Gartenbau, Kälber, Holzarbeiten, Webereien und vieles mehr, belohnt auch mit silbernen Löffeln, Salzfässern oder Kreuzen. Für die Bauern in den Dörfern rund um Pawlowsk war dieser Wettbewerb ein großer Anreiz und brachte einen gewissen Wohlstand.

Maria Feodorowna setzte sich auch für eine Verbesserung und Modernisierung der Armenfürsorge ein. So gründete sie zahlreiche Findel- und Waisenhäuser, wobei darauf geachtet wurde, dass die Häuser geräumig und trocken waren und sich die Kinder regelmäßig an der frischen Luft bewegten – sogar die Gärten in Pawlowsk standen ihnen zu manchen Zeiten offen. Unter Marias Obhut wurden neue Hospitale, Gebäranstalten und Hebammenschulen ins Leben gerufen, deren medizinische Leitung vielfach in der Hand deutscher Ärzte lag – was im Umkreis des russischen Hofes immer wieder auf Kritik stieß.

Mit ihrem Engagement beeinflusste die Zarin auch ihre Töchter, besonders Maria in Weimar und Katharina in Württemberg, die sich in ihrem Wirken für ihr jeweiliges Land ganz in den Fußstapfen der Mutter bewegten. Die Großherzogin von Sachsen-Weimar jedoch soll ihr »Wohltun mit Pauken und Trompeten« erfüllt haben, wie ihre Schwiegermutter Luise ein wenig süffisant angemerkt hat. Von der sozialen Arbeit Katharinas in Württemberg hingegen zeigte sich die Mutter bei ihrem Besuch beeindruckt. Sie sagte dazu: »Ich komme nach einer langen Reihe von Jahren in mein Vaterland zurück und freue mich, meine Tochter in dem neuen Wirkungskreise so glücklich, geliebt, mit dem Vertrauen so vieler belohnt zu sehen. Es macht mich glücklich, überall, wohin ich komme, wahrzunehmen, dass die Königin ihren Beruf zu erfüllen sucht.« Deshalb trat sie dem neu gegründeten Wohltätigkeitsverein in Stuttgart bei und unterstützte diese Einrichtung mit einer jährlichen Spende von 2000 Rubel. Hierzu schrieb sie am 14. Oktober 1818 an die Tochter: »[…] aus Anerkennung der Leistung Katharinas und aus Anhänglichkeit an mein voriges Vaterland.« Diese Spende aus Russland floss dem Verein in Württemberg auch noch viele Jahrzehnte nach dem Tod der Zarin-Mutter zu.

Lebensende

In der Nacht des 5. November 1828 ist die Zarin-Mutter Maria Feodorowna ohne eine lange Leidenszeit verstorben. Ihr Sohn, Zar Nikolaus I., verkündete in seiner Trauerbotschaft: »Das Kaiserhaus und Russland haben eine Mutter verloren.« Jahrelang hatte sich Maria bester Gesundheit erfreut und sich lange Zeit jugendlich gehalten. Doch die zahlreichen Schicksalsschläge waren auch an ihr nicht spurlos vorübergegangen. In ihren letzten Lebensjahren hatte sie sich immer mehr vom lebhaften Treiben der Zarenresidenz in ihr Refugium, in ihr geliebtes Pawlowsk zurückgezogen. Diesen Besitz mitsamt dem Schloss hat sie ihrem jüngsten Sohn Michael und dessen Gemahlin Helena hinterlassen, mit der Auflage, alles an die männlichen Nachkommen weiterzugeben. Ausgestattet war dieses Erbe mit 1 500 000 Rubel zum Unterhalt des Gutes »angelegt für ewige Zeiten«.

Nach dem Tod Maria Feodorownas wurden alle 39 Bildungsinstitute, Krankenhäuser, Findel- und Waisenhäuser zusammengefasst in die »Zentralverwaltung der Einrichtungen Kaiserin Maria«, die bis zum Ende der Zarenzeit in Russland Bestand hatten. Es wurden darin 43 432 Personen betreut und 1837 Schülerinnen unterrichtet. In der letzten Fassung ihres Testaments, ein Jahr vor ihrem Tode, übertrug Maria die Oberaufsicht über alle diese Einrichtungen ihren beiden Schwiegertöchtern, Zarin Alexandra und Großfürstin Helena, zu denen sie diesbezüglich das größte Vertrauen hatte. So sorgte sie auch über ihren Tod hinaus für den Fortbestand »ihrer« Institutionen, die zentrale Verwaltung derselben wurde damals zum Vorbild in manchen Ländern Europas. Für diese Lebensleistung wurde diese Zarin selbst in der jüngsten sowjetischen Geschichtsschreibung noch gewürdigt.

Am 14. Dezember 1828 wurde zu ihrem Andenken von Zar Nikolaus I. ein neues Ordenszeichen gestiftet, das Marien-Ehrenzeichen, verliehen an Mädchen »für untadeligen Dienst«. Auch wurde aus Anlass ihres Todes eine Erinnerungsmedaille geprägt, von der sich heute ein Exemplar im Württembergischen Landesmuseum befindet. Einer ihrer Freunde sagte von Maria Feodorowna: »Sie wurde von Vornehmen und Geringen aufrichtig beweint.«

Stammtafel des Hauses Romanow

Zar Peter III. Herzog von Holstein-Gottorp 1728–1762 ∞ Sophie von Anhalt-Zerbst Zarin Katharina II. 1729–1796

- Anna 1757–1759
- Paul I. 1754–1801
  - ∞ I Wilhelmine von Hessen-Darmstadt (Nathalia) 1755–1776
  - ∞ II Sophie Dorothea von Württemberg (Maria Feodorowna) 1759–1828

II

- Alexander I. 1777–1825 ∞ Luise von Baden (Elisabeth)
- Konstantin 1779–1831 ∞ Juliane von Sachsen-Coburg
- Alexandra 1783–1801 ∞ Joseph von Habsburg
- Helena 1784–1803 ∞ Friedrich von Mecklenburg-Schwerin
- Maria 1786–1859 ∞ Karl Friedric von Sachsen Weimar-Eisenach

- Alexander II. 1818–1881 ∞ Marie von Hessen-Darmstadt
  - Alexander III.
- Maria 1819–1876 ∞ Max von Leuchtenberg

Katharina 1788–1819	Olga 1792–1795	Anna 1795–1865	Nikolaus I. 1796–1855	Michael 1798–1849
∞ I Georg von Oldenburg ∞ II Wilhelm I. von Württemberg		∞ Wilhelm II. von Oranien	∞ Charlotte von Preußen (Alexandra)	∞ Charlotte von Württemberg (Helena Pawlowna)

lga 822–1892	Alexandra 1825–1844	Konstantin 1827–1892	Nikolaus 1831–1891	Michael 1832–1909
Karl von Württemberg	∞ Friedrich Wilhelm von Hessen-Kassel	∞ Alexandra von Sachsen-Altenburg	∞ Alexandra von Oldenburg	∞ Cecilie von Baden
		Herzogin Vera von Württemberg		

(1783–1835)

Prinzessin Katharina von Württemberg

Königin von Westphalen

Prolog

Katharina von Württemberg, Gemahlin des Königs von Westphalen, Jérôme Bonaparte, erlebte glanzvolle Jahre am Kasseler Hof. Gleichzeitig wurde sie ein Mitglied der kaiserlichen Familie Bonaparte in Paris, die sie herzlich in ihrer Mitte aufnahm. Sie vergaß deshalb später, in schweren Zeiten, nie, wie wohlgesonnen ihr Napoleon und die Bonapartes stets begegnet waren, weshalb sie Jérôme Bonaparte auch nach dessen politischem Untergang die Treue hielt. Gemeinsam mit ihrem Gemahl nahm sie das ruhelose Leben im Exil auf sich, gegen den Willen ihres Vaters, des württembergischen Königs Friedrich I. Nach vielen Jahren der Kinderlosigkeit erlebte sie noch ein spätes Mutterglück, wodurch sie zur Stamm-Mutter der heute lebenden Bonapartes wurde.

Katharina war eine warmherzige Frau. Sie liebte ihren Gemahl und litt unter seiner Untreue, dennoch verzieh sie ihm seine Mätressen, die sie als unvermeidlich ansah. Heute würde man Jérôme als Lebemann bezeichnen, er führte ein Dasein in Luxus und Verschwendung, aber auch Katharina schätzte einen großzügigen Lebensstil. Äußerlich war sie keine auffallende Schönheit, neigte zu Körperfülle, wogegen sie mit Reiten und Tanzen anzukämpfen versuchte. Stets gerühmt jedoch wurden ihr volles blondes Haar und ihre wunderbar blauen Augen. Schön war ihr auffallend rosiger Teint. Die Herren am Hofe behaupteten, sie lege rohes Kalbfleisch auf, um ihn zu erhalten!

Kindheit und Jugend

Katharina von Württemberg kam am 21. Februar 1783 in St. Petersburg zur Welt. Sie war das zweite Kind aus der Ehe Friedrichs von Württemberg und seiner Gemahlin Auguste Caroline von Braun-

Katharina als junge Königin von Westphalen.
Ölgemälde von François Gérard

Die Mutter Katharinas, Auguste von Braunschweig-Wolfenbüttel, auf einem Gemälde von 1780. Ihr Tod auf Schloss Lohde in Estland wurde bis heute nicht vollständig aufgeklärt.

schweig-Wolfenbüttel. Drei Tage nach der Geburt erfolgte die feierliche Taufe der kleinen Prinzessin in der evangelisch-lutherischen St. Petrikirche durch Pastor Wolff. Unter den 19 Taufpaten war auch Zarin Katharina II., weshalb das Mädchen die Namen »Friederica Catharina Sophie Dorothea« erhielt. Die Familie lebte am Zarenhof, da Friedrich durch Vermittlung seiner Schwester Maria Feodorowna, der Gemahlin des russischen Thronfolgers, im russischen Militärdienst stand. Zarin Katharina II. ernannte ihn zum Gouverneur in Finnland. Im Jahre 1780 hatte Friedrich die erst 16-jährige Auguste geheiratet. Das Paar bekam vier Kinder, Friedrich Wilhelm, Katharina, Sophie Dorothea, die nur wenige Monate lebte, und Paul.

Die Ehe verlief nicht harmonisch, schon nach der Geburt des ersten Kindes wurde eine Scheidung erwogen, doch erst im Jahre 1786 kam es zur endgültigen Trennung des Paares. Die Lage hatte sich dramatisch zugespitzt, als gemunkelt wurde, die junge Auguste genieße das gesellschaftliche Leben am Zarenhof in vollen Zügen und habe ihren Gemahl während seiner Abwesenheit mit einem Offizier betrogen. Friedrich wehrte sich, wurde auch handgreiflich, es kam zum Zerwürfnis zwischen den Ehegatten, worauf die Zarin den württembergischen Prinzen des Landes verwies. Er musste den Dienst quittieren und Russland sofort verlassen. Die Kinder durften beim Vater bleiben, während seine Gemahlin nach Schloss Lohde in Estland gebracht wurde, angeblich zu ihrer eigenen Sicherheit, bis die Scheidung vollzogen war. Zwei Jahre danach, am 27. September 1788, starb sie unter mysteriösen Umständen, welche nie restlos aufgeklärt werden konnten. Sicher weiß man nur, dass sie bei der Geburt eines Kindes verblutet ist, über dessen Vater es nur Vermutungen gibt. Es fehlen seriöse Quellen, weshalb das tragische Schicksal der Auguste von Württemberg reichlich Stoff für romanhafte Darstellungen bietet.

Der spätere König Friedrich I. von Württemberg, Gemälde von Georg Friedrich Erhardt

Für die noch sehr kleinen Kinder muss es grausam gewesen sein, so plötzlich von der Mutter getrennt zu werden, Katharina konnte sich später nur noch schemenhaft an ihre ersten Lebensjahre am Zarenhof erinnern. Friedrich lebte mit seinen Söhnen zunächst auf Gut Bodenheim bei Mainz, bevor er in die württembergische Residenz übersiedelte. Die erst dreijährige Katharina hatte das Glück, gleich nach der Flucht aus Russland von den Großeltern, Herzog Friedrich Eugen und Herzogin Sophie Dorothee von Württemberg, aufgenommen zu werden, welche die weitere Erziehung des kleinen Mädchens übernehmen wollten.

Sechs Jahre lang lebte sie nun bei den Großeltern in Mömpelgard (heute Montbéliard), dem württembergischen Besitz in der burgundischen Pforte, der seit 1786 von Herzog Friedrich Eugen, dem Bruder des regierenden Herzogs Carl Eugen von Württemberg, verwaltet wurde. Diese Zeit wurde prägend für Katharina, sie identifizierte sich mit der französischen Lebensart derart, dass sie später am Hof Kaiser Napoleons in Paris als »Französin« galt. Mit ihren blonden Haaren und großen blauen Augen wurde sie zum Liebling der Großmutter, die zwar als Mutter von zwölf Kindern in Erziehungsfragen durchaus kompetent schien, aber dennoch ihre Enkelin gerne verwöhnte. Der Vater Katharinas ermahnte deshalb seine Mutter nach einem Besuch im Frühjahr 1787, sie müsse strenger sein, er habe bei der Tochter »extremen Stolz und Eigenliebe festgestellt«.

Lebensmittelpunkt der Familie war das idyllisch gelegene Landschlösschen Étupes, wenige Kilometer außerhalb der Stadt Montbéliard. Hierher wurden Gäste eingeladen, man traf sich mit Nachbarn und Dorfbewohnern und führte ein eher ländlich geprägtes, sehr geselliges Leben. Es gab ein Theater, eine Orangerie und von der ausladenden Freiterrasse bot sich ein herrlicher Ausblick auf das Flusstal des Doubs. Mit viel Liebe wurde ein prächtiger Park angelegt mit künstlichen Grotten, einer chinesischen Brücke, ganz im Geschmack der damaligen Zeit. Leider wurde das gesamte Ensemble im Zuge der Französischen Revolution völlig zerstört und abgebrochen.

1792 musste die Herzogsfamilie wegen der Unruhen der Französischen Revolution Mömpelgard verlassen. Friedrich Eugen fand Unterstützung beim preußischen König, der ihn zum Generalgouverneur der Markgrafschaft Ansbach-Bayreuth ernannte. Die Familie übersiedelte nach Bayreuth und fand im Schloss Fantasie ein wenig Ersatz für den schmerzlichen Verlust des geliebten Étupes. Katharina war inzwischen elf Jahre alt und nicht immer war ihr ausgeprägter Dickkopf leicht zu zähmen. Einmal, so wird berichtet, habe sie ihrem Großvater erklärt: »Ich kann Madame Tronchin und Monsieur Bernard nicht ausstehen, brauche ich alles, was diese mir sagen? Haben Sie selbst nicht den Verstand, mich zu erziehen?«

1795 übernahm Herzog Friedrich Eugen nach dem Tod seines Bruders die Regierung in Württemberg, wodurch Katharina mit den Großeltern erstmals nach Württemberg und wieder in die Nähe des Vaters kam. Er liebte seine Tochter sehr, doch erzog er seine Kinder überaus streng, besonders die Söhne hatten unter seinen Zornesausbrüchen zu leiden, so dass auch Katharina den Vater fürchtete und sich zunächst kein liebevolles Verhältnis zwischen ihnen entwickelte. Erst mit den Jahren wurde ihre Beziehung vertrauter und Katharina

Königin Katharina von Westphalen, um 1807

unterhielt als erwachsene Frau einen intensiven Briefwechsel mit dem Vater.

Am 23. Dezember 1796 starb Herzog Friedrich Eugen, nur ein Vierteljahr nach ihm auch seine Gemahlin Sophie Dorothee, tief betrauert von der Enkeltochter. Sie hat einmal geäußert, alles was sie an guten Fähigkeiten habe, verdanke sie dieser Großmutter. Katharinas Vater war nun Herzog von Württemberg und seit Mai 1797 mit der englischen Prinzessin Charlotte Mathilde verheiratet. Diese Stiefmutter wurde nun mit der weiteren Erziehung des 14-jährigen Mädchens betraut und sie gab sich große Mühe, dieser nicht leichten Aufgabe gerecht zu werden. Eine innige Liebe verband Katharina mit der Stiefmutter nicht, doch Charlotte Mathilde ihrerseits begleitete Katharinas Leben stets besorgt und liebevoll.

Neben dem Unterricht in den üblichen Fächern wie Geschichte und Geographie oder Zeichnen, lernte Katharina Deutsch und Französisch, wie auch Englisch und Italienisch. Ein wenig war sie auch an Handarbeiten interessiert, ohne darin herausragendes Talent zu besitzen. Ihre Stiefmutter war stolz auf sie, fand sie hübsch und lobte ihre guten Manieren, nur »in der Sanftmut muss sie sich noch üben«! Sie galt auch später als sehr beharrlich bis hin zur Dickköpfigkeit. Das Leben am Stuttgarter Hof verlief für die junge Prinzessin recht eintönig, es fehlte an gleichaltriger Gesellschaft und fröhlicher Jugend. Mit einer Ausnahme: Herzogin Henriette, die Frau ihres Onkels Louis, war in Katharinas Alter und wurde ihre vertraute Freundin. Im Januar 1797 hatte

Henriette von Nassau-Weilburg mit 17 Jahren in Bayreuth den Bruder von Herzog Friedrich, Ludwig von Württemberg, geheiratet und genoss große Zuneigung ringsum in der Familie. Da Henriette mit ihrem viel älteren Gemahl zunächst in Litauen lebte und erst kurz vor Katharinas Heirat nach Württemberg kam, waren die Freundinnen nur kurze Zeit gemeinsam in der Residenz. Doch zahlreiche Briefe und Berichte zeugen von der herzlichen Freundschaft, welche beide Frauen lebenslang verband. Katharina sprach von ihr als der »bonne tante Emmy« – vermutlich ein familieninterner Spaß, denn Henriette war ihre angeheiratete Tante, jedoch nur drei Jahre älter als sie selbst.

Nachdem das adelige Damenstift Oberstenfeld im Zuge der Säkularisierung an Württemberg gekommen war, beschloss Friedrich im Jahre 1805, seine Tochter dort als Äbtissin einzusetzen. Das ehemals reichsunmittelbare Stift Oberstenfeld wurde schon 1016 gegründet und liegt am Fuße der Löwensteiner Berge im Bottwartal. Katharina war damals 22 Jahre alt und froh, hier eine Aufgabe zu finden, zumal eine Residenzpflicht nicht erforderlich war – sie musste also nicht im Stift wohnen. Zur feierlichen Einsetzung der neuen Äbtissin in der ehrwürdigen Stiftskirche war die ganze Familie versammelt, bei sommerlichem Wetter wurde im Stiftsgarten gespeist. Das Ordenszeichen war ein weißes Kreuz am roten Band, stolz unterschrieb Katharina von nun an mit »Abesse d'Oberstenfeld«. Gerne wäre sie länger im neuen Amt geblieben, doch nach zwei Jahren kamen andere Aufgaben auf sie zu. Ihr Vater hatte für sie Heiratspläne, sie galten Jérôme Bonaparte, dem jüngsten Bruder des französischen Kaisers Napoleon. Katharina ignorierte das zunächst, in ihr Tagebuch schrieb sie, nachdem um ihre Hand angehalten wurde: »Da ich ihn noch nicht kannte und mit anderen Plänen beschäftigt war, gab ich eine Absage.«

Der Familienclan Bonaparte

Ursprünglich stammen die Bonapartes, italienisch Buonaparte, aus Florentiner Adel und sind seit dem 16. Jahrhundert auf Korsika ansässig. Carlo Buonaparte, der Vater der Familie, war Anwalt in

Ajaccio und politisch engagiert im Unabhängigkeitskampf der Korsen, er starb mit knapp 40 Jahren in Südfrankreich. Seine Witwe Letitia, geborene Ramolino, musste die fünf Söhne und drei Töchter unter großen Schwierigkeiten alleine großziehen. Sie lebte mit den Kindern in Marseille in sehr bescheidenen Verhältnissen, finanziell unterstützt von ihrem Halbbruder Fesch, der die geistliche Laufbahn eingeschlagen hatte, und von ihren beiden älteren Söhnen. Letitia war eine imponierende Erscheinung, klug, nahm kein Blatt vor den Mund und scheute sich auch nicht, ihren Söhnen und Töchtern mitunter deutlich die Meinung zu sagen – eine richtige »italienische Mama«, die an der Spitze des Familienclans stand. Auf ihren erfolgreichen Sohn Napoleon war sie stolz und freute sich, als er ihr den Titel »Madame Mère« verlieh. Dennoch beobachtete sie seinen Aufstieg zum Kaiser der Franzosen stets mit Misstrauen, weshalb sie auch das Geld zusammenhielt, welches ihr Napoleon zukommen ließ. Sie galt als ausgesprochen »knauserig«, doch versetzte sie das angesparte Vermögen in die Lage, ihre zahlreichen Kinder in den Jahren des Exils finanziell zu unterstützen und jeweils demjenigen zu helfen, der es gerade am nötigsten hatte. Nach dem Ende des napoleonischen Kaiserreiches fand sie Zuflucht in Rom bei ihrem Bruder, der inzwischen zum Kardinal aufgestiegen war. Sie lebte dort bis zu ihrem Tode – als geliebte, von Kindern und Enkeln respektierte »Madame Mère«.

Napoleon war der zweitgeborene Sohn und galt zusammen mit der Mutter als Oberhaupt der Familie. Er hatte sich mit Beginn seiner beispiellosen militärischen Karriere sowohl finanziell als auch praktisch um die Erziehung und Ausbildung seiner Brüder und Schwestern gekümmert. Napoleon ließ die gesamte Familie an seinem eigenen Aufstieg teilhaben, er verlieh Titel, verschaffte ihnen lukrative Einkünfte und stiftete wichtige Eheverbindungen. Meist handelte er nicht ganz uneigennützig, wenn er wichtige Ämter mit Personen besetzte, die von ihm abhängig waren und von denen er Dankbarkeit erwarten durfte. Es kam jedoch häufig zu Streitereien und Eifersüchteleien unter den Geschwistern. Überliefert ist die Geschichte, dass Napoleon sich vor seiner Krönung zum Kaiser der Franzosen darüber beschwert hat, seine Brüder und Schwestern würden sich dermaßen zanken, als sei er im Begriff, ihr väterliches Erbe zu verteilen.

Napoleons erste Gemahlin war die um einige Jahre ältere Joséphine de Beauharnais, auf der Insel Martinique geboren, stammte sie aus der Familie »Tascher de la Pagerie«. Sie war die große Liebe Napoleons. Doch von seiner Familie wurde sie nie respektiert, die Geschwister neideten ihr die Stellung an der Seite des Kaisers. Aus ihrer ersten Ehe mit dem Vicomte de Beauharnais hatte sie zwei Kinder, Hortense und Eugène, die von Napoleon adoptiert wurden. Joséphine war eine aparte Schönheit, in den Zeiten des Direktoriums eine gefeierte Salondame, auch als spätere Kaiserin der Franzosen verstand sie es, Staatsmänner und Fürsten zu bezaubern. Da sie den dringenden Wunsch Napoleons nach einem Thronerben nicht erfüllen konnte, musste sie schweren Herzens in eine Scheidung einwilligen. Joséphine zog sich in ihr Schloss Malmaison bei Paris zurück – bis zu ihrem Tod 1814 pflegte sie dort eine großzügige und kultivierte Gastlichkeit und scharte viele bedeutende Persönlichkeiten um sich.

Nachdem Napoleon eine zweite Ehe mit der österreichischen Kaisertochter Marie Luise eingegangen war, wurde der ersehnte Thronfolger geboren. Der Sohn erhielt vom stolzen Vater den Titel »König von Rom«. Marie Luise war diese Ehe nicht freiwillig eingegangen, es war eine politische Heirat. Dennoch genoss sie die Aufmerksamkeiten ihres Gemahls und ihre gesellschaftliche Stellung als Kaiserin der Franzosen sehr wohl. Doch nach dem Untergang Napoleons ließ sie den Ehemann sehr schnell im Stich und kehrte zum Vater nach Wien zurück. Napoleons Sohn lebte fortan beim Großvater, Kaiser Franz I., in Schönbrunn unter dem Namen eines »Herzogs von Reichstadt«. Er verstarb schon mit 21 Jahren an der Schwindsucht. Marie Luise wurde vom österreichischen Kaiser zur Herzogin von Parma ernannt, sie war noch zweimal verheiratet, mit Adam Graf Neipperg und nach dessen Tod mit Karl Graf Bombelles. Sie starb in Parma im Alter von 56 Jahren als hoch angesehene Regentin ihres Herzogtums.

Der älteste Sohn der Familie Bonaparte war Joseph. Er war mit Julie Clary aus einer angesehenen Familie aus Marseille verheiratet und hatte zwei Töchter, Zenaide und Charlotte. Joseph wurde von

Napoleon zunächst zum König von Neapel, zwei Jahre später zum König von Spanien erhoben. Nach dem Sturz des Bruders wanderte er nach Amerika aus und lebte dort als vermögender Geschäftsmann, doch hielt er weiterhin engen Kontakt zu seiner Familie in Europa. Seine Frau Julie blieb in Italien, sie war immer etwas kränklich, aber stets für die Familie da, besonders auch für Katharinas Kinder nach deren Tod. Die beiden Töchter Josephs waren jeweils mit Vettern aus der Bonaparte-Familie verheiratet.

Letitia Bonaparte, die Mutter Napoleons und Jérômes, als »Madame Mère« von François Gérard gemalt

Der dritte Sohn Bonaparte, Lucien, ging seine eigenen Wege, ließ sich niemals von Napoleon bevormunden. Er war politisch und schriftstellerisch tätig, häufig in Opposition zu seinem berühmten Bruder, doch in der Familie galt er als ein besonders kluger Kopf. Aus seinen beiden Ehen, die von Napoleon nie anerkannt worden waren, gingen neun Kinder hervor. Lucien trug nicht den Titel »Kaiserlicher Prinz« wie seine Brüder, erst im Exil in Rom ernannte ihn der Vatikan zum Herzog von Canino. Er lebte fortan in Rom oder auf seinen Gütern in Italien.

Louis, der vierte Sohn, wurde von Napoleon zum König von Holland berufen und mit seiner Adoptivtochter Hortense verheiratet. Das Paar hatte drei Söhne, wobei das älteste Kind früh verstarb. Der älteste Sohn, Louis Napoleon, sollte als Napoleon III. noch einmal den Glanz der Bonapartes im so genannten zweiten Kaiserreich heraufbeschwören. Im Exil trennten sich die Wege des holländischen Königspaares. Hortense lebte mit den Söhnen nach einigen Irrfahrten durch Südfrankreich und der Schweiz am Bodensee auf Schloss Arenenberg, welches die kunstsinnige und sehr talentierte Fürstin zu einem Treffpunkt der Intellektuellen und Künstler ausbaute.

Elisa war die älteste Tochter der Familie Bonaparte. Sie war mit einem korsischen Adeligen verheiratet, Felix Baciocchi, von Napoleon wurde sie zur Großherzogin von Toskana ernannt. Elisa lebte lange Zeit in Lucca und soll dort sehr klug und umsichtig regiert haben, vermutlich hatte auch sie das Interesse an Politik, welches in dieser Familie wohl vorhanden war, geerbt. Während ihres Exils in Triest pflegte sie engen Kontakt mit Jérôme und Katharina, sie leisteten sich gegenseitig vielfache Hilfe, bei Katharinas Schwangerschaft und Elisas schwerer Erkrankung.

Caroline war die jüngste Schwester, sie ehelichte Napoleons Freund aus frühen Militärtagen, Joachim Murat, den Napoleon zum Marschall von Frankreich berufen und später zum König von Neapel ernannt hatte. Mit Caroline lag Napoleon oft im Streit, sie war selbst sehr ehrgeizig und nie zufrieden mit ihrer Stellung. Sie führte eine kinderlose, nicht sehr glückliche Ehe.

Stolz war die ganze Familie auf Pauline, die Lieblingsschwester »Paulette«, welche eine viel gepriesene Schönheit war. Noch heute kann man ihre vollendeten Formen und ebenmäßige Gesichtszüge, vom italienischen Bildhauer Canova in Marmor gemeißelt, in der Villa Borghese in Rom bewundern. In erster Ehe war Pauline mit General Charles Leclerc verheiratet, mit dem sie einige Zeit in Westindien lebte. Dort verstarb Leclerc an einer Tropenkrankheit, zusammen mit dem kleinen Sohn aus dieser Ehe, worauf Pauline nach Frankreich zurückkehrte. Dort heiratete sie den reichen italienischen Fürsten Camillo Borghese, der etliche Jahre älter war und den sie häufig mit jüngeren Liebhabern betrog. Ihr Leben gestaltete sich zwischen Frankreich und Italien, doch verstarb sie schon mit 45 Jahren – einen großen Teil ihres Vermögens vererbte sie dem amerikanischen Sohn ihres Bruders Jérôme, an welchem sie großen Gefallen gefunden hatte, was ihr jedoch von Katharina sehr verübelt wurde.

Der junge Jérôme

Jérôme, der jüngste Sohn der Familie Bonaparte, wurde am 15. November 1784 in Ajaccio auf Korsika geboren. Er besuchte auf Kosten seines Bruders Napoleon das Internat der Madame Campan in St.-Germain-en-Laye, war jedoch nur ein mittelmäßiger Schüler. Mit 16 Jahren kam er zur Marine, erhielt 1801 das Kommando über die Korvette »L'Epernier«, um in Santo Domingo und Martinique seinen Schwager General Leclerc, der die Expedition zur Rückeroberung dieser Kolonien leitete, zu unterstützen. Das Unternehmen scheiterte vor allem wegen der Tropenkrankheiten, denen viele tausend Soldaten zum Opfer fielen. Als »Fähnrich zur See« wurde Jérôme zwei Jahre später nochmals in die Karibik geschickt, doch er verließ die Truppe und reiste nach New York. Dort wurde der französische Offizier und Bruder des berühmten Napoleon in der amerikanischen Gesellschaft herumgereicht, was er sichtlich genoss. Von Fahnenflucht war niemals die Rede. In dieser Zeit heiratete er auch die Kaufmannstochter Elisabeth Patterson, was den Unwillen seiner Mutter und den Zorn Napoleons nach sich zog, da er eigenmächtig und ohne Rücksprache gehandelt hatte. Napoleon verlangte die Trennung von dieser Gemahlin und erwartete auch, dass seine Befehle befolgt werden – schnell entschlossen gehorchte Jérôme und es kam zur Aussöhnung zwischen den Brüdern. Jérôme wurde zunächst zum Fregattenkapitän, kurze Zeit später zum Admiral befördert. Er liebte das Militär, doch hauptsächlich deshalb, weil ihn die schönen Uniformen begeisterten. Er war eitel und suchte überall sein Vergnügen, war dabei liebenswürdig und ein brillanter Gesellschafter.

Elisabeth Patterson-Bonaparte – Jérômes amerikanische Gemahlin

Viele Details aus dem Leben der Elisabeth Patterson sind uns heute nur deshalb bekannt, weil ihre Briefe aus Europa an den Vater als kleines Päckchen mit der Aufschrift »Betsy s Briefe« beim Abriss ihres

Elternhauses in der South-Street in Baltimore aufgetaucht sind. Aus diesen Briefen spricht eine weltgewandte, ehrgeizige, charmante Frau, die ihre Umwelt scharf beobachtet hat. Elisabeth wurde am 6. Februar 1785 in Baltimore geboren, ihr Vater William Patterson war als Schiffsbauer und Grundbesitzer einer der reichsten Männer Amerikas. Sie erwarb sich im Kontor ihres Vaters Kenntnisse in Buchhaltung und Finanzwesen, auch die französische Sprache beherrschte sie sehr gut. Nach dem Urteil eines Beobachters war sie »äußerst verführerisch, hatte blaue Augen und kastanienfarbenes Haar, eine wunderbar geformte Taille und einen kleinen schelmischen Mund«. Sie war anmutig, aber kokett und hat den Männern gerne den Kopf verdreht. Im Alter von 17 Jahren hat sie in Washington den jungen Jérôme Bonaparte kennen gelernt und an Weihnachten 1803 geheiratet, jedoch ohne Zustimmung seiner Familienangehörigen. Nach französischem Recht durfte Jérôme nicht ohne Erlaubnis heiraten, da er noch nicht 25 Jahre alt war. Das Paar musste vom Geld des Vaters in Amerika leben, angeblich waren das eine halbe Million Dollar als Mitgift, denn Jérôme waren sämtliche Kredite gesperrt worden.

Elizabeth Patterson-Bonaparte, die erste Gemahlin Jérômes. Sie führt den gemeinsamen Sohn Jérôme-Napoleon an der einen Hand, mit der anderen weist sie auf eine Statue Jérômes, um so ein »Familienbild« zu inszenieren.

Im Oktober 1804 unternahmen sie eine Europareise, um

nachträglich noch die Anerkennung ihrer Ehe zu erreichen. Doch das Schiff lief auf eine Sandbank auf, sie konnten nur ihr Leben retten, alles Geld war verloren. Ein halbes Jahr später reisten sie noch einmal, diesmal landete das Schiff in Lissabon, doch Napoleon verweigerte »dem Fräulein Patterson«, an Land zu gehen, obwohl sie schwanger war. Elisabeth musste alleine nach England weiterreisen, während Jérôme zu seinem Bruder nach Mailand fuhr. Am 7. Juli 1805 brachte Elisabeth einen Sohn zur Welt, den sie Jérôme Napoleon taufte. Lange Zeit hoffte sie auf die Rückkehr ihres Gemahls, doch vergeblich, er stand unter dem Einfluss seiner Familie und wandte sich von ihr ab. So kehrte »Betsy« mit dem Kind nach Amerika zurück, wo sie 1813 nach amerikanischem Recht geschieden wurde. Auf Wunsch Napoleons war die Ehe jedoch schon vorher vom Papst annulliert worden, um den Weg für eine zweite Heirat Jérômes frei zu machen. Erst als seine Gemahlin Katharina keine Kinder bekommen sollte, besann sich Jérôme auf seinen »amerikanischen« Sohn und bot Elisabeth eine Rente von 200 000 Franc sowie den Titel einer »Fürstin von Schmalkalden« an, falls sie den Sohn zur Adoption frei geben würde. Katharina wäre bereit gewesen, diesen Sohn ihres Gemahls aufzunehmen, doch Elisabeth wies dieses Ansinnen weit von sich.

Erst nach der Niederlage Napoleons 1815 in Waterloo reiste Elisabeth wieder nach Europa und besuchte Paris, wo sie mit ihrem Charme und ihrer Schönheit gefeiert wurde. Der berühmte französische Staatsmann Charles-Maurice de Talleyrand sagte von ihr: »Mit welcher Anmut hätte sie geherrscht, wäre sie Königin geworden.« Der Sohn sollte nun in Genf studieren, eine gesellschaftliche Rolle spielen und vor allem die Familie Bonaparte kennen lernen. Deshalb reiste die Mutter mit »Bo«, wie er genannt wurde, nach Rom und dort eroberte er sofort das Herz seiner Tante Pauline Borghese, die von ihm sagte, »tatsächlich ist er der schönste Bursche seines Alters, der mir jemals unter die Augen gekommen ist«. In ihrem Testament hat sie ihn mit 20 000 Franc bedacht. Auch die Großmutter war von Bo begeistert, sie wollten Jérômes Sohn anerkennen und unterstützen. In dieser Zeit lernte Bo auch endlich seinen Vater kennen, nur Elisabeth und Jérôme trafen nie mehr zusammen. Betsy lebte in Florenz, später

Jérôme-Napoleon Bonaparte-Patterson, der amerikanische Enkel von Jérôme, auf einer selten gezeigten Fotografie. Er diente in der französischen Armee als Dragonerleutnant und nahm am Krimkrieg und an den Afrika-Feldzügen teil.

auch in Paris und hatte wohl so manche Affäre, unter anderem mit dem russischen Diplomaten Alexander Gortschakow. 1840 kehrte sie nach Amerika zurück und starb am 4. April 1879 im Alter von 94 Jahren.

Ihr Sohn Jérôme-Napoleon trat nach der Thronbesteigung Napoleons III. in den französischen Militärdienst ein und nahm mit seinen Geschwistern, den ehelichen Kindern Jérômes, Mathilde und Plon-Plon, Kontakt auf. Doch es kam zwischen ihnen zu Erbstreitigkeiten, nur von Napoleon III. wurde er als Familienmitglied behandelt und mit einer Pension für sich und seine Nachkommen ausgestattet. Er hatte zwei Söhne, Jérôme-Napoleon junior und Charles-Joseph. Über die Geburt des ersten Sohnes im Januar 1831 war die Urgroßmutter in Rom, Madame Mère, hocherfreut und schrieb »er solle ihren mütterlichen Segen empfangen«. Als junger Mann wurde Jérôme-Napoleon junior in die französische Armee aufgenommen und machte dort Karriere. Seine kinderlose Tante Mathilde liebte den blonden, netten jungen Mann und hat ihn stets protegiert. Nach dem Tod seines Vaters 1870 kehrte er in die USA zurück. Der zweite Sohn, Charles-Joseph, studierte in Harvard und wurde Rechtsanwalt. Von seiner Großmutter Betsy hatte er das gesamte Vermögen einschließlich des Familienschmucks und der Gemäldesammlung geerbt und war schwerreich. Charles-Joseph war mit Präsident Roosevelt befreundet und wurde 1905 zum Marineminister ernannt, danach war er drei Jahre Justizminister der USA. Er gilt als

Begründer des amerikanischen Geheimdienstes, des heutigen FBI. Er starb 1921 ohne Nachkommen, weshalb die Kinder seines Bruders den amerikanischen Familienzweig der Bonapartes bis 1945 fortführten, dann starb die Familie im Mannesstamm aus. Eine Tochter war mit Adam Graf Moltke in Dänemark verheiratet, aber der letzte Vertreter der Familie, Urenkel des Jérôme Bonaparte, König von Westphalen, posierte als Model für Inserate – sic transit …

Heirat von Napoleons Gnaden

Ursprünglich war vom Vater für Katharina eine Heirat mit dem Hause Baden oder Bayern ins Auge gefasst worden. Doch nachdem der französische Kaiser die süddeutschen Staaten zu Königreichen respektive Großherzogtum erhoben hatte, fühlten sich die Fürsten verpflichtet, Napoleons Heiratswünschen zu entsprechen. So war der badische Prinz mit Stéphanie de Beauharnais verheiratet worden, und Eugène de Beauharnais war der Schwiegersohn des bayerischen Königs. Nun konnte sich auch der württembergische König nicht länger entziehen und musste seiner einzigen Tochter eine Ehe mit dem jüngsten Bruder des Kaisers, Jérôme, schmackhaft machen.

Man war durch die Lektüre vor allem englischer Zeitungen umfassend informiert über den Lebenswandel des Jérôme Bonaparte, so dass vor allem Königin Charlotte Mathilde strikt gegen eine solche Verbindung für ihre Stieftochter war. Doch nach einem ersten Zusammentreffen König Friedrichs mit Jérôme in Würzburg im Oktober 1806 fiel das Urteil milder aus, da er sich rundum positiv über den Schwiegersohn in spe geäußert hatte: »Er ist ein liebenwürdiger, hübscher Mann. […] mein teures Kind wird also für sein Opfer belohnt werden.« Bereits am 9. September 1806 war in Paris der Ehevertrag unterzeichnet worden, und Kaiser Napoleon schrieb an Katharina: »Sie können darauf rechnen, dass meine vornehmste Sorge Ihrem Glück gelten wird. Ich liebe Sie wie eine Tochter.«

Die bevorstehende Hochzeit sorgte für einige Aufregung und große Vorbereitungen am Stuttgarter Hof, schließlich heiratete die einzige Tochter des Königs. Die Trauungszeremonie sowie die Predigt des Prälaten Süsskind sollten in französischer Sprache gehalten werden, weshalb schon im Vorfeld der Oberkonsistorialrat von Baer zurate gezogen wurde. Er schrieb an den König: »Von der franz. Aussprache und Deklamation des Prälaten getraut sich der Unterzeichnende, nach der angestellten Prüfung, nicht mit Bestimmtheit zu behaupten, dass sie auch den Forderungen Eurer kgl. Majestät vollkommen Genüge leisten werden.« Die Mitgift der Braut war auf 100 000 Gulden festgelegt worden, dazu kamen Schmuck und Silber sowie der Trousseau, also Wäsche, Kleider, Bettwäsche, Leib-Weißzeug, nochmals im Wert von 100 000 Gulden. Entgegen mancher böswilligen Behauptung wurde an der Aussteuer nicht gespart.

Am 10. August 1807 traf Marschall Bessières als Napoleons Beauftragter in Stuttgart ein und hielt offiziell um Katharinas Hand an. Er wurde feierlich im Thronsaal empfangen, Katharina erschien als Äbtissin von Oberstenfeld, begleitet von vier Stiftsfräulein. Nun wurde der Braut ein in Brillanten gefasstes Medaillon mit dem Bildnis Jérômes überreicht, welches ihr von der Obersthofmeisterin umgelegt wurde. Sie gab daraufhin ihr Jawort und war verlobt. Zwei Tage später fand dann im Stuttgarter Schloss die Hochzeitsfeier »per procurationem« statt, wobei der Bräutigam von Katharinas Bruder, Kronprinz Wilhelm, vertreten wurde. An diesem Tag wurden schon am Morgen, zur Mittagszeit und natürlich am Abend während der Trauung sämtliche Glocken der Residenz jeweils eine Viertelstunde lang geläutet und gleichzeitig Salut geschossen. Die ganze Stadt konnte also an der Feststimmung teilhaben. König Friedrich gab ein großes Fest mit Bankett im weißen Saal, Opernaufführung und anschließendem Ball. Katharina feierte so ausgiebig ihren Abschied aus Württemberg, dass auf ihren Wunsch hin die Abreise nach Frankreich um einen Tag verschoben werden musste, da sie noch zu erschöpft war für neue Strapazen.

Die Suite der württembergischen Prinzessin auf ihrer Brautreise nach Frankreich umfasste zehn Personen, von der Hofdame bis zum Staatsminister Graf Mandelslohe, auch der Vertraute des Königs, Graf Dillen, reiste als Reiseoberstallmeister mit, dem Vater lag das Wohlergehen seiner Tochter also sehr am Herzen. In Straßburg sollte die feierliche »Überstellung der Braut« stattfinden. In Kehl wurde der Brautzug vom Großherzog von Baden und badischer Kavallerie begrüßt, doch zur Überraschung aller bat nun Marschall Bessières im Auftrag des Kaisers, Katharina möge ihre Kutsche verlassen und die Rheinbrücke zu Fuß passieren. Nach langem Zögern hat sie diesem Ansinnen endlich entsprochen, sie verließ ihren Wagen, mit ihr die gesamte Reisegesellschaft, selbst die Reitereskorte stieg vom Pferd. Katharina wurde nun am Arm des Grafen Mandelslohe zu Fuß über die Brücke geführt, auch der Marschall von Frankreich und alle anderen schritten per pedes über den Rhein. Am Ende der Brücke durften alle wieder ihre Reisewagen besteigen und zum Palais Imperial fahren, vorbei an einer jubelnden Menschenmenge, welche die Straßen säumte. Zu diesem Vorfall wurde später erklärt, die Beschaffenheit der angeblich brüchigen Rheinbrücke habe diese Maßnahme notwendig gemacht, es gab jedoch einige Stimmen, die meinten, Napoleon habe den württembergischen König auf diese Weise demütigen wollen. Im Palais versammelten sich alle Teilnehmer um einen Tisch, ein Dokument wurde unterzeichnet, womit Katharina »überstellt« war, das heißt, ihr französischer Hofstaat wurde vorgestellt und »übernahm« die Braut, während der württembergische damit seinen Dienst beendet hatte. Graf Mandelslohe berichtete nach Hause: »Die Braut befanden sich an diesem Abend sehr wohl.«

Am 21. August kam der Brautzug endlich kurz vor Paris im Schloss Raincy an. Es gehörte zu dieser Zeit General Junot, dem Herzog von Abrantes, für dessen Gattin Laura es eine Ehre war, die junge Braut unter ihre Fittiche zu nehmen. Nach einer ersten Musterung befand die elegante Laura, dass die Prinzessin höchst unvorteilhaft gekleidet war, auch die Frisur nicht der aktuellen Mode entsprach. Dennoch: »Die Prinzessin war frisch, ihr blondes Haar, ihre blauen Augen, ihre blendend weißen Zähne, die Anmut und Würde, mit der sie den Kopf bewegte, das alles waren Vorzüge, aus denen sie sich wenig zu machen schien« – so ihr Urteil. In Madame Junots Salon sollte die erste Begegnung der Brautleute stattfinden. Katharina war verständlicherweise höchst nervös, zumal auch noch der Wagen mit ihren Kleidern und

Die Hochzeit Jérômes und Katharinas 1807 in den Tuilerien, Gemälde von Jean Baptist Regnault. Neben dem französischen Kaiser sitzt Josephine.

der frischen Wäsche versehentlich nach Paris vorausgefahren war. Die grazile Laura wollte mit Wäsche aushelfen, doch der etwas rundlichen Katharina passten die Sachen nicht und die Aufregung war groß, das Missgeschick nicht mehr zu ändern.

Die Begegnung Katharinas und Jérômes fiel dennoch zur Zufriedenheit aller Beteiligten aus. Der Bräutigam war galant, fand sie »nicht hübsch, aber auch nicht übel und von besonders gutem Charakter«. Sie hingegen war von ihrem zukünftigen Gemahl von Anfang an begeistert.

Bei der Ankunft in Paris empfing sie der Kaiser persönlich in den Tuilerien und stellte ihr alle Familienmitglieder vor. Er überreichte Katharina ein Kästchen mit wertvollem Diamantschmuck, sie beschreibt ihrem Vater, wie der Kaiser selbst ihr das Häubchen abgenommen habe, um das Diadem gleich anzuprobieren. Am 22. August fand die Ziviltrauung in den Tuilerien statt, Trauzeugen waren unter anderem Friedrich von Nassau-Weilburg, der Bruder ihrer Freundin

Henriette. 800 Personen versammelten sich in einer langen, schmalen Galerie, es war so heiß, dass Katharina schreibt, sie wären vor Hitze fast gestorben. Am nächsten Tag wurde die kirchliche Trauung durch den Fürstprimas des Rheinbundes, Graf Karl von Dalberg, vorgenommen. Diese Hochzeit zählt zu den glanzvollsten gesellschaftlichen Ereignissen, die im Paris der Kaiserzeit gefeiert wurden. Die anschließenden Flitterwochen waren ausgefüllt mit Festen, Ausflügen in die Umgebung von Paris und den verschiedensten Lustbarkeiten. Sie dauerten bis in den Herbst hinein, erst Mitte November trat das Paar die Reise nach Westphalen, in ihr neues Königreich an. Jérôme umgab seine Gemahlin mit allem erdenklichen Luxus und verbrauchte sehr viel mehr Geld, als er sich eigentlich leisten konnte, fast die Hälfte seines Jahreseinkommens.

»Ich habe vom Kaiser meine Hemden erhalten …«

… soll Katharina einmal ausgerufen haben. Sie war anfangs alles andere als glücklich über ihre Aussteuer, auch wenn man sich in Stuttgart sehr bemüht hatte – es fehlte eben der Pariser Chic. Ihre Roben waren mit Bedacht gewählt worden, farblich abgestimmt zu ihren blonden Haaren und blauen Augen, hellblau, fliederfarben oder rosenrot. Aber die Stoffe! Sicherlich schwäbisch bodengut und lange haltbar – holländische Leinwand. Doch in Paris gaben Stil-Ikonen wie Kaiserin Joséphine oder Madame Junot den Ton an. So trugen die Damen an Wäsche nur »einen teuren Hauch von Nichts«. Dezent half Napoleon aus der Verlegenheit – er schenkte seiner Schwägerin 400 000 Franc für eine Wäscheausstattung.

Der Kaiser hofierte Katharina als neues Mitglied seiner Familie, ihm imponierte vor allen Dingen ihre vornehme Abstammung aus altem europäischem Adel, doch auch ihre Ausstrahlung und fürstliche Haltung. Auch in der übrigen Familie Bonaparte war Katharina von Anfang an anerkannt, was überrascht, war sie doch anfangs eine etwas mollige, für die elegante Pariser Gesellschaft leicht provinziell wirkende junge Frau. Doch diese vermeintlichen Defizite waren rasch behoben. Sie trug jetzt Roben von Leroy, die blonden Haare gestylt vom Pariser Star-Figaro Frédéric und die Brillanten verarbeitet von Foncier. Schnell verstummten anfängliche Lästermäuler, sie erkannten Katharinas natürliche Würde, ihr selbstbewusstes Auftreten, ihr ausgezeichnetes, elegantes Französisch. Sie beherrschte vollendet die Hofetikette, besser als manche neu geadelte Dame am Hof. Katharina war sich ihrer ehrwürdigen Ahnentafel und ihrer Stellung zu jeder Zeit bewusst und hatte sich rasch ihren Platz in der Hofgesellschaft erobert.

Laut der Hofdame und Freundin Katharinas, Frau von Reding, lebten Katharina und Jérôme sehr glücklich zusammen, neckten sich gerne, er nennt sie »Trinette« und sie ihn »Fifi«. Dennoch, leicht gemacht hat es ihr der frisch gebackene Ehemann nie. Schon während der Hochzeitsfeierlichkeiten flirtete er heftig mit der charmanten Stéphanie von Baden, Napoleons Adoptivtochter. Damals war die Braut noch über diesem Affront zusammengebrochen, im Laufe der Zeit nahm sie die Eskapaden ihres Gemahls wesentlich gelassener hin. Es ist durchaus anzunehmen, dass sie über die ungezählten galanten Abenteuer Jérômes Bescheid wusste, sie war weder dumm noch naiv, doch vielleicht wollte sie es manches Mal gar nicht so genau wissen. Sie hatte sich gleich bei der Hochzeit in ihren Ehemann verliebt, war glücklich mit ihm und erhielt sich diese Liebe bis zu ihrem Tode, unbeirrt, gleichgültig, was Jérôme trieb. Er wiederum konnte sich felsenfest auf seine Gemahlin verlassen, kehrte trotz aller Affären immer zu ihr zurück, er fühlte sich einfach wohl in ihrer Gegenwart.

»König Lustik«

Jérôme war kein »schöner Mann«, aber elegant, grazil, mit guten Manieren, immer bestrebt »bella figura« zu machen. Seit früher Jugend ein Liebling der Frauen, war er höflich, charmant, gesellschaftlich gewandt, manchmal vielleicht zu unbekümmert – ein großer Junge, der eigentlich nie ganz erwachsen wurde, wie seine eigene Tochter dies einmal festgestellt hat. Andererseits besaß Jérôme einen wachen

Geist, war einigermaßen gebildet, kein Dummkopf, wenn es darauf ankam, bewies er Mut und Stärke. Doch hat er nie gelernt, vernünftig mit Geld umzugehen, er war übermäßig großzügig und gab horrende Summen aus, auch für seine Freunde oder seine Gemahlin. Daher führte er ein Leben zwischen Verschwendung und Schulden und befand sich bis ins hohe Alter stets in finanziellen Schwierigkeiten. Doch fand er auch zeitlebens Menschen, die ihm wohlgesonnen waren und halfen.

Jérôme als junger König von Westphalen

Von Seiten der Damenwelt flogen ihm alle Sympathien zu. Die »Chronique scandaleuse« weiß viele Geschichten zu berichten, von Schäferstunden und Dejeuners im romantischen Lustschlösschen Schönfeld beispielsweise. Auch stand für ihn stets ein gesatteltes Pferd bereit, das ihn nach dem offiziellen Teil eines festlichen Abends mit der Gemahlin bei Hofe noch zur gerade aktuellen Geliebten brachte. Das Theater besuchte das Königspaar selten gemeinsam. Katharina nahm in der Königsloge Platz, während Jérôme der Vorstellung in seiner eigenen, geheimen Loge beiwohnte, natürlich in Gesellschaft jener Künstlerin, die gerade »en vogue« war – manchmal verpasste das Mädchen auch ihren Auftritt, dann musste der Vorhang nochmals fallen, eingeweihte Kreise verstanden …!

Während seiner Teilnahme am Polenfeldzug 1807 amüsierte er sich in Breslau mehr mit den Damen vom Theater als bei der Truppe, was ihm den Beinamen »Salon-General« eintrug. Dort hat sich Jérôme eine galante Krankheit eingefangen, die jedoch vom jüdischen Arzt Dr. Zadig kuriert werden konnte, indem er ihm Bouillonbäder empfahl. Angeblich musste für ein solches Bad jedes Mal ein ganzes Kalb gekocht werden! Zadig wurde übrigens später königlicher Leibarzt in Kassel. Hartnäckig hält sich auch das Gerücht von der wundersamen Wirkung der Rotweinbäder, welche Jérôme vornehmlich zur Stärkung seiner Manneskraft genossen haben soll – im barocken Ambiente des Marmorbades beim Kasseler Orangerieschloss. Nach Gebrauch eines solchen Bades soll ein schwunghafter Handel mit dem gebrauchten Wein betrieben worden sein – so ranken sich jedenfalls die Legenden.

Von den vielen Kritikern des westphälischen Königs urteilt ein Zeitgenosse besonders streng: »Er hatte nur mittelmäßigen Verstand, ein in aller Hinsicht schwacher Mann. Er war ein kleiner, dürrer, vertrockneter Mensch, sah ungesund aus, eingefallene Wangen, glanzlose Augen. Bezahlte Lasterknechte und Lustdirnen.« Ein anderer schildert ein Fest auf Schloss Napoleonshöhe: »Es gab die feinsten Speisen, die köstlichsten Weine, die schlüpfrigsten Gespräche.« Nach solchen Genüssen pflegte Jérôme in seinem nur mangelhaften Deutsch auszurufen: »Gut Nackt, morgen wieder luschtik!«

Der Modellstaat Westphalen

Er war Napoleons bedeutendste Staatsschöpfung auf deutschem Boden. Ziel war eine moderne Staatsform mit einer neuen Verfassung, welcher das Gedankengut der Französischen Revolution zu Grunde lag, wie im französischen Kaiserreich. Im Sommer 1807 war Napoleon auf der Höhe seiner Macht. Frankreich hatte die deutliche Vormachtstellung in Europa erreicht, die Rheinbundstaaten standen unter seinem Protektorat, Österreich und Preußen waren besiegt. Es galt, die eroberten Gebiete politisch neu zu ordnen und in das napoleonische Herrschaftssystem einzugliedern. So entstand ein deutscher Mittelstaat mit der Hauptstadt in Kassel aus dem ehemaligen

- Kurfürstentum Hessen-Kassel
- Herzogtum Braunschweig-Wolfenbüttel
- südlichen Teil Hannovers
- preußischen Gebiet westlich der Elbe

– Fürstbistum Hildesheim
– Fürstbistum Paderborn
– Fürstbistum Osnabrück

Westphalen erhielt die erste neue Verfassung in Deutschland. Mit dem »Code Napoleon« wurde auch die französische Rechtsordnung eingeführt. »Das Volk soll in Freiheit, Gerechtigkeit und Wohlstand leben«, so Napoleon. Westphalen sollte Vorbild werden für die anderen Staaten des Rheinbunds mit dem Ziel einer Modernisierung von Staat und Gesellschaft. Doch dieser Modellstaat war ein künstliches Staatsgebilde, aus rein geographischen Gesichtspunkten heraus zusammengestellt. Das größte Problem dabei war, dass die unterschiedlichen Gebiete ihre eigenen Traditionen, jedoch keine gemeinsame Vergangenheit hatten. Viele Menschen waren noch loyal gegenüber den alten Herrscherfamilien eingestellt und übertrugen dies nicht so einfach auf einen neuen Herrscher wie Jérôme, der noch nicht einmal Deutsch verstand. Es war geplant, alle wichtigen Ämter nur mit Landeskindern zu besetzen und die Amtssprache sollte Deutsch bleiben. Doch das wurde kaum befolgt, alle Dekrete wurden in französischer Sprache abgefasst, mit deutschen Übersetzungen. Jérôme selbst lernte nie die deutsche Sprache. Baron Reinhardt schrieb: »Möge der König sich bewusst sein, dass er über ein deutsches Volk regiert.«

Durch die Gründung eines Königreiches, mit seinem Bruder Jérôme an der Spitze, wollte sich der französische Kaiser einen direkten Einfluss auf die Regierung des neuen Staates bewahren. Jérôme wurde keinerlei Selbstständigkeit zugebilligt, er sollte nur »der Präfekt des Kaisers in Purpur« sein. Als französischer Gesandter am Kasseler Hof war von Napoleon Baron von Reinhard eingesetzt worden, dessen Hauptaufgabe darin bestand, Jérôme »etwas auf die Finger« zu sehen. Er war ein Pfarrersohn aus Schorndorf, hatte evangelische Theologie studiert und war dann als Hauslehrer in Frankreich tätig gewesen. Er war ein fähiger Mann und Jérôme durchaus wohlgesonnen, auch wenn sich dieser oftmals beklagte, er würde bis in seine privaten Räume bespitzelt. Reinhard betrachtete die Dinge nüchtern: »Alles lässt sich aus der überspannten Vorstellung, welche sich der König von der

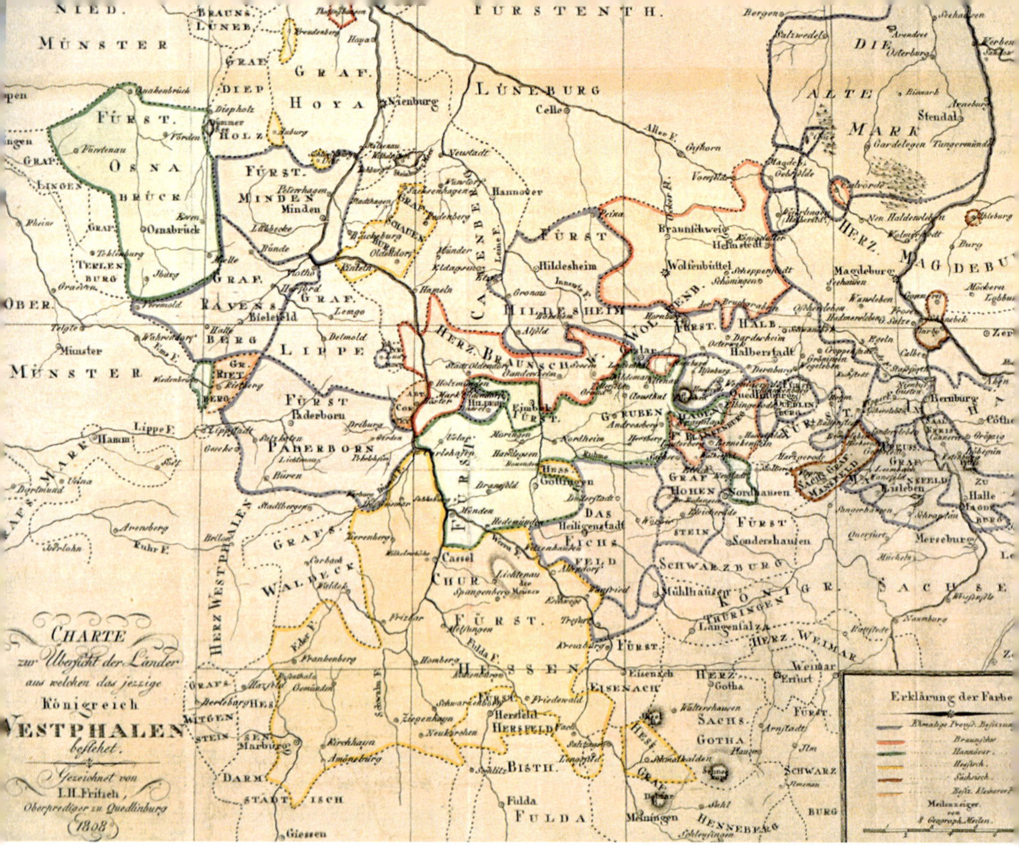

Karte des von Napoleon neu gegründeten Königreichs Westphalen von 1808

souveränen Gewalt macht, aus dem Wunsche, allein zu herrschen, aus seinem Alter und aus seinen Gewöhnungen erklären. […] er handelt aus zufälligen Eingebungen, werde nicht vom Studium und Überlegung diktiert.«

Zumindest zu Beginn seiner Regierung war Jérôme engagiert und fleißig, doch schien er mit seiner Aufgabe überfordert zu sein. Er war ein junger Mann von 23 Jahren und völlig unerfahren in der Leitung von Staatsgeschäften. Er umgab sich mit nur mittelmäßigen bis unfähigen Ratgebern, wie General Morio, ein enger Vertrauter, oder Le Camus, sein Intimus seit Jugendjahren. Sie hatten vor allen Dingen ihre eigene Karriere im Auge und bekamen reich bezahlte Positionen oder wurden in den Fürstenstand erhoben.

Die Finanzlage war katastrophal, da Kriegskontributionen in Höhe von 31 Millionen Franken an Frankreich zu zahlen waren sowie ein Heer von 25 000 Soldaten gestellt und unterhalten werden musste. Hinzu kam, dass Napoleon selbst über die Hälfte der staatlichen Domänen verfügte und die Einkünfte daraus an seine Vertrauten verschenkte. Dies schmälerte die Staatseinnahmen Westphalens erheblich. Laut Andrè Pichon, Staatsrat in Kassel, beliefen sich die Schulden des Landes gegenüber Frankreich auf 93 Millionen Franken, die Staatseinkünfte hingegen betrugen nur höchstens 40 Millionen. Das Gedeihen eines gesunden Staates war also schon in seinen Anfängen zum Scheitern verurteilt.

Nach der Niederlage Napoleons 1813 in der Völkerschlacht bei Leipzig kehrten die meisten von Napoleon vertriebenen deutschen Fürsten in ihre angestammten Residenzen zurück. Jérôme musste sein Königreich verlassen, und Kurfürst Wilhelm I. von Hessen-Kassel zog, nach sieben Jahren des Exils in Prag, wieder in Kassel ein. Sein Sohn, der Kurprinz, rief den Menschen zu: »Hessen! Mit Eurem Namen nenne ich Euch wieder.« Dies war das Ende des »Königreichs Westphalen«. Mit dem Kurfürsten kehrten auch die althergebrachten Verhältnisse im Lande zurück, die neuen Einrichtungen des Modellstaates wurden wieder abgeschafft – nur die Schulverwaltung hat überdauert.

Die Residenz in Kassel

Eine erste Erwähnung Kassels findet sich im Jahre 913 als fränkischer Königshof. Hier, an der Fulda, kreuzten sich alte Heer- und Handelsstraßen. Es entstand ein Handelsplatz, der später die Residenz der Landgrafen von Thüringen wurde. 1247 waren die Thüringer Landgrafen mit Hermann, dem einzigen Sohn der heiligen Elisabeth, ausgestorben. Ihm folgte mit Heinrich, seinem Neffen, der erste Landgraf von Hessen. Einige Generationen später regierte mit Landgraf Wilhelm IV. ein baufreudiger Fürst, dem die Stadt einige Schlossbauten und besonders die Anlage der Gärten verdankt, für welche

Kassel berühmt war. Es entstand ein Lusthaus, das zum Vorbild des Stuttgarter Neuen Lusthauses werden sollte. Dieser Einfluss verwundert nicht, Wilhelm war mit Sabina von Württemberg, einer Tochter Herzog Christophs verheiratet. Hundert Jahre später erbaute Landgraf Karl das Orangerieschloss im Auegarten mit fünf Pavillons, darunter ein Küchenpavillon und das berühmte Marmorbad. Auf dem »Karlsberg«, der durch eine fünf Kilometer lange Allee mit der Stadt verbunden war, entstand ein Sommerschloss und darüber der »Herkules«, ein monumentales Denkmal »für die tugendhafte Herrschaft Karls« und seinem Sieg über den französischen König an der Seite Habsburgs. Die Figur des Herkules steht auf einer Pyramide über einem oktogonalen Grundriss, von dort stürzen sich Wasserkaskaden den Hang hinunter bis zum Schloss, im so genannten Bergpark.

Unter seinem Urenkel, Kurfürst Wilhelm I., wurden die ausgedehnten Parkanlagen Kassels mit ihrer Vielfalt an gärtnerischer Gestaltung noch wesentlich vergrößert, sie waren damals einzigartig in Europa. Der Kurfürst erweiterte den Bergpark und das Schloss und nannte es jetzt »Wilhelmshöhe«. Als barocke Mode-Spielerei kam die »Löwenburg« hinzu, eine künstliche Ruinenanlage mit einhundert Zimmern, Kapelle, Klostergarten, Turnierhof. Alle Räume waren eingerichtet und wurden zu Festen benutzt. Auch unter der Regierung König Jérômes von Westphalen waren Schloss und Park ein beliebter Aufenthaltsort. Damals wurde das Schloss »Napoleonshöhe« genannt. Bei einem Besuch meinte die Fürstin zur Lippe, die Gärten seien phantastisch, »man wünsche Jérôme eine Goldmine, dann wäre alles vortrefflich«.

Auf der Napoleonshöhe begann Jérôme 1808 mit dem Neubau eines Theaters, nach den Plänen des Architekten Leo von Klenze. Von außen wirkte das Bauwerk sehr grazil, innen bot das Theater erstaunlich viel Platz. Die Wände waren himmelblau und mit goldenen Sternen bemalt, die Kronleuchter waren vergoldet. Das ganze Gebäude wurde von unterirdischen Öfen beheizt. Gegenüber der Bühne befand sich die Königsloge, für die Königin, die Hofdamen und Gäste. Der König bevorzugte seine private Loge mit direkter Verbindung zur Bühne, ein goldenes Gitter entzog ihn den Blicken des Publikums. Es gab hierzu »eigenthümliche, skandalöse Gerüchte«. Man hatte zwei verschiedene Theatergruppen engagiert, für französische und deutsche Stücke. Meist wurde jedoch in französischer Sprache gespielt, nur wenn der König nicht anwesend war, kamen auch deutsche Komödien zur Aufführung.

Seit 1809 hatte der Opernkomponist Giuseppe Blangini die Leitung des Theaters, er war von Pauline Borghese empfohlen worden. Nebenher gab er auch Katharina Klavierstunden, leider musste er daraufhin sehr schnell seinen Dienst quittieren, weil er angeblich mit der Königin einen zu intimen Umgang pflegte!

Das kleine Schlösschen Schönfeld mit seinem Park war bei König Jérôme ein beliebter Sommersitz, dorthin hat er sich mit seinen Mätressen gerne zurückgezogen. Es wurde ursprünglich für den Kom-

Schloss Napoleonshöhe in Kassel mit dem »Bergpark«, der »Löwenburg« und dem »Herkules«. Gemälde von Johann Erdmann Hummel, um 1800

mandeur der Garde, Baron Nikolaus von Schönfeld, 1770 erbaut. Im Jahre 1806 gehörte es dem Bankier Karl Jordis, dem Ehemann von Ludovica Brentano. Hier war der regelmäßige Treffpunkt eines literarischen Zirkels mit den Brüdern Grimm, Clemens von Brentano, Bettina und Achim von Arnim. 1809 wurde Schloss Schönfeld von Jérôme übernommen und großzügig umgebaut und erweitert, wiederum war Leo von Klenze der Architekt. Der Park war angelegt mit einem Fischweiher, Wasserspielen, verschwiegenen Waldwegen. Heutzutage ist vieles der großartigen Anlage leider verschwunden.

Katharina liebte es, zurückgezogen im reizenden Rokokoschlösschen Wilhelmsthal bei Calden zu wohnen. Jérôme hatte es ihr zum Geschenk gemacht und es ihr zuliebe in »Katharinenthal« umbenannt. Das Schloss war nach einem Entwurf des Münchner Hofbaumeisters François de Cuvilliés erbaut worden, welcher auch den Park mit den Wasserspielen angelegt hatte. Katharina verbrachte viel Zeit in diesem Lieblingsschloss, dort konnte sie sich mit Musik und Malerei beschäftigen, Briefe schreiben und vor allen Dingen ihr Tagebuch führen, welches uns heute viele ihrer Gedanken vermittelt. Jérôme hat sie dort oft besucht und sie um Rat gefragt. Bevor er sich mit seinen Ministern besprach, wollte er meist ihr Urteil hören, und in der Ruhe des etwas abgeschieden gelegenen Schlösschens wurde manche politische Entscheidung getroffen.

Sieben Jahre Königreich Westphalen

Bevor das westphälische Königspaar in die neue Heimat reiste, wurde in Stuttgart ein kurzer Halt eingelegt, vor allem, um Jérôme der württembergischen Familie vorzustellen. König Friedrich war in diesen Tagen sehr bemüht um Tochter und Schwiegersohn, er gab ein Souper, einen großen Ball und eine Jagd bei Schloss Solitude und Schloss Monrepos. Bemerkenswert war, dass Friedrich darauf achtete, dass an der Hoftafel vier in Form und Größe identische Fauteuils bereitstanden, womit er demonstrieren wollte, dass das neue Königspaar von Westphalen dem württembergischen gleichgestellt war.

Zur großen Freude Katharinas entschloss sich ihre Jugendfreundin Laurette von Otterstedt, mit ihr nach Kassel zu gehen und als Palastdame dem Hofstaat der Königin vorzustehen. Auch König Friedrich zeigte sich darüber hocherfreut und wünschte ihr viel Glück. Frau von Otterstedt war die Schwester des württembergischen Außenministers Graf Zeppelin, ihr Gemahl nahm die Position eines Kammerherrn bei Jérôme ein. Das Paar war nicht reich, sie hofften, durch die Freundschaft mit der Königin in Kassel Karriere zu machen. Als treue Freundin Katharinas war Frau von Otterstedt stets bemüht, den Hofklatsch und unerfreuliche Geschichten ein wenig von ihr fernzuhalten.

Die erste Station des Königspaares auf westphälischem Boden war die alte Universitätsstadt Marburg, wo sie am 6. Dezember 1807 eintrafen. Sie wurden von der Bevölkerung begrüßt und von den chargierten Studenten mit einem Fackelzug geehrt, wovon sie sehr beeindruckt waren. Die Studenten wurden heraufgebeten und mussten noch einmal das »Gaudeamus igitur« für den König singen. Am Tag darauf fand der Einzug ins tief verschneite Kassel statt. Zunächst wohnte man im Schloss Wilhelmshöhe vor den Toren der Stadt, doch dies stellte sich als höchst ungemütlich heraus, denn das Schloss war nicht heizbar und nur spärlich möbliert. Der Kurfürst hatte vor seiner Flucht die meisten Gegenstände in Sicherheit gebracht, den Rest hatten französische Truppen geplündert. So waren bei der Ankunft Katharinas und Jérômes die Räume praktisch leergeräumt. Der französische General Lagrange, der von Napoleon als Militärgouverneur eingesetzt war, hatte durch einen Verrat erfahren, wo der Kurfürst seine Kostbarkeiten vergraben hatte. Auf diese Weise verschwanden, neben anderen Schätzen, 48 der besten Gemälde aus der kurfürstlichen Sammlung, sie wurden nach Paris geschafft. Erst in der jüngsten Vergangenheit sind einige dieser Gemälde wieder nach Kassel zurückgekehrt und in einer großen Ausstellung gezeigt worden.

Nach wenigen Tagen übersiedelte das Königspaar ins alte Landgrafenschloss, die Kattenburg, welche direkt an der Fulda gelegen war. In den Augen der jungen Katharina war dies eine alte unwirtliche Burg, sie fühlte sich dort nicht wohl und bezeichnete das neue Domizil als Kerker. Drei Jahre später, Ende November 1811, legte ein Brand in

Das westphälische Königspaar zu Pferde …

der Nacht das altehrwürdige Landgrafenschloss in Schutt und Asche. Zunächst befürchtete Jérôme ein Attentat, welches ihm und seiner Familie galt, auch in der Bevölkerung wurde von »einem göttlichen Strafgericht, wegen des sittenlosen Treibens am Hofe« gesprochen. Doch es stellte sich heraus, dass fehlerhaft verlegte Wärmeröhren im alten, ausgetrockneten Holzfußboden den Schlossbrand verursacht hatten. Nun schimpften die Kasseler Bürger über die »französische Leichtfertigkeit«. Bei dieser Brandkatastrophe bewies Jérôme sehr viel Mut und Umsicht und versuchte, das entstehende Chaos zu organisieren. Er selbst wäre in seinem Bett am Qualm beinahe erstickt, er war auch kurz ohnmächtig geworden, doch erholte er sich rasch wieder

Die Gemälde stammen beide von Antoine Jean Baron Gros, um 1808.

und konnte gerade noch rechtzeitig Katharina wecken. In der Aufregung rannte sie im Morgenrock und mit offenen Haaren auf die Straße, sie hatte versucht, wenigstens ihren wertvollen Schmuck zu retten. Sie verloren damals ihr gesamtes Mobiliar und die ganze Einrichtung, was nicht den Flammen zum Opfer gefallen war, wurde vom eindringenden Mob gestohlen. Geld zum Wiederaufbau der Kattenburg war vorerst nicht vorhanden.

Zunächst war die Bevölkerung in Kassel voller Hoffnung, der Glanz einer königlichen Residenzstadt bedeute für die Bürger mehr Aufträge und bringe Handel und Gewerbe zum Blühen. Doch schnell mussten sie feststellen, dass vieles aus Frankreich importiert wurde, die einheimischen Produkte wenig Anklang fanden, zumindest nicht in Hofkreisen. Doch bei der Auswahl der Hofbeamten für den König sowie für die Königin wurden auch die deutschen Adeligen berücksichtigt. Jérôme richtete beispielsweise ein Pagen-Corps mit insgesamt 24 Pagen ein, allesamt Söhne aus den angesehensten Familien des Landes, wie von Schlotheim, von Ochs, von Wolff oder von der Malsburg.

Die Kosten für die Hofhaltung waren jedoch völlig überzogen und bescherten dem Lande einen immensen Schuldenberg. Auch die persönlichen Ausgaben des Königspaares überstiegen bei weitem die Möglichkeiten. So schenkte Jérôme beispielsweise seiner Gemahlin zum Geburtstag Ohrgehänge im Wert von 100 000 Franc. Auch Katharina war von diesem Höhenflug erfasst und bestellte in Paris Roben, Spitzen, Pelze, Reiherfedern für 200 000 Franc. Einen gewissen »Schuhtick« werden ja viele Frauen nachvollziehen können – doch nach dem Bericht einer Kammerfrau habe sich Katharina einmal 100 Paar Schuhe liefern lassen und erst nach heftiger Kritik wenigstens 50 Paar davon wieder zurückgeschickt.

Auf manchen Besucher verfehlte der König mit seinem luxuriösen Hofleben die Wirkung nicht, so berichtet ein Diplomat aus Bayern im April 1813 nach Hause: »Der Hof von Cassel ist glanzvoll und imposant. Er erinnert an die Tuilerien. Der König drückt sich mit viel Anmuth und Adel aus.«

In manchen Teilen des Landes begann sich Widerstand gegen die Franzosenherrschaft zu regen. So kam es Ende April 1809 zu einem ersten Aufstand unter der Führung von Oberst Wilhelm von Dörnberg, der jedoch erfolgreich niedergeschlagen werden konnte, viele Aufrührer wurden hingerichtet. Jérôme bewies großen Mut gegen die Aufständischen, seine Offiziere zollten ihm dafür Respekt und blieben ihm treu ergeben. Während des Dörnberg-Aufstands floh Katharina nach Straßburg zu Joséphine, sie hatte die Nerven verloren und schrieb an ihren Vater und Kaiser Napoleon, »sie seien von Meuchelmördern umgeben«.

Widerstand gegen die Franzosen leistete auch Herzog Friedrich Wilhelm von Braunschweig, der jüngste Bruder von Katharinas Mutter, also ihr Onkel. Er versuchte, sein Herzogtum zurückzuerobern. Sein Vater, der Großvater Katharinas, Herzog Karl Ferdinand war auf der Flucht vor den Franzosen am 10. November 1806 an seiner tödlichen Verwundung gestorben, die er sich in der Schlacht bei Auerstedt zugezogen hatte. Die Soldaten Herzog Friedrich Wilhelms trugen schwarze Uniformen, daher wurden sie auch »das Schwarze Corps« genannt. Doch auch dieser Aufstand misslang, der »Schwarze Herzog« konnte sich nach Norden bis ans Meer durchschlagen und nach England fliehen.

Kurze Zeit später zog Katharina als neue Regentin ins Braunschweiger Schloss ein, in dem einst ihre Mutter aufgewachsen war. Ihre Großmutter lebte damals noch, doch war sie mit ihren jüngeren Söhnen vor den Franzosen nach Rostock geflohen. Mit welchen Gefühlen sich Katharina wohl als Königin von der Bevölkerung in Braunschweig huldigen ließ? Das Königspaar hatte noch zahlreiche weitere Huldigungsreisen durch das Königreich unternommen, wie im August 1811 in den Harz mit Besichtigung der Bergwerke in Clausthal oder der Besteigung des Brocken. Trotz aller Bemühungen sind Jérôme und Katharina nie richtig warm geworden mit der Bevölkerung oder wurden gar herzlich aufgenommen.

Umso erfreulicher war es für das Königspaar, als von Napoleon die offizielle Einladung zur Hochzeitsfeier mit Marie Luise von Österreich in Kassel eintraf. Anfang März 1811 reiste Katharina mit großem Gefolge nach Paris, alle schönen Palastdamen waren mit von der Partie, zur Freude Jérômes. Sie hätte es gerne gesehen, wenn der Kaiser eine ihrer russischen Cousinen geheiratet hätte, doch hat sie sich schnell auch mit Marie Luise angefreundet. Sie fand es nicht einmal unter ihrer Würde, sich während der Hochzeitsfeier am Schleppetragen für die neue Kaiserin zu beteiligen. Auf der anschließenden Hochzeitsreise nach Belgien durfte Katharina das Kaiserpaar begleiten, Napoleon hielt ihre Gesellschaft am meisten angemessen für seine neue Gemahlin. Die beiden jungen Frauen sahen auf dieser Reise zum ersten Mal in ihrem Leben das Meer! Voller Jubel stürzten sie sich in die Brandung, sammelten Muscheln am Strand – und mussten danach den ganzen Tag ihre feuchten Kleider anbehalten. Napoleon gestattete

Zeitgenössische Karikatur: Der geschlagene westphälische König verlässt sein Land.

keinen weiteren Halt zum Umkleiden, er hatte offensichtlich wenig Verständnis für die Begeisterung der beiden »Landratten«.

Mit freudiger Spannung wurde am 27. August 1811 der Besuch von Madame Mère auf Schloss Napoleonshöhe erwartet. Die Mutter wurde von ihren Kindern sehr verehrt und man gab sich größte Mühe, die Gästezimmer für sie entsprechend auszustatten. Damit auch die Bevölkerung Kassels einen Blick auf die Mutter des Kaisers werfen konnte, hielt sie am 1. September einen feierlichen Einzug in die Stadt und fuhr an der Seite des Königspaares im offenen Prachtwagen durch die Straßen. Aus dem Brief einer Zuschauerin: »Um 2 Uhr nachmittags Museumsbesuch von König, Königin und Madame Mère, begleitet von den Palastdamen Otterstedt und Keudelstein. Aber alle nur Augen für die Mutter, interessante Frau, hatte sie mir anders vorgestellt – einfach gekleidet, graues Haar, Turban von schwarzen Spitzen. Schwarzes Kleid von schwerem Damassée. Hält sich gerade, wirkt majestätisch, klassische Gesichtszüge, schaut streng. Sei sparsam bis zum Geiz, rafft alles zusammen für das Familienvermögen aus Angst, der Spuk könnte bald vorbei sein. Angeblich fehlte nach dem Museumsbesuch ein Diamantring im Wert von 600 Laubthaler, eine Untersuchung des Vorfalls wurde niedergeschlagen. War wohl aus dem Besitz des Kurfürsten, der ihn versehentlich zurückgelassen hatte!«

Katharina war glücklich über den Besuch von »Maman«, bot er doch etwas Abwechslung und die Gelegenheit, sich mit der Schwiegermutter auszutauschen. Entgegen ihrer sprichwörtlichen Sparsamkeit war Madame nicht wiederzuerkennen und beschenkte Katharina auf großzügige Weise mit einem Perlencollier und einem Sonnenschirm mit Goldemaillegriff. Nach ihrer Abreise am 5. Oktober schrieb Katharina in ihr Tagebuch: »[…] mir hat dieser Abschied doppelt weh getan, denn Madame war mir eine liebe Gesellschaft. Ich war fast immer alleine mit ihr und fand viel Trost in ihrer Nähe. Und manchmal sehnt sich das Herz einer Frau so sehr, sich einer anderen Frau erschließen zu können.«

Katharina empfand eine tiefe Zuneigung zu ihrer Schwiegermutter, die von ihr wohl erwidert wurde. In den Briefen Madame Mères an Katharina heißt es oft ganz vertraut »Du«, während andere Töchter von ihr viel distanzierter mit »Madame« angeredet werden.

Im April 1812 nahm Jérôme an der Seite des Kaisers am Polenfeldzug teil, er soll insgeheim von der Krone Polens geträumt haben. In der Zeit seiner Abwesenheit wurde Katharina die alleinige Regentschaft übertragen. Mit großer Umsicht und Verantwortung kam sie dieser Aufgabe nach, man hatte nicht von ihr erwartet, dass sie an Sitzungen teilnimmt und Akten studiert. Doch sie hat das Regierungsgeschäft sehr ernst genommen. Im Mai 1812 nahm sie am Fürstenkongress in Dresden teil, Kaiserin Marie Luise hatte sie ausdrücklich eingeladen. So nutzte sie die Gelegenheit, mit Napoleon über »ihr« Königreich zu sprechen und ihn zum Einlenken zu bewegen, was die immensen Zahlungen an Frankreich betraf, allerdings ohne jeden Erfolg. Dennoch wurde sie auf diesem Kongress bewundert in ihrer Stellung als Regentin Westphalens – wenn Napoleon auch nicht nachgegeben hat, er hat sie immer sehr geschätzt.

Im August 1812 kehrte Jérôme aus der Armee zurück, ihm war vom Bruder der Oberbefehl über die Truppen Westphalens, Sachsens und Polens entzogen worden, wegen seiner unfähigen Kriegsführung. So erlebte Jérôme das Debakel und das Ende des Russlandfeldzugs nur aus dem fernen Kassel mit. Am 29. September 1813 zog der Kosakenführer General Czernitscheff in Kassel ein. Er stand unter dem Befehl der Nordarmee, die vom schwedischen König, dem ehemaligen französischen Marschall Bernadotte, befehligt wurde. Pikanterweise war Czernitscheff drei Jahre zuvor einer der Liebhaber von Jérômes Schwester Pauline gewesen. In der Stadt blieb es beim Einmarsch der Russen ruhig, doch Jérôme floh zunächst aus Kassel, kehrte allerdings nach wenigen Tagen zurück. Erst nachdem er am 16. Oktober 1813 die Nachricht von der für Napoleon verlorenen Völkerschlacht bei Leipzig erhielt, verließ Jérôme sein Königreich Westphalen endgültig. In der Frühe des 26. Oktobers 1813, morgens um 5 Uhr, brach er mit den letzten Getreuen, seinem Gardecorps, von Schloss Napoleonshöhe auf und fuhr in ihrer Begleitung bis Köln. Dort verließ er sie alle, ohne Abschied, ohne Dank, die Offiziere standen ohne Geld und Pferde da, sie mussten alle ihre Habseligkeiten dem Feind übergeben – es war ein unrühmliches Ende.

Indessen hielt Kurfürst Wilhelm I. am 21. November 1813 seinen Wiedereinzug in Kassel. Die ganze Stadt war festlich geschmückt, viel Volk auf den Straßen versammelt, alles jubelte. In der Festfreude hatte man die Pferde vom Wagen des Kurfürsten ausgespannt, kräftige Männer zogen nun die Kutsche mit Körperkraft in die Residenz. Katharina meinte, als man ihr davon berichtet hatte: »Ich bin froh, dass die Kurfürstin wieder in ihrer Heimat ist. Es hat mich oft betrübt, sie ersetzen zu sollen.« Nach der Feststimmung trat schnell Ernüchterung ein. Der Kurfürst meinte, »er habe nur 7 Jahre geschlafen« und wollte das Rad einfach um sieben Jahre zurückdrehen, knüpfte nahtlos an seine frühere Regierungszeit an. Die alten Hofintrigen um den Kurfürsten setzten wieder ein.

Mätressenwirtschaft

König Jérôme hatte einen Damenorden gestiftet, zwei Schwerter über Kreuz mit Diamanten besetzt, er wurde links auf der Brust getragen. Dieser Orden wurde auch zusammen mit seinem Medaillon verschenkt, bei den anständigen Bürgern Kassels hieß es – ein größeres Verdienst sei es, diesen Orden nicht zu besitzen!

Viele seiner Mätressen waren nicht Künstlerinnen vom Theater, sondern Hofdamen, Damen also von Adel, die sich für ihre Dienste

Ämter und Geldzuwendungen für ihre Ehemänner erhofften. »In der Regel trug das Ämtchen der Frau Gemahlin weit mehr ein als das des Herrn Gemahls. Die meisten Ordensbänder, die Männer in Kassel trugen, hatten sie durch die Fürsprache ihrer Weiber erhalten«, so ein Beobachter. Untereinander waren die Damen meist zerstritten, eifersüchtig, neidisch – da Jérôme jedoch Hofintrigen und Eifersüchteleien innerhalb seines Hofstaates nicht ertragen konnte, wechselten die Favoritinnen ständig.

Ein etwas scharfzüngiger Besucher eines Hofballes in Kassel gibt eine Beschreibung der Mätressen am Hofe: »Die Damen trugen Costume auf Befehl des Königs mit langen, weißen Beinkleidern so eng, dass das Muskelspiel zu sehen war. Ein Floorkleid darüber, nicht länger als bis zum Knie, welches auch das Allerheiligste dem Auge kaum verschlossen ließ, wohin kein Ungeweihter jemals dringen sollte. Hals und Busen blieben ganz entblößt. Zwischen all den Damen bewegte sich der König, es ging zu wie in einem Freudenhause. Um Mitternacht Souper, welches gewiß große Summen gekostet hatte. Ende des Balls war um 4 Uhr. Die Königin war auch anwesend, war sehr heiter, sprach immer freundlich mit ihrem Gemahl, wenn er zu ihr kam. Er verstand es immer, sich bei ihr einzuschmeicheln. Man sagt, er habe so manche Orgie später in ihrem Bett beendet.«

Gräfin Bongartz

Ihr Gemahl war der erste Kammerherr des Königs und mit ihm sehr vertraut, da er für Jérôme seine »Wollustfeste und Bachanalien« organisierte. Das Ehepaar hatte eigene Kinder, doch gebar die Gräfin auch ein Kind von Jérôme. Sie ließ sich ihre Dienste fürstlich bezahlen, für eine Liebesnacht kassierte sie Brillanten im Wert von 16 000 Franc. Obwohl die Gräfin vom Hof entfernt wurde, tauchte sie wieder in Jérômes Nähe auf, nachdem Katharina sich schon im Exil befand und die Gräfin Löwenstein, eine andere Mätresse, hochschwanger war. Sie begleitete Jérôme auf seiner Flucht aus Westphalen, vor allem jedoch, weil sie ihr Vermögen außer Landes bringen wollte.

Gräfin Ernestine Löwenstein-Wertheim

Diese attraktive Gräfin hat Jérôme sehr geliebt, ihr zuliebe hatte er sogar eine Scheidung von Katharina erwogen, wozu ihn die ehrgeizige Ernestine angetrieben hatte. Sie hoffte noch immer auf eine Heirat mit Jérôme, doch von Napoleon war dieser Plan rundweg abgelehnt worden. Der Gemahl der Gräfin war ebenfalls erster Kammerherr bei Jérôme, sie hatten drei gemeinsame Kinder, doch ließ er seine Gattin gewähren und zog sich zurück. Sie war vielseitig begabt, aber sehr hochmütig, liebte aufwändige, luxuriöse Garderobe, was von anderen am Hofe als übertrieben empfunden wurde. Bei einer erneuten Schwangerschaft Ernestines im September 1810 fragte man sich in Hofkreisen: »Noch der Graf oder schon Jérôme?« Bei einem weiteren Sohn, dem 1813 geborenen Ferdinand Joseph Achilles, war die Vaterschaft dann eindeutig. Es wurde noch ein weiterer Sohn geboren, Charles Philippe Henri. Die Kosten für die Erziehung der Söhne musste im Exil Katharina bezahlen, weshalb sie auch die Militärschule in Ludwigsburg besuchten, zusammen mit den ehelichen Söhnen Jérômes. Diese Söhne Jérômes bildeten ein gemeinsames »Gespann«, verstanden sich gut und waren bei allen Festen in der württembergischen Residenz nicht wegzudenken. Häufig besuchten sie auch Schloss Arenenberg am Bodensee und wurden zu Jugendfreunden des nachmaligen Kaisers Napoleons III. Über die Gräfin Löwenstein urteilte ein Zeitgenosse: »Als deutsche Frau und als Gräfin hat sie sich ein Denkmal der Schande gesetzt, welches noch länger dauern wird als ihr Leben.«

Adelaide Lagarde

Die schöne Madame Lagarde war eine Jugendfreundin Jérômes aus seiner Militärzeit in Frankreich und Mutter seiner vorehelichen Tochter Melanie, die 1803 geboren wurde. Das Mädchen wurde beim Vater in Kassel erzogen und von ihm zur Gräfin von Wietersheim erhoben. Sie folgte ihm ins Exil nach Schönau in der Steiermark und heiratete im Jahre 1820 in Triest den Baron Carl Theodor Ludwig von Schlotheim. Jérôme schenkte ihnen zur Hochzeit das Haus neben seiner Villa und verschaffte dem Baron den Posten eines Kammerdieners in seinem Hause. Später kehrte das Paar zurück nach Deutschland, Melanie behielt bis zum deutsch-französischen Krieg regen Kontakt zur Familie Bonaparte in Paris. Sie starb im Jahre 1876 in Bad Oeynhausen. Ihre Tochter Charlotte von Schlotheim konnte ihren Großvater Jérôme nie verleugnen, sie hatte eine auffallende Ähnlichkeit mit ihm.

Diana von Pappenheim

Die hübsche und lebensfrohe Diana hatte am Kasseler Hof den Ruf, besonders tugendhaft, zurückhaltend und bescheiden zu sein. Sie war mit ihrem Ehemann und zwei Söhnen 1808 an den Hof Jérômes gekommen, sie war Palastdame, er wurde zum Kammerherrn ernannt. Diana genoss das besondere Vertrauen Katharinas, da sie zuvor einige Zeit Hofdame in Weimar gewesen war, bei einer Cousine Katharinas, Großherzogin Maria Pawlowna. Dort hatte Diana auch ihren sehr viel älteren Gemahl Wilhelm von Pappenheim geheiratet. Sie selbst stammte aus dem Elsass, war eine geborene Waldner von Freundstein, eine Nichte der Baronin Oberkirch, welche wiederum mit Katharinas Großeltern befreundet war.

Zwei Jahre musste Jérôme um die Gunst Dianas werben, ehe sie auf sein unmoralisches Angebot einging und damit ein finanzielles Desaster ihres Gemahls zu verhindern suchte. Nach einem rauschenden Fest bei Hofe war Dianas Widerstand gebrochen und am 7. September 1811 kam Tochter Jeromée Catherine auf die Welt, Jérôme selbst hielt das Kind über das Taufbecken. Baron von Pappenheim konnte die Verfehlung seiner Gemahlin nicht verkraften, er lebte fortan auf seinem Landgut Stammen in geistiger Umnachtung.

Unter dramatischen Umständen gebar Diana am 4. Oktober 1813 noch einmal eine Tochter, während schon alle Franzosen einschließlich Jérômes auf der Flucht aus Kassel waren. Das kleine Mädchen

Diana von Pappenheim, eine Mätresse Jérômes. Nach ihrer Rückkehr aus Kassel ging sie an den Hof in Weimar. Wohl um 1815

wurde Pauline von Schönfeld genannt, nach dem Schloss, in welchem Diana entbunden hatte. Nur ihre treue Freundin Adelaide Le Camus hatte ihr beigestanden, sie nahm auch das Baby mit nach Paris. Dort wurde die kleine Pauline bis zu ihrem 18. Lebensjahr von Madame Le Camus aufgezogen, dann trat sie in ein Kloster ein und hieß als Nonne Marie de la Croix, Jérôme hat von der Existenz dieser Tochter nie etwas erfahren. Auch Diana selbst hat ihre zweite Tochter nie mehr gesehen. Sie lebte nach ihrer Vertreibung aus Kassel wieder als Hofdame in Weimar und heiratete dort 1816 den Minister August von Gersdorff, der jedoch die »gefallene Frau« schlecht behandelte. Sie starb im Jahre 1844. Ihre Kinder, die beiden Söhne Pappenheim und die uneheliche Tochter Jenny, wurden in der Gersdorff-Familie gut aufgenommen. Auch Jérôme behielt Kontakt zu Jenny, sie besuchte ihren Vater und Katharina auf Gut Schönau und war dort der verwöhnte Liebling.

Blanche La Flêche

Sie wurde als Bianca Carrega geboren und stammte aus einer Genueser Adelsfamilie. Bianca war hübsch und anmutig, aber gerissen und »unbeleckt von guter Erziehung«. Jérôme hatte sie schon früher in Genua kennen gelernt, musste sich jedoch von ihr trennen. Nun holte er sie zusammen mit ihrem Gemahl in seine Residenz nach Kassel. Blanche hatte einen Kaufmann aus Marseille, Jean Georges Constantin La Flêche, geheiratet, der am Kasseler Hof schnell Karriere machte. Ohne Probleme leistete er Verzicht auf seine ehelichen Rechte, ließ sich dieses jedoch mit einträglichen Pfründen bezahlen. Er wurde Generalintendant und Staatsrat, obwohl er für diese Ämter völlig ungeeignet war. Zudem ernannte ihn Jérôme zum Baron von Keudelstein. Nachdem er 800 000 Franc unterschlagen hatte, manche Quellen sprechen sogar von mehr als doppelt soviel, musste er über Nacht das Land verlassen, bevor der Skandal öffentlich wurde und man Unruhen zu befürchten hatte.

Blanche war der Inbegriff einer »Aphrodite«, sie hat vielen ihre Gunst geschenkt. Im Mai 1810 beschäftigte ihre Liebelei mit dem Stallmeister Maubreuil den ganzen Hof, selbst Katharina war das zu Ohren gekommen. Blanche musste damals vier Liebhaber unter einen Hut bringen: König Jérôme, Kronprinz Wilhelm von Württemberg, Stallmeister Maubreuil und den französischen Offizier Lasserre. Jérôme verzieh ihr die Untreue mit den beiden französischen Liebhabern und schickte sie einfach aus Kassel weg, doch die Geschichte mit seinem Schwager verzieh er ihr nicht. Kronprinz Wilhelm hatte bei seinem Besuch in Kassel bei der Schwester Katharina auch Gefallen an Blanche gefunden. Er wohnte damals bei seiner Schwester und somit ganz in der Nähe von Blanche, so dass seine Affäre zunächst nicht auffiel. Katharina jedoch schöpfte Verdacht: »Kommt mein Bruder wirklich nur, um mich zu sehen?« Baron von Otterstedt, der Mann von Katharinas Freundin, hatte in der Romanze zwischen Blanche und dem Kronprinzen als »Postillon d'amour« fungiert, doch der Briefwechsel wurde Jérôme zugespielt, worauf er in Wut geriet und das Ehepaar Kassel binnen vier Tagen verlassen musste. Katharina war untröstlich und vermisste die Freundin sehr. Zwischen den beiden Schwägern kam es zu Intrigen um die Gunst der Mätresse und auch Blanche wurde daraufhin aus Kassel entfernt. Sie ging zurück nach Genua, vielleicht auch in die Villa am Bodensee, welche ihr Wilhelm von Württemberg angeblich geschenkt hatte, denn sie blieb seine langjährige Mätresse.

Flucht und Exil

Nach dem Ende der napoleonischen Ära bewies Katharina unerwartete Größe und erntete allgemeine Bewunderung, als sie sich keineswegs von ihrem Gemahl abwandte, sondern an seiner Seite blieb. König Friedrich von Württemberg hatte von seiner Tochter verlangt, sich von Jérôme zu trennen, doch Katharina überwarf sich darüber mit dem Vater und hielt an ihrer Ehe fest. Auch Napoleon blieb sie treu verbunden, sie vergaß nie, welches Wohlwollen er ihr stets entgegengebracht und was sie ihm zu verdanken hatte. Diese Haltung verdient Respekt. Als sie ihr Königreich verlassen musste, war sie 30 Jahre alt und ging einer ungewissen Zukunft entgegen. Damals konnte sie nicht ahnen, dass es ein ruheloses Leben werden sollte, niemals für längere Zeit am selben Ort.

Das größte Problem für Jérôme und Katharina stellten ihre brennenden Geldsorgen dar. Ihr großes Vermögen war eingezogen worden und ihr mobiler Besitz durfte Frankreich nicht verlassen, so scheiterten viele Verkaufsverhandlungen. Sie mussten von Schulden leben, auch Madame Mère half immer wieder aus. Katharina wurde vom russischen Zaren eine Pension von 25 000 Rubel jährlich zuerkannt und auch aus Württemberg bekam sie eine Apanage. Dennoch reichte das Geld nie aus, da sie unerschütterlich an ihrem aufwändigen Lebensstil festhielten. Sie wollten ihren Hofstaat nicht einschränken, denn viele ihrer Getreuen haben sie auf der Flucht begleitet und blieben aus reiner Zuneigung bei ihnen, ohne Gehalt zu fordern. Dennoch überstiegen die Kosten der gesamten Hofhaltung bei weitem den finanziellen Rahmen eines Ex-Königspaares von Westphalen.

Am 10. März 1813 hatte Katharina Kassel und Westphalen endgültig verlassen. Jérôme wollte sie in Sicherheit bringen aus Angst vor möglichem Aufruhr. Sie reiste zunächst nach Compiègne und wollte sich dann in Paris niederlassen, doch Napoleon missbilligte ihre Abreise und verbot ihr, in Paris zu erscheinen. So musste sie in der Abgeschiedenheit ihres Schlosses in Meudon leben und durfte außer Julie und Madame Mère niemanden treffen, also kein gesellschaftliches Leben führen, was ihr sehr schwer fiel. Erst nach acht

Monaten der Trennung traf sie im November 1813 wieder mit Jérôme zusammen, der inzwischen ebenfalls sein Königreich verlassen hatte und nach Compiègne gekommen war. Auf dieser ersten Station ihres gemeinsamen Exils wurde Katharina erstmalig schwanger. Voller Freude übermittelte sie ihrem Vater diese Nachricht, seine Reaktion indessen war tief verletzend. Er schrieb am 20. April 1814: »Ich kann dir nicht verhehlen, dass dieses Ereignis mir einige Jahre früher die größte Freude bereitet hätte. Unter den augenblicklichen Verhältnissen verursacht es mir jedoch lebhafte Unruhe und vermehrt noch meine Sorge um Deine Zukunft, die ich nicht für glücklich halte. Meine Gefühle für dich, mein teures Kind, können sich nicht ändern, aber sie können leider auch nicht Dein Schicksal beeinflussen.«

Katharina und Jérôme, Gemälde von Sebastian Weygandt, um 1810

Im März 1814 wollte das Paar Frankreich verlassen und nach Württemberg zurückkehren, doch Jérôme war dort nicht erwünscht, Katharina sollte alleine kommen. König Friedrich erinnerte daran, dass auch Kaiserin Marie Luise zu ihrem Vater zurückgekehrt sei und forderte Katharinas Scheidung von Jérôme. Sie schrieb daraufhin in einem denkwürdigen Brief an ihren Vater, dass sie den Gemahl, mit welchem er sie verheiratet hat, nicht verlasse, weil er seinen Thron verloren habe. Sie habe sein Glück mit ihm geteilt und gehöre auch im Unglück zu ihm. Im Wortlaut: »Sire, le mari que vous m'avez donné, je ne le quitterai pas déchu du trône; j'ai partagé sa prospérité, il m'appartient dans son malheur.« Statt einer Antwort schickte Friedrich

Baron von Linden zu seiner Tochter, welcher vermitteln sollte. Die Unterredung dauerte zwei Stunden. Detailgenau beschreibt der Baron diese Begegnung mit ihren Gefühlsaufwallungen und Strömen von Tränen, er berichtet Friedrich, Katharina habe betont, »sie liebe ihren Mann, sei bereit, mit ihm trocken Brot zu essen, und wenn es Not habe, ihn mit ihrer Hände Arbeit zu ernähren«. Und weiter: »Meine Ehre, meine Grundsätze, meine Moral gebieten mir diese Pflicht. Mein Kind heißt Bonaparte, unter den Augen meines Gemahls soll es erzogen werden und sich selbst zu ernähren lernen.« Von Linden erinnert Katharina an Friedrichs väterliche Gefühle, doch sie kann nicht vergessen, was er ihr zumutet. Resümee des Baron von Linden an König Friedrich: »An diesem festen Willen scheitert jede Überredungskunst. Eine Änderung kann nur die Zeit bringen, Gewalt oder Zwang nicht einsetzen.«

Katharina und Jérôme trafen sich nun in der Schweiz und lebten eine Zeit lang in einem Landhaus bei Bern. »Katharina sei noch nicht einmal in die Stadt gekommen, lebe ausschließlich in Gesellschaft ihres Gemahls«, heißt es in den Quellen. Der Versuch, die Schlösser in Stains und Villandry zu verkaufen, war zuvor misslungen. Bei ihrer Reise in die Schweiz hatte Katharina ein schreckliches Erlebnis: Auf der Straße bei Fossard in der Nähe von Paris wurde ihre Kutsche überfallen und sie musste alles Geld und ihren Schmuck zurücklassen. 84 000 Goldfranc und Schmuck im Wert von Millionen. Sie erkannte unter den Räubern ihren ehemaligen Stallmeister Marquis de Maubreuil, welcher wohl im Auftrag von Hintermännern handelte. Der Überfall galt vermutlich Napoleon, man vermutete Royalisten hinter dem Anschlag, möglicherweise Talleyrand. Katharinas Protest beim Zaren veranlasste die Alliierten nachzuforschen, doch der Fall wurde nie aufgedeckt. Später erhielt sie einen Teil der Diamanten zurück, angeblich wurden sie aus der Seine gefischt – der Vorfall bleibt mysteriös. Dennoch hat Zar Alexander I. seiner Cousine Katharina geholfen, er stellte Pässe aus auf die Namen »Graf und Gräfin von Harz«.

Mit Erlaubnis von Kaiser Franz I. durften sich nun die »Grafen von Harz« in Österreich niederlassen, in der Nähe von Graz auf Schloss

Eckensberg. Dort wurde die hochschwangere Katharina jedoch bei einer Spazierfahrt vom Pöbel derart beleidigt und verfolgt, dass sie sich nicht mehr sicher fühlte und alles unerträglich fand. So reiste das Paar schnellstens zur Schwägerin Elisa nach Triest und kam gerade noch rechtzeitig vor der ersten Niederkunft Katharinas in der Villa Romana an, wo sie in guter Obhut war, wie dem Vater nach Württemberg berichtet wurde. In Triest aber stand die Familie Bonaparte Tag und Nacht unter Beobachtung, konnte sich nicht frei bewegen. Als Jérôme die Nachricht von Napoleons Flucht von Elba erhielt, empfand er es als seine patriotische Pflicht, an die Seite seines Bruders zu eilen, und floh mit Hilfe seiner Gemahlin aus Triest. Wegen dieser Fluchthilfe stand Katharina nun unter noch strengerer Bewachung und König Friedrich war entsetzt über das Verhalten seiner Tochter. Der österreichische Kanzler Metternich empfahl ihm dringend, Katharina endlich zurück nach Württemberg zu holen, was dieser dann auch tat. Ihr wurde im Mai 1815 das Schloss in Göppingen zugewiesen, doch konnte Friedrich noch immer nicht verwinden, dass Katharina gegen seinen Willen bei ihrem Gemahl bleiben wollte. Noch einmal kam es zwischen Vater und Tochter zu lautstarken Auseinandersetzungen, die man durch drei Zimmer hindurch hören konnte, aber Katharina blieb standfest.

Jérôme hatte in der Schlacht bei Waterloo gekämpft und war verwundet worden, es gab sogar das Gerücht, er sei nicht mehr am Leben. Daraufhin schrieb Baron von Brüssele, der die Aufsicht in Göppingen übernommen hatte, an König Friedrich, diese schreckliche Nachricht müsse er seiner Tochter schon persönlich überbringen, da könne er nicht die Palastdame der Königin schicken. Am 22. August 1815 traf Jérôme jedoch wieder kuriert im Göppinger Schloss ein.

Für den heutigen Besucher gehört das Schloss der württembergischen Herzöge in Göppingen zu den vorbildlich wieder hergestellten Bauwerken der Renaissance aus der Mitte des 16. Jahrhunderts. Es war ein Jagdschloss, später diente es zu Badekuren mit dem beliebten Sauerbrunnen, danach wurde es als Witwensitz genutzt. Heute ist im Schloss das Amtsgericht untergebracht, die berühmte, reich verzierte »Rebenstiege« ist noch ein Relikt aus der Erbauungszeit. Für Katharina und den damaligen Zeitgeschmack war dieses Schloss nichts als ein

Blick auf das zeitweilige Exil Katharinas und Jérômes: Ellwangen mit der Schlossanlage. Louis Zadig, um 1818

altmodischer Kasten, unmodern, wenig komfortabel. Der Park war nicht besonders weitläufig und zudem mitten in der Stadt gelegen. Katharina war verwöhnt von den eleganten, luxuriösen Schlossbauten in Kassel. Da half auch nicht, dass König Friedrich, väterlich besorgt, allerlei Möbel und Gerätschaften aus verschiedenen Schlössern des Landes zusammentragen ließ, um es der Tochter wohnlich zu gestalten: »Ein komplettes Silberservice, das nötige Tafelweißzeug, die nötigen Hausgerätschaften, den nötigen Gläservorrat.« Immerhin standen ihr elf Zimmer und dem Sohn acht Zimmer zur Verfügung, dazu gab es noch ein Appartement für mögliche Besucher. Im zweiten Stock waren Zimmer für Baron von Brüssele mit Gattin und Kindern. Brüssele hatte das Amt des Schloss-Hauptmanns inne.

Da Jérôme aus Frankreich geflohen war, wurden sie auch in Württemberg wie Staatsgefangene behandelt; sie konnten sich nicht frei bewegen, alle Gelder wurden beschlagnahmt und ihre Ausgaben genau überwacht. Interessant ist die Abrechnung aus der »Kgl. Coffee-Kammer« in Stuttgart. Für etwas mehr als zwei Monate verbrauchte die kleine Hofhaltung: »40 Pfund Zucker, 20 Pfund Caffee, 3 Pfund Thee. 50 Krüge Selterswasser, 100 Flaschen Rheinwein, 100 Flaschen

Champagner, 100 Flaschen Burgunder, 50 Flaschen Malaga, 12 Muscat, 12 Kirschengeist.« Dazu kommen noch jede Menge Tafelwein und »Gesindswein«. Die Hofökonomie wurde zunächst von der württembergischen Hofkammer bezahlt, bis »die Frau Gräfin von Harz dero Ökonomie auf eigene Kosten fortsetzte«.

Für beide Seiten wesentlich entspannter gestaltete sich der Aufenthalt in Ellwangen ab September 1815 bis ins Jahr 1816 hinein. Es war noch immer eine Art Gefangenschaft, doch konnte man das exponiert über der Stadt gelegene Schloss besser einsehen und bewachen. Dennoch meldete Baron von Brüssele besorgt, eine absolute Garantie nicht übernehmen zu können, da man unterirdische Gänge fand, über die man fliehen könne. Die Räumlichkeiten in diesem Schloss boten mehr Platz und größeren Komfort für den kleinen Hofstaat, als dies in Göppingen der Fall war. Allein das Gefolge Katharinas bestand aus über 30 Personen, vom Haushofmeister über die Kammerfrauen bis hin zum Koch und Hufschmied. Dazu kamen die Bediensteten Jérômes vom Kammerherrn bis zum Stallknecht.

Die Lage auf dem Schlossberg bot einen herrlichen Ausblick ins Land. »Beide finden täglich mehr Gefallen an dem Schloss und haben schon von Veränderungen gesprochen, wenn sie erst Besitzer von Schloss und Umgebung sind. Auch der hiesige Hofgärtner soll Pläne vorlegen.« Also gab es die Überlegung, im Lande ansässig zu werden, doch ein Ankauf des Schlosses Ellwangen wurde ihnen nicht gestattet. Aber nach einiger Zeit gab es für Jérôme immerhin die Möglichkeit für Jagdausflüge, nur die Entfernung durfte »nicht weiter als circa 2 Stunden betragen«. Auch Katharina durfte ausreiten oder längere Spaziergänge unternehmen. Alle zwei bis vier Tage berichtete der Generalmajor Kammerherr von Brüssele aus dem »Schloss ob Ellwangen« über das Hofleben, die Besucher und alle Vorkommnisse, selbst über Zahnweh und Schnupfen des Enkels erhielt König Friedrich regelmäßig Nachricht.

Der württembergische König nahm seine Aufsichtspflicht penibel ernst, er wollte gegenüber den Alliierten nicht den Anschein erwecken, seiner Tochter Sonderprivilegien einzuräumen. So wurden alle Besucher Katharinas und Jérômes zunächst »arretiert«, bis ihre Unbedenklichkeit vorlag. Auch sämtliche Post gelangte zunächst nach Stuttgart zur Überprüfung. Besonders erschwerend war dies für Jérômes Unterhändler, die mit seinen Geldangelegenheiten in Frankreich beauftragt waren. Immer wieder versuchte er, Teile seines Vermögens dort zu verkaufen, Möbel, Geschirr, auch Effekten. König Friedrich verlangte eine detaillierte Vermögensaufstellung von seinem Schwiegersohn, ihm war daran gelegen, dass Jérôme zu seinem Geld kam und nicht ihm auf der Tasche lag. Seine ständigen Ermahnungen, sich einzuschränken und den Hofstaat zu verkleinern, fruchteten nicht. Im März 1816 wurden große Teile von Silbergeschirr und Schmuck versteigert. »Außerordentlich schöne, weiße Brillanten von 1. Qualität, Smaragde, Rubine viele Diamanten« – so erschienen Anzeigen in den Zeitungen von Wien, Frankfurt und der Schweiz.

Unter solchen Umständen kann man verstehen, dass Jérôme wie auch Katharina bestrebt waren, Württemberg möglichst bald wieder zu verlassen und in einer Umgebung zu leben, wo sie nicht auf Schritt und Tritt reglementiert wurden. Familienbande hielten Katharina nicht im Land, worüber der Vater sehr gekränkt war. Sie suchten wieder mehr die Nähe zu den anderen Bonapartes. Durch Fürsprache des Zaren und des österreichischen Kaisers durften sie nun im Sommer 1816 Württemberg ungehindert verlassen und sich in Österreich niederlassen. Zuvor machte Katharina noch einen Abschiedsbesuch beim Vater, sie sollten sich nicht mehr wiedersehen, Friedrich starb überraschend im Oktober 1816.

Vor ihrer Abreise fand jedoch noch eine wichtige Zeremonie statt, die Erhebung zu Fürst und Fürstin Montfort am 31. Juli 1816. Das altehrwürdige Grafengeschlecht der Montforts war schon in der Barockzeit ausgestorben, nachdem der letzte Spross der Familie seinen Besitz 1779 an Österreich verkaufen musste, wegen völliger Überschuldung. Im Zuge der Neuordnung der Länder nach der napoleonischen Ära gelangten die ehemals Montfort'schen Besitzungen um Tettnang und am Bodensee an das Haus Württemberg. So konnte König Friedrich den frei gewordenen Titel an seine Tochter und den Schwiegersohn verleihen. Als Fürst und Fürstin Montfort hatten sie nun ein standesgemäßes Auftreten. Mit Einkünften war diese Standeserhebung nicht verbunden, doch Katharina bezog ohnehin eine nicht unerhebliche Apanage aus Württemberg.

Die Fürsten Montfort wohnten zunächst in der Nähe von Jérômes Schwester Caroline Murat auf Gut Schönau in der Steiermark. Dies war herrlich gelegen inmitten von Feldern und Wiesen, mit Blick auf die Berge. Die Villa war nicht groß, wegen der Säulenreihe vor der Fassade nannte es Katharina »Maison à colonne«. Im Park gab es Kieswege, Teiche mit Schwänen, Blumenparterres mit Rosen, Levkojen, Reseden. Alles wirkte zauberhaft und das Fürstenpaar genoss die »wiedererlangte Freiheit«. Zur Einweihung wurde ein Fest gegeben mit Musik und Champagner, alles war erleuchtet und Katharina fühlte sich glücklich wie lange nicht. Zu Caroline sagte sie: »Der heutige Abend erinnert mich an das Fest bei meiner Heirat, als Du mir Schloss Favorite im Feuerwerk dargestellt hast!« Es war eine heitere Zeit auf Schönau, zahlreiche Besucher kamen, das Leben war wieder freier. Als die Familie später in Rom ansässig wurde, haben sie Gut Schönau verkauft. Eine nette Geschichte wird erzählt, die zeigt, wie unkonventionell Katharina sein konnte. In einer Tischrunde saß ein Herr, der durch eine Kriegsverletzung nur noch einen Arm hatte. Sie bemerkte es und ohne Zögern und ganz selbstverständlich nahm sie seinen Teller, um ihm das Fleisch vorzuschneiden – für eine Fürstin der damaligen Zeit eine ungewöhnliche Geste.

Vor allen Dingen Jérôme zog es in den Süden, er wollte lieber in Italien leben und schaute sich daher in Triest nach einem neuen Domizil um. Mit Hilfe des Bankiers Nathan Kaulla aus Stuttgart erwarb er eine Villa am Meer, einen 1790 erbauten Palazzo, der mit orientalisch anmutendem Prunk ausgestattet war und Faraone Cassis gehörte, einem reichen Bürger aus Triest. Man genoss einen herrlichen Blick über das Meer bis hin zu den Alpen und nach Aquileia. Auf der Rückseite des Palastes schloss sich ein Park an mit Orangen- und Zitronenbäumen, Reben und Zypressen. Der Sekretär Baron von Gayl schwärmte, es sei »das beste Haus in Triest, eine der anmutigsten Wohnungen der österreichischen Staaten«. Die Montforts lebten acht Jahre lang in dieser Idylle, hier wurden auch ihre beiden jüngeren Kinder geboren. Ihre Lebenshaltung wurde wie meist mit großem

Der Palazzo Nunez war einst das Domizil der Montforts in Rom.

Aufwand betrieben, drei Mal täglich umziehen, stets hatte die »Hofgesellschaft« in Abendkleidung und Uniform zu erscheinen. In einem Brief vom 18. Juli 1821 ermahnt Madame Mère ihren Sohn: »Verkleinere Deinen Haushalt – schicke die Dienerschaft weg – dieser Rat der einzig ehrenvolle und mögliche! Dies hättest Du schon längst tun sollen, es bedarf sehr weniges für das Notwendige. [...] Katharina ist hochherzig genug, um sich in das unbedingt Notwendige zu fügen.«

Im März 1823 erfolgt der Umzug nach Rom. Hier erhoffte sich Jérôme mehr finanzielle Hilfe von der Mutter, zudem lebten einige seiner Geschwister in Rom. Seit dem Tod Napoleons auf St. Helena am 5. Mai 1821 war den Bonapartes mehr Bewegungsfreiheit innerhalb Europas zugestanden worden. Wie immer lebten die Montforts auf großem Fuße und kauften den Palazzo Nunez nahe der Spanischen Treppe in der Via Condotti, also im Zentrum der Stadt. Der Palast hatte drei Stockwerke mit einem gewaltigen Treppenhaus. Im ersten Stock befanden sich die Empfangsräume, Salons mit der Kunst- und Gemäldesammlung Jérômes. Darüber waren die Wohnräume und ganz oben gab es ein so genanntes »Belvedere« ein Sommer-Appartement, der Lieblingsplatz Katharinas. »Tout Rom« verkehrte bei den Montforts. Viele Rom-Reisende aus der Verwandtschaft machten hier Station, ausländische Diplomaten wie auch die römische Aristokratie und Vertreter des Vatikans waren gern gesehene Gäste. Katharina führte ein offenes Haus, es waren stets ausgesuchte

Festlichkeiten, und Jérôme war ein perfekter und großzügiger Gastgeber. »Im Hause Montfort herrscht ein Luxus, wie ich ihn bei den übrigen Mitgliedern der Bonapartes nicht angetroffen habe«, so ein Gast. Doch manches Mal hatte Katharina Sorgen um die Finanzlage, die Schwiegermutter riet: »Geduld, auch die anderen sind wegen Vermögens in der schlechten Lage. Hoffnung auf Gott. Haltung bewahren, nicht vom widrigen Schicksal beherrschen lassen.«

Nach Aufständen in Italien und unter dem neuen Papst Gregor XVI. war die Familie Bonaparte ab dem Jahr 1831 in Rom nicht mehr geduldet und wurde ausgewiesen, nur Madame Mère durfte bis zu ihrem Tode in der Stadt leben. Man entschloss sich, nach Florenz zu ziehen, an den alten Stammsitz der Buonapartes im 13. Jahrhundert. Sie lebten im Palazzo Orlandini, in der Nähe des Doms. In Florenz waren nun einige der Geschwister, Louis, Karoline, auch Julie. Wie schon in Rom wurde Katharina von der Florentiner Gesellschaft sehr verehrt, nicht allein wegen ihrer Beziehung zu den führenden europäischen Fürstenfamilien, auch ihr ganzes Wesen nötigte Respekt ab. Zu ihrem Leidwesen wurde sie immer unförmiger, erste Anzeichen ihrer Erkrankung machten sich bemerkbar. Hier in Florenz wuchsen ihre drei Kinder heran.

Die Kinder

Als Kaiserin Marie Luise ihrem Gemahl, Napoleon I., den ersehnten Thronerben geboren hatte, wurde sie von Katharina glühend beneidet. In ihr Tagebuch schrieb sie zu jener Zeit: »Wie glücklich ist der Kaiser der Franzosen, alles gelingt ihm! […] Wozu ist mein Leben eigentlich nütze, wenn ich kein Kind habe? Bis jetzt habe ich vor der Welt den Anschein der Gleichgültigkeit wahren können, aber wenn man wüsste, wie weh es mir tut, von Kindern sprechen zu hören oder eine schwangere Frau zu sehen, dann würde man mich tief bemitleiden, dessen bin ich gewiß.«

Es ist zu vermuten, dass ihr Kinderwunsch während ihrer Zeit als Königin so groß war, weil sie den Ehemann nicht verlieren wollte, der sich dringend einen legitimen Erben wünschte, sah er sich doch als

**Die drei Kinder Katharinas. Gemälde von Michel Stapleaux, 1825.
Von links: Mathilde, Jérôme-Napoleon und Napoleon-Charles**

König von Westphalen am Beginn einer Dynastie. Nach der Scheidung Kaiser Napoleons von seiner Gemahlin Joséphine wegen deren Kinderlosigkeit war auch Katharina verzweifelt gewesen. Nicht allein aus Mitgefühl für die Kaiserin, vor allem aus der Befürchtung heraus, ihr könne dasselbe Schicksal widerfahren. Dies nicht ohne Grund, hatte Jérômes Mätresse Baronin Löwenstein ihm doch gerade in dieser Zeit einen Sohn geboren und Jérôme selbst hatte seinen Bruder um die Erlaubnis gebeten, sich ebenfalls scheiden zu lassen. Zum Glück für Katharina hatte Napoleon dieses Ansinnen abschlägig beschieden, er hatte seine Schwägerin viel zu sehr geschätzt und hatte einen solchen Schritt außerdem für politisch höchst unklug gehalten.

Nachdem alle Badekuren in Spa, Bad Ems oder Bad Pyrmont »zur Stärkung der weiblichen Funktionen« nicht den erwünschten Erfolg gebracht hatten, richtete Katharina ihr ganzes Leben auf den geliebten Ehemann aus. Als dann im Exil und nach siebenjähriger Ehe hintereinander drei Kinder auf die Welt kamen, war bei Katharina von herzlicher Freude über diesen späten Kindersegen zunächst nicht viel zu spüren. Sie sei angeblich keine vorbildliche Mutter gewesen und habe sich wenig um die Belange der Kinder gekümmert – so ihre Kritiker. Es mag sein, dass Katharina sich einfach schon »zu alt« für Kinder fühlte und ihr die beginnende Krankheit der Brustwassersucht damals schon Einschränkungen auferlegte.

Jérôme Napoleon (1814–1847)

Er wurde am 24. August 1814 als heiß ersehntes erstes Kind Katharinas in Triest geboren. Es war eine schwere Geburt, da die Mutter während der Schwangerschaft großen Strapazen sowohl psychischer als auch körperlicher Natur ausgesetzt war. Große Unterstützung erhielt sie von der Schwägerin Elisa, die selbst kurze Zeit vorher entbunden hatte.

Leider war das Kind schon in der Wiege immer wieder kränklich. Die Großmutter berichtet voller Sorge im November 1819: »Der Sohn von Jérôme hat uns große Sorgen bereitet, schwebte 8 Tage zwischen Leben und Tod, Nervenfieber. Nun außer Gefahr.« Doch er entwickelte sich zu einem begabten Jungen mit feinen Gesichtszügen. Laut der Gouvernante war er ein »schöner und gescheiter Knabe«. Immer wieder litt er jedoch an Nervenkrämpfen, was seinen frühen Tod wohl beschleunigt hat. Seinen Militärdienst in Württemberg versah er pünktlich und pflichtbewusst, lernte auch die deutsche Sprache und passte sich an. Später erinnerte er sich dankbar an diese Zeit in Württemberg. Als Kind verbrachte er fröhliche Ferientage bei seiner Tante Hortense auf dem Arenenberg am Bodensee, wo er sich sehr mit seinem Vetter, dem späteren Kaiser Napoleon III., anfreundete, eine lebenslange Verbindung. In Rom war er ein Liebling der Frauen, immer leicht entflammbar, ganz wie der Papa. Er ist jedoch unverheiratet mit 33 Jahren gestorben.

Mathilde (1820–1904)

Sie wurde am 27. Mai 1820 in Triest geboren, um 7 Uhr abends, ein gesundes Kind, von dem die Mutter stolz berichtet, »sie sei ein liebenswürdiges Püppchen, das allerliebst zu werden verspricht«.

Das kleine Mädchen kam in die Obhut der Baronin Magdalena von Reding, einer Offizierswitwe aus dem Elsass, welche seit 1816 bei Katharina war und ihr Vertrauen besaß. Frau von Reding starb 1848 in Paris an der Cholera – »ihr Prinzesschen« hat sie nie aus den Augen gelassen! Aus ihren Briefen bekommen wir Einblick in das Leben Mathildes, sie hat ihre Prinzessin auf vielen Reisen begleitet, auch nach Russland und später nach Paris. Sie erlebte Mathildes große Liebe zu ihrem Vetter Louis Napoleon mit und warnte vor einer Heirat mit dem Fürsten Demidoff – meist lag die alte Gouvernante in ihrer Einschätzung richtig.

Mathilde wuchs in Florenz auf, genoss eine gute Bildung, war auch ehrgeizig und besonders talentiert in der Malerei. Ihre Großmutter, die württembergische Königin Charlotte Mathilde, unterstützte das Mädchen mit einer lebenslangen Rente von 1100 Gulden und vererbte ihr wertvollen Schmuck. Mit 19 Jahren soll sie »das schönste Mädchen von Florenz« gewesen sein. Der französische Dichter Joseph Méry hat Mathilde besungen als »kaiserliche Rose [...] sie genüge dem Stolz einer ganzen Familie [...]. Du kannst der Verbannung eines Königs und einer Königin Zauber verleihen [...]«. Auch der russische Botschafter ist begeistert: »Prinzessin Mathilde funkelt wie ein geschliffener Diamant.«

Erste Pläne für eine Ehe Mathildes mit ihrem Cousin Prinz Louis Napoleon wurden von Jérôme und seiner Schwägerin Hortense auf Schloss Arenenberg am Bodensee geschmiedet, da der Prinz offensichtlich großen Gefallen an Mathilde gefunden hatte. Auch das junge Mädchen war ein wenig verliebt in Louis, dem Glück stand eigentlich nichts im Wege – da beteiligte sich der Prinz in Straßburg an einem politischen Aufstand, der missglückte, und er musste nach Amerika fliehen. Das Heiratsprojekt zerschlug sich, doch ihre Sympathien füreinander blieben ein Leben lang bestehen. Als Louis Napoleon zurückgekehrt war und in Paris zunächst Präsident, später zum Kaiser Napoleon III. proklamiert wurde, war Mathilde stets in seinem Umfeld zu finden. Nicht zur Freude der späteren Gemahlin Napoleons, Kaiserin Eugenie, welche immer ein wenig eifersüchtig war und Mathilde als Rivalin empfand. Erst im Alter und nach dem Tod des Kaisers fanden die beiden alten Damen noch zueinander.

Prinzessin Mathilde Montfort

In Florenz lernte Mathilde 1840 den russischen Fürsten Anatol Demidoff kennen, der unermesslich reich war und bereit, sofern Mathilde ihn heiratet, Jérômes Schulden zu bezahlen. Sie war sehr verliebt in den Fürsten und ging auf alle seine Wünsche ein, stellte sich sogar gegen den Vater, der mit Demidoff nicht zurechtkam. Graf Mandelslohe schrieb nach einem Besuch seinen Eindruck nach Hause: »Der sanfte, gutmütige, nachsichtige Schwiegervater muss manches dulden, manches ansehen, manches aushalten, das ihm missfällt und missfallen muss. Fürst Anatol lädt beispielsweise Gäste ins Haus Jérômes ein, ohne den Hausherrn zu fragen. Die Kosten für Küche und Keller muss Jérôme jedoch bezahlen, dies bei seinen Finanzen!« Obwohl Jérôme in Württemberg nicht gerade beliebt war, in diesem Fall hatte Graf Mandelslohe Mitleid mit ihm. Fürst Demidoff kehrte mit seiner Gemahlin Mathilde in seine russische Heimat zurück, doch die Ehe scheiterte. Der Fürst neigte zu Zornesausbrüchen und wurde oftmals handgreiflich, so dass Mathilde ihren Cousin, Zar Nikolaus, zu Hilfe rief. Dieser war entsetzt, als sie ihren mit Striemen bedeckten Rücken vor ihm entblößt hatte, worauf er Demidoff befahl, sich auf der Stelle von seiner Gattin zu trennen. Er musste ihr lebenslang eine Rente von 200 000 Franc zahlen und durfte außerdem Paris nicht betreten, solange sie in der Stadt war. Mathilde lebte fortan in Frankreich und war über Jahre hinweg Mittelpunkt der Pariser Gesellschaft. Sie unterhielt einen literarisch und künstlerisch geprägten Salon in ihrem Haus in der Rue de Berry. Lange Zeit war sie mit dem Bildhauer Alfred Émilien de Nieuwekerke liiert, sie starb jedoch kinderlos am 2. Januar 1904 in Paris.

Plon-Plon (1822–1891)

Er war eigentlich auf die Namen Napoleon Joseph Charles Paul getauft, doch wurde er von der ganzen Familie nur mit diesem Spitznamen aus Kindertagen angesprochen. Am 9. September 1822 in Triest als jüngstes Kind Katharinas geboren, wurde der Junge von seiner Mutter von Anfang an »verzogen«. Er war das kleine »Enfant terrible« der Familie, vorlaut, rebellisch, ohne Disziplin. Später galt er als arrogant und etwas überheblich. Äußerlich sah er seinem berühmten Onkel Napoleon I. auffallend ähnlich, auch charakterlich war er ein echter Bonaparte, mit großem Ehrgeiz. Königin Hortense nannte ihn in ihren Memoiren einen »Napoleon im Taschenformat«. Seine militärische Ausbildung erhielt er wie sein Bruder auf Kosten seines Onkels, König Wilhelm I. von Württemberg, in Ludwigsburg. Später kämpfte er in der französischen Armee als General auf der Krim und in Italien, doch zu seinem kaiserlichen Vetter, Napoleon III., stand er meist in Opposition. Nach dessen Tod kam es zum

Bruch mit Kaiserin Eugenie, die in ihm einen Nebenbuhler ihres einzigen Sohnes um die Thronansprüche sah. 1886 wurde Plon-Plon aus Frankreich verbannt und durfte sich auch politisch nicht mehr betätigen. Er war verheiratet mit Clothilde von Savoyen und hatte aus dieser Ehe drei Kinder, Napoleon Victor (1862–1926), Napoleon Louis (1864–1932) und die Tochter Marie Letitia (1866–1926). Mit seiner Frau und seinem Sohn Victor hatte er sich überworfen, selbst auf dem Sterbebett kam es zu keiner Aussöhnung mehr, obwohl Gattin, Tochter und Schwester anwesend waren und auf ihn einwirkten.

Prinz Jérôme-Napoleon Montfort, genannt Plon-Plon

Prinz Victor war nicht so ehrgeizig und politisch interessiert wie sein Vater, er lebte in Brüssel von der Pension, die ihm Kaiserin Eugenie zukommen ließ, da er ja vom Vater enterbt worden war. Im Alter von 50 Jahren heiratete er Clementine, die jüngste Tochter des belgischen Königs Leopold II., eine Schwester der Kronprinzessin Stephanie von Österreich. Der einzige Sohn aus dieser Ehe, Prinz Louis, wurde am 23. Januar 1914 in Brüssel geboren, seine zwei Jahre ältere Schwester Clothilde heiratete einen russischen Architekten. Auch Louis war zunächst in Russland in militärischen Diensten, nach seinem Rückzug ließ er sich in der Villa Prangis in der Nähe von Genf nieder. Dort baute er ein umfangreiches Archiv mit vielen Dokumenten zur Familiengeschichte der Bonapartes auf. Alle heute lebenden Mitglieder der Familie Bonapartes stammen von ihm ab, sind also direkte Nachkommen von Katharina und Jérôme.

Krankheit und Tod

Durch die immerwährenden Geldprobleme der Montforts kam es auch zwischen Katharina und ihrem Bruder Wilhelm zu Spannungen und Verstimmungen. Im Sommer 1832 trafen sie sich in Livorno zur Kur, wo es zu einer Aussöhnung der Geschwister kam, und Katharina sowie Jérôme freuten sich über die Einladung König Wilhelms nach Stuttgart. Katharina war glücklich, nach zehn Jahren wieder in Württemberg zu sein und genoss das Familienleben. Nur Jérôme fühlte sich nicht recht wohl, er spürte, dass er als ein Bonaparte und abgesetzter König in der Heimat seiner Gemahlin nur geduldet war. Sie feierten den Geburtstag König Wilhelms I. am 27. September noch gemeinsam, dann drängte Jérôme auf Abreise und sie kehrten nach nur drei Wochen Aufenthalt wieder nach Italien zurück. Nur ihr ältester Sohn Napoleon blieb in Württemberg, seine militärische Ausbildung wollte König Wilhelm I. übernehmen, auch in finanzieller Hinsicht.

Katharina als Fürstin von Montfort. Sie litt mit zunehmendem Alter an Brustwassersucht und konnte sich nur noch mühsam bewegen.

Obwohl Katharina gerade erst 52 Jahre alt war, hatte sie zunehmend Mühe, sich zu bewegen, sie hatte geschwollene Beine und litt an Atemnot schon bei der geringsten Anstrengung. Damals wurde noch wenig auf eine gesunde Lebensweise geachtet, kaum zu mehr Bewegung und Gewichtsabnahme geraten. Die Beschwerden einer beginnenden Brustwassersucht nahmen erheblich zu, so dass ihr die Ärzte vom südlichen Klima abrieten und ihr die bessere Luft in der Schweiz empfahlen. Ein Freund der Familie, der Bankier Perdonnet, hatte gerade seine großzügige Villa Mon Repos am Stadtrand von Lausanne am Genfer See fertig gestellt und war bereit, sie an Jérôme zu vermieten. Das inmitten eines schönen Parks gelegene Anwesen mit kleinem Schloss, Stallungen und Wirtschaftsgebäuden sollte der Sterbeort Katharinas werden.

Ihre Kräfte ließen zusehends nach, die behandelnden Ärzte Dr. Monnet und Dr. Pelissier mussten Jérôme darauf vorbereiten, dass in Kürze mit dem Schlimmsten zu rechnen sei. Sofort wurde der Sohn in Württemberg benachrichtigt, der gerade noch rechtzeitig eintraf, so war die ganze Familie am Sterbebett der Mutter versammelt. Katharina segnete ihre Kinder, die Tochter Mathilde und den erst 13-jährigen Plon-Plon, die danach zu Perdonnet gebracht wurden. Nur der älteste Sohn und Jérôme verharrten bei der Sterbenden. Ihre letzten Worte galten ihrem geliebten Gemahl: »[…] was ich im Leben am meisten geliebt habe, bist Du, Jérôme. […] ich bin bereit, doch hätte ich Dir lieber in Frankreich Lebewohl gesagt.« Er hielt ihre Hand, dann verlor sie das Bewusstsein und verstarb »in der Nacht vom 28. auf 29. November 1835 um 11 ¾«, wie in der Sterbeurkunde vermerkt ist.

Auf die Todesnachricht hin schickte König Wilhelm I. umgehend seinen Freund, Baron von Maucler, nach Lausanne, damit er bei den Formalitäten zur Überführung der Toten behilflich sein konnte. Katharina sollte in Württemberg beigesetzt werden, in der königlichen Familiengruft. Da Katharina zur Familie Bonaparte gehört hatte, die vielerorts nicht mehr willkommen war, befürchtete man Aufruhr und Proteste beim Leichenkondukt. Doch es blieb alles ruhig, die Überführung erfolgte in Begleitung Mauclers, später auch des Kammerherrn Graf Leutrum, die am 11. Dezember in Ludwigsburg eintrafen. Nun konnte der Sarg in der Schlosskirche aufgebahrt werden. Tags darauf fand die feierliche Beisetzung statt, doch ohne großes Hofzeremoniell, das diplomatische Corps war nicht eingeladen. Es wurde eine

Schloss Mon Repos bei Lausanne, der Sterbeort Katharinas

Trauer-Kantate aufgeführt und Hofprediger Grüneisen hatte seine Trauerrede sorgfältig ausgearbeitet, ein diplomatisches Meisterstück, denn er wollte »nach keiner Seite hin verletzen« und war vorsichtig, um »die rechten Worte zu finden«. In der Anordnung des Königs für diese Zeremonie steht: »Nach erfolgter Beisetzung begeben sich die Anwesenden ohne weitere Feierlichkeit nach Hause.« Jérôme nahm an dieser Trauerfeier nicht teil. Er war nur für wenige Tage nach Württemberg gekommen, es zog ihn schnell wieder zurück nach Florenz. Nur die Tochter Mathilde blieb noch eine Weile in Stuttgart bei ihren Cousinen, sie sollte den Kontakt mit der Familie nicht verlieren.

Der alte Jérôme

Für Jérôme bedeutete Katharinas Tod auch einen erheblichen finanziellen Verlust, denn die großzügigen Pensionen aus Russland und Württemberg, die Katharina zugedacht waren, blieben nun aus. Er war nicht gewohnt, sich einzuschränken, und so war er gezwungen, alles Kostbare aus seinem Besitz zu verkaufen. Doch der Erlös war schnell verbraucht, er lebte auf Kredit und hoffte auf ein Wunder. In dieser prekären Lage entschloss er sich, seine Geliebte, die Marchesa Bartolini aus Florenz zu ehelichen, im Glauben, dadurch finanziell besser gestellt zu sein. Doch die Hoffnung trog, sie verließ ihn wieder und es floss kein Geld mehr.

Die Totenmaske Jérômes

Erst durch den Aufstieg seines Neffen Napoleons III. zum Kaiser der Franzosen kam Jérôme wieder nach Paris und konnte politisch noch einmal eine Rolle spielen, als Gouverneur des Invalidendoms und zeitweise auch als Präsident des Senats. Er lebte im Palais Royal wieder in höfischem Prunk, jedoch zurückhaltender als einst in Kassel. Noch immer liebte er geistvolle Unterhaltung, seine Galabälle und Gesellschaften gehörten zu den bestbesuchten der Stadt. Ein treuer Besucher seines Salons war übrigens sein Schwager, Prinz Paul, der am württembergischen Hof wegen seines Lebenswandels als »schwarzes Schaf« nicht wohlgelitten war und in Paris lebte. Jérôme starb in der Nähe von Paris am 24. Juni 1860. Er blieb bis zuletzt der lebensfrohe Genießer, von welchem Baron Du Casse rühmte: »Sein Herz, seine Großmut, er handelt stets mit königlicher Noblesse.«

Nachruf

Napoleon I. schrieb aus seiner Verbannung auf St. Helena über seine Schwägerin Katharina: »Durch ihr edles und ritterliches Verhalten hat sich diese Prinzessin mit eigener Hand in die Geschichte eingetragen.« Und an seinen Sohn, den zu dieser Zeit in Wien lebenden Herzog von Reichstadt, richtet er die Empfehlung, er solle sich an seine Familie halten – »Hortense und Catharine sind hervorragende Frauen«. Die württembergische Prinzessin Katharina, ehemalige Königin von Westphalen und spätere Fürstin von Montfort, fand ihre letzte Ruhestätte in der Familiengruft des Hauses Württemberg im Ludwigsburger Schloss. Ihr Herz jedoch ruht im Invalidendom in Paris neben dem Sarg ihres geliebten Jérôme.

Stammtafel der Familie Bonaparte

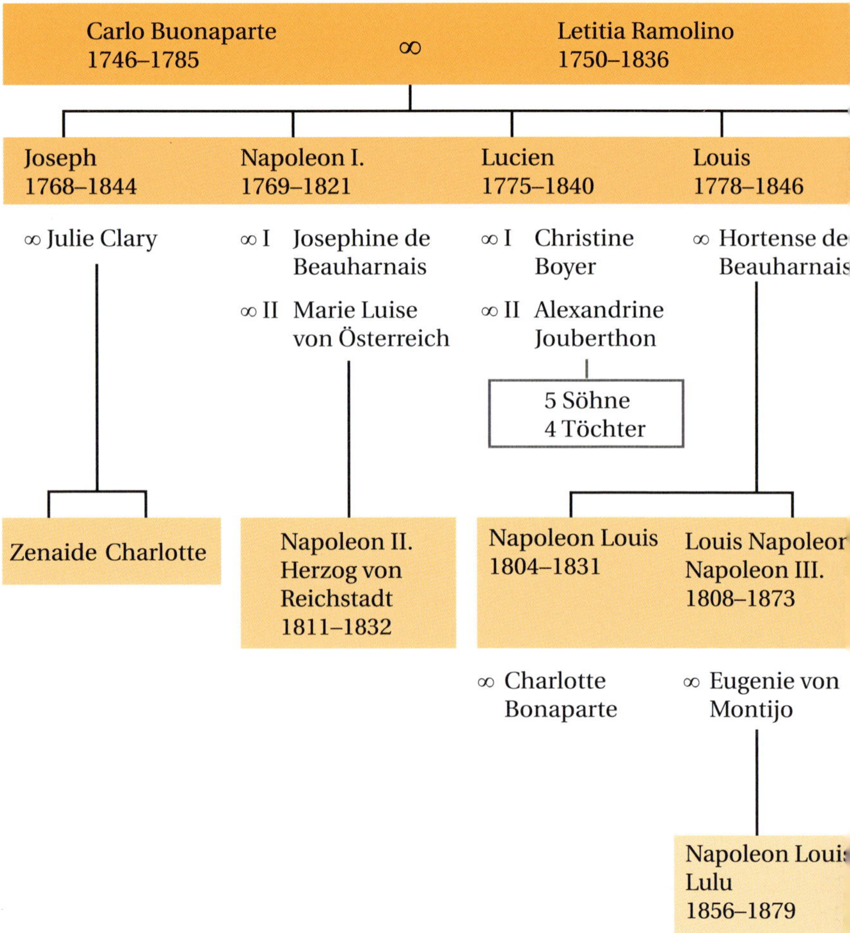

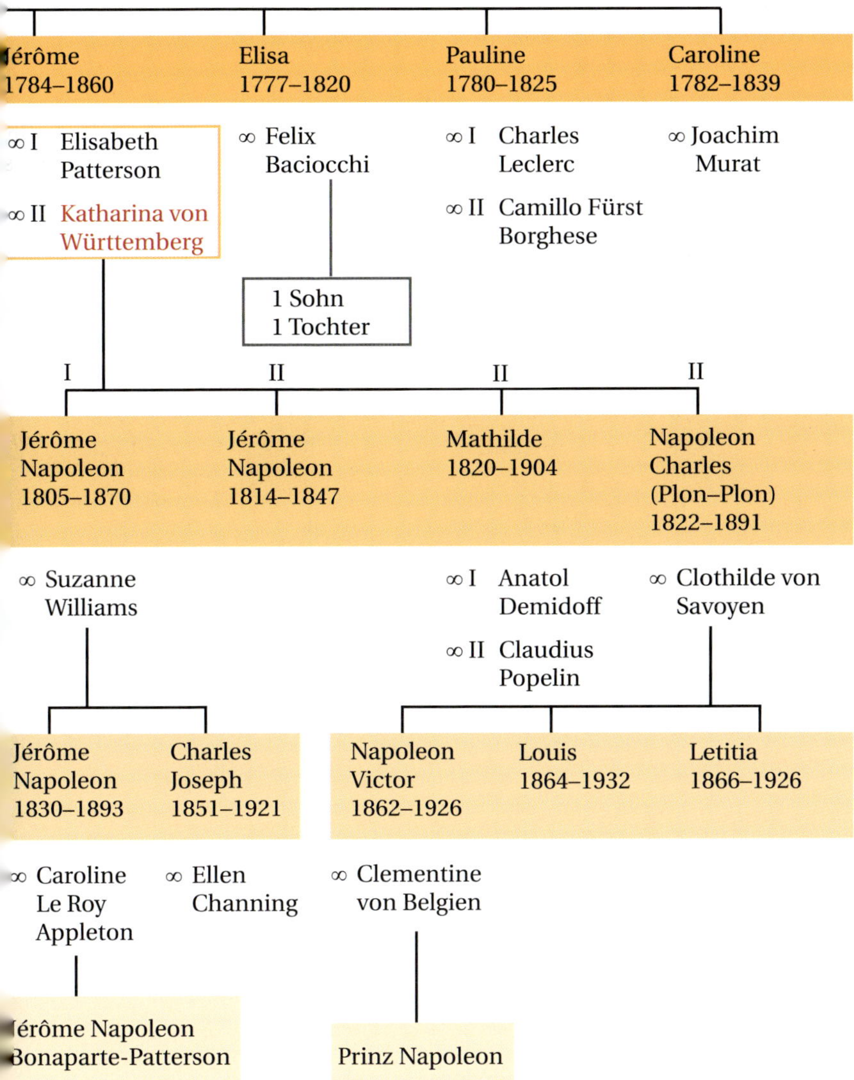
érôme
1784–1860
Elisa
1777–1820
Pauline
1780–1825
Caroline
1782–1839
∞ I Elisabeth Patterson
∞ II Katharina von Württemberg
∞ Felix Baciocchi
∞ I Charles Leclerc
∞ II Camillo Fürst Borghese
∞ Joachim Murat
1 Sohn
1 Tochter
I
II
II
II
Jérôme Napoleon 1805–1870
Jérôme Napoleon 1814–1847
Mathilde 1820–1904
Napoleon Charles (Plon–Plon) 1822–1891
∞ Suzanne Williams
∞ I Anatol Demidoff
∞ II Claudius Popelin
∞ Clothilde von Savoyen
Jérôme Napoleon 1830–1893
Charles Joseph 1851–1921
Napoleon Victor 1862–1926
Louis 1864–1932
Letitia 1866–1926
∞ Caroline Le Roy Appleton
∞ Ellen Channing
∞ Clementine von Belgien
érôme Napoleon
onaparte-Patterson
Prinz Napoleon

(1818–1877)

Prinzessin Sophie von Württemberg

Königin der Niederlande

Prolog

Unter den württembergischen Prinzessinnen darf man Sophie getrost als »die große Intellektuelle« bezeichnen. Nach Meinung des französischen Historikers Ernest Renan war sie »mit großen Geistesgaben und einem fast männlichen Intellekt ausgestattet, dabei aber höchst empfindsam«. Als Gemahlin König Wilhelms III. der Niederlande wollte sie kein Leben als »Durchschnittskönigin« führen, nur auf Repräsentation und den karitativen Bereich beschränkt. Sophie war ungewöhnlich interessiert an allen Bereichen der Wissenschaft und Technik, besuchte Industrieausstellungen, wobei sie sich alle Maschinen genau erklären ließ. Sie war ein rastloser Mensch, nicht glücklich in ihrer Ehe am holländischen Königshof, wo sie sich nicht so entfalten konnte, wie es ihren Fähigkeiten entsprochen hätte. Ein englischer Historiker beschrieb Sophie: »Das größte Kompliment, das man ihr zollt, dass man vergisst, dass sie eine Königin ist, und nur die Anwesenheit einer intelligenten, attraktiven Frau bemerkt.« In vielen holländischen Städten gibt es zwar eine Sophienstraße, populär ist diese Königin in den Niederlanden aber bis heute nicht geworden.

Ein mutterloses Kind

Das klingt traurig und ein bisschen wie Aschenputtel und böse Stiefmutter – tatsächlich entsprach vieles im Leben Sophies diesem Klischee und sie schien an diesem Schicksal manchmal schwer getragen zu haben. Sophie Friederike Mathilde kam am 17. Juni 1818 im Stuttgarter Schloss zur Welt, sie war die zweite Tochter König Wilhelms I. von Württemberg und seiner Gemahlin Katharina Pawlowna, einer russischen Großfürstin. Man hatte auf einen Thronfolger gehofft, nun wurde ein kleines Mädchen geboren, ein paar Tage

Königin Sophie der Niederlande.
Staatsgemälde von Franz Xaver Winterhalter

Die Mutter Sophies, Katharina Pawlowna, Großfürstin von Russland, als junge Königin von Württemberg 1819 kurz vor ihrem Tod. Gemälde von Franz Seraph Stirnbrand

zu früh, so dass das Kind anfangs sehr schwach war. Ihre Tante Katharina von Westphalen notierte damals in ihr Tagebuch, sie glaube nicht, dass dieses Kind am Leben bleibe – doch Sophie entwickelte sich erstaunlich gut.

Ein halbes Jahr nach Sophies Geburt starb ihre Mutter, viel zu früh, mit 30 Jahren an einem Schlaganfall. Das ganze Land trauerte um die Königin, besonders aber für ihre Familie war dieser Tod ein unersetzlicher Verlust. Katharina hinterließ vier Kinder, die Söhne Alexander und Peter aus ihrer ersten Ehe mit Herzog Georg von Oldenburg und die beiden Töchter Marie und Sophie, die Kinder König Wilhelms I. von Württemberg. In ihren Memoiren schreibt Sophie über die Mutter, die sie nie gekannt hat: »Ich weiß nicht, ob sie eine echte Schönheit war, aber sie hatte eine unwiderstehliche Anziehungskraft auf alle, die mit ihr zusammentrafen. Was meine Mutter binnen ein paar Monaten zustande brachte, war unvorstellbar.« Königin Katharina hatte sich in den drei Jahren, die ihr als Königin in Württemberg vergönnt waren, bleibende Verdienste zum Wohle des Landes erworben. Die Töchter vermissten die Mutter sehr, besonders Sophie hielt ihr Andenken immer in Ehren, ja trieb manches Mal einen wahren Kult damit. Sie war der Überzeugung, Katharina schwebe wie ein guter Geist über ihrem Leben.

Nach Katharinas frühem Tod lebten ihre Söhne zunächst beim Großvater in Oldenburg, doch kamen sie jeden Herbst für einige Zeit nach Stuttgart zu Besuch, um den Kontakt zur Familie aufrechtzuhalten, zur großen Freude ihrer Schwestern. Alexander entwickelte sich zu einem großen, kräftigen jungen Mann, er ist jedoch im Alter von 19 Jahren an einer nicht behandelten Infektion ganz überraschend gestorben. Sophie berichtete, welches Gefühl der Verlassenheit sie überkam, als die Todesnachricht eintraf, sie habe diesen Tag im November nie vergessen. Der jüngere Sohn Peter lebte später am Zarenhof und bekleidete dort wichtige Ämter. Er hielt immer Verbindung nach Württemberg, war häufig in Stuttgart, da er seinen Stiefvater, König Wilhelm I. sehr verehrte. Besonders mit seiner Schwester Sophie verbanden ihn viele gemeinsame Interessen. Peter von Oldenburg heiratete 1837 Therese von Nassau, mit seiner jungen Frau verbrachte er einmal einen ganzen Winter bei der Schwester in den Niederlanden, im Schloss Noordeinde in Den Haag. Unvergesslich für Sophie blieben jedoch die Sommermonate des Jahres 1834, die sie als junges Mädchen gemeinsam mit Bruder Peter und Schwester Marie im kleinen Schlösschen Weil bei Esslingen genießen durfte. Es war eine unbeschwerte, glückliche Zeit, alles verlief harmonisch und fröhlich. »Die Eltern waren nicht dabei, weshalb sie ganz ungestört waren«, berichtet sie selbst.

Selten war die Atmosphäre am Stuttgarter Hof so entspannt. Ein Jahr nach dem Tod von Sophies Mutter heiratete der Vater noch einmal, seine Cousine Pauline von Württemberg, welche ihm drei Kinder gebar, auch den ersehnten Thronfolger. Die Ehe war schwierig, zwischen dem Vater und der Stiefmutter herrschte eine Kluft und das spürten die Kinder. Anfangs war Wilhelm in seine junge Gemahlin verliebt, sie war eine bewunderte Schönheit, doch war dies nicht von Dauer. Laut Sophie hatte Pauline »keinen schlechten Charakter, war aber nur von mittelmäßigem Geist und passte einfach nicht zu diesem feinsinnigen Mann. Er blieb ihr gegenüber immer ritterlich und bewies ihr die Hochachtung, die ihr als Mutter des Thronfolgers zukam, doch als Ehemann hatte er sich von ihr abgewendet. Er ließ ihr alle Freiheiten, doch sie war viel zu phantasielos, um ihr Leben erträglich einzurichten. Lord William Russell, englischer Diplomat in Württemberg, bezeichnete Königin Pauline nach einem Besuch in Cannstatt 1836 als eine »liebevolle Graue«. Schon ein Jahr zuvor befand er bei einem Treffen in Baden-Baden, »es ist üblich, über sie zu schimpfen,

Die Familie König Wilhelms I. von Württemberg. In der Mitte ist Kronprinz Karl zu sehen, umrahmt von seinen beiden Halbschwestern Marie und Sophie (Mitte links).

aber sie ist eine gute Frau. […] ich sehe die guten Seiten, besonders bei den Bescheidenen und Unterdrückten.« König Wilhelm hielt er hingegen für sehr klug und selbstbewusst.

Mit seinen Kindern war der König streng, verteilte manchmal selbst Strafen, die beiden älteren Töchter vermissten die Zärtlichkeit und liebevolle Zuwendung einer Mutter. Die Stiefmutter hielt ein wenig Abstand zu den Töchtern Katharinas, hat nur selten mit ihnen gespielt oder sie in den Arm genommen. Vor allem Sophie scheint darauf heftig reagiert zu haben, sie rebellierte häufig und machte Königin Pauline das Leben schwer, was ein Brief Paulines vom 24. Oktober 1837 deutlich dokumentiert: »Wenn Gott mir die Gnade erweisen würde, Sophie zu entfernen, wenigstens damit Friede einkehrt in diesen Mauern. Ich bin sicher, dass dann die Dinge leichter zu ertragen wären.« Das Verhältnis zwischen Marie und Sophie und ihren Stiefgeschwistern war nicht frei von Eifersüchteleien und Spannungen. Erst mit den Jahren und als Erwachsene verstanden sich die Geschwister besser untereinander. Besonders mit ihrer Schwägerin, der russischen Großfürstin Olga, pflegte Sophie eine enge Freundschaft.

Die innigste Verbindung hatte Sophie zu ihrer um zwei Jahre älteren Schwester Marie. Sie waren als Kinder unzertrennlich und teilten sich gemeinsam ihre Räume. Marie war kleiner und zarter als die Schwester, oftmals kränklich, während sich Sophie zu einem Wildfang mit großem Bewegungsdrang und dem Bedürfnis nach viel Freiheit entwickelte. Andererseits lag sie auch gerne auf der blanken Erde mit einem Buch in der Hand und las, während Marie lieber mit ihren Puppen spielte. Bei Prüfungen schnitt sie häufig besser ab als Sophie, auch wenn diese das größere Wissen hatte, war sie ungeduldig, leicht aufbrausend und vor allem nicht so fleißig wie Marie.

Erziehung

König Wilhelm achtete bei den Töchtern seiner verstorbenen Gemahlin Katharina in besonderer Weise auf eine gute Ausbildung, denn er betrachtete sie »als heiliges Unterpfand seiner toten Frau«.

Schon früh erkannte er Sophies hohe intellektuelle Begabung und führte deshalb gerne hoch geistige Gespräche mit ihr, vielfach über Fragen der Politik, vielleicht manchmal nicht ganz altersgerecht für ein junges Mädchen, doch für sie war der Vater »mein geistiger Führer« – die Bindung zwischen Vater und Tochter war ungewöhnlich stark und hielt ein Leben lang.

Die beiden Schwestern erhielten innerhalb des Schlosses bald einen eigenen Hofstaat, sie wurden nicht zusammen mit den Stiefgeschwistern erzogen. Ihr Hofstaat umfasste eine Großmeisterin, mehrere Gouvernanten und eine Hofdame. Maximiliane zu Grünstein war die erste Großmeisterin, sie kam aus Mainz und war seit 1802 mit dem Grafen Beroldingen verheiratet. Sie war schon in gesetzterem Alter, als sie ihr Amt bei den Prinzessinnen antrat, liebevoll hat sich Sophie später an die »alte Gräfin Beroldingen« erinnert. Diese schwärmte heimlich für Bonaparte, las seine Memoiren und hat ihn sehr verehrt – die jungen Mädchen hat sie damit ein bisschen beeinflusst. Zur Hofdame bei Marie und Sophie wurde eine ehemalige Freundin ihrer Mutter ernannt, Charlotte von Bauer, welche die Töchter Katharinas sehr liebte. Sie blieb den beiden in allerbester Erinnerung, muss eine begnadete Musikerin und ausnehmend schön gewesen sein. Charlotte stammte aus baltischem Adel und hatte ihre Jugend am Hofe in Braunschweig verbracht, beim Urgroßvater der Mädchen. 1806 musste der ganze Hof dort vor Napoleon fliehen und so kam Charlotte damals zu ihrer Freundin Katharina nach Stuttgart, die inzwischen Königin von Württemberg geworden war.

Die erste Gouvernante, Madame Kakhovsky, eine sehr vornehme Dame, war von der Großmutter, Zarin Maria Feodorowna, empfohlen worden. In St. Petersburg kritisierte man angeblich, dass die Prinzessinnen, immerhin Töchter einer russischen Großfürstin, einseitig nur im deutschen Geiste und im evangelischen Glauben erzogen würden. Die »GrandMaman« selbst schrieb den Mädchen kurze, nicht sehr bedeutende Kinderbriefe in französischer Sprache, die von Sophie liebevoll aufbewahrt wurden. Madame Kakhovsky sollte das russische Erbe der Mutter aufrechthalten und erzählte daher ständig von Russland und vom Zarenhof, im Umgang mit den kleinen Mädchen hatte sie jedoch keine glückliche Hand und wurde bald wieder abgelöst. Ihr folgte 1824 für einige Zeit Margarete Sauvan aus Neuchâtel. Nach ihr kamen auf Vermittlung der Großherzogin Maria von Weimar die Schwestern Constance und Cornélie La Harpe aus Lausanne nach Stuttgart. Sie stammten aus einer Professorenfamilie, ihr Bruder Cesar La Harpe war der Erzieher des späteren Zaren Alexander I. Später kam als Lehrer für die Mädchen der Theologe Rost hinzu, der gleichzeitig am Katharinenstift unterrichtete. Er lehrte Latein, Griechisch und Hebräisch, hielt jedoch nichts von »modernen« Sprachen, durch ihn erwarb sich Sophie ihre guten Kenntnisse der lateinischen Sprache. Für das Französische war Monsieur Toussaint aus Mömpelgard zuständig. Am liebsten beschäftigte sich Sophie mit Geschichte, sie schrieb einmal »Genealogie ist meine Leidenschaft«.

Mädchenbild von Sophie

Bleibt noch zu berichten von Miss Drust, der alten englischen Nurse von Königin Katharina, die einst mit ihr nach Württemberg gekommen war und nun zum Haushalt der Töchter gehörte. Sie bildete so etwas wie ein Band zur verstorbenen Mutter. Sonntags tranken sie Tee bei Miss Drust, sie erzählte den Kindern von alten Zeiten, war liebevoll und zärtlich, ihr besonderer Liebling war allerdings das älteste Kind »ihrer« Katharina, Alexander von Oldenburg.

Heiratskarussell an den Fürstenhöfen

Es war nicht immer leicht, für heranwachsende Prinzen und andere Fürstenkinder an den europäischen Höfen passende Ehekandidaten zu finden. Es gab vielerlei Kriterien, die es zu beachten galt:

Zum einen musste der fürstliche Rang übereinstimmen, möglichst auch das Alter und nicht zuletzt die Konfession, obwohl man sich gerade in diesem Punkt meist flexibel zeigte. In der Generation der württembergischen Prinzessin Sophie gab es heftige Konkurrenz in den europäischen Fürstenhäusern, sowohl am englischen wie auch am russischen Hof waren mehrere Töchter zu verheiraten. Sie galten weithin als »gute Partien«, aber auch Sophie und ihre Schwester gehörten zu diesem Kreis begehrenswerter Prinzessinnen. In ihren Lebenserinnerungen illustriert uns Sophie recht anschaulich, wie so ein »Heiratsmarkt« ausgesehen hat.

Da reiste beispielsweise der Prinz von Oranien mit seinen Söhnen nach London, gleichfalls der Herzog von Coburg mit seinem Sohn Albert, beide waren damals an der Thronfolgerin Victoria interessiert. Herzog Wilhelm von Braunschweig kam zur selben Zeit, allerdings ohne Heiratsabsichten. Er hatte Sophie von Württemberg am preußischen Hof kennen gelernt und sich ein wenig in sie verliebt, weshalb der englische König William IV. auf die Idee kam, die beiden könnten doch heiraten. Der württembergische König hatte seinen Großvater, Herzog Karl von Braunschweig, immer verehrt und so stünden die Chancen für den Neffen, Wilhelm von Braunschweig, wohl nicht schlecht. Dieser reiste also von London aus gleich nach Stuttgart, um Sophie wiederzusehen und die Lage zu sondieren, denn auch ihr hatte der Vetter gefallen. Leider kam er vergebens, obwohl er sein Kommen angekündigt hatte – die württembergische Familie war überstürzt nach Weimar abgereist. König Otto von Griechenland wollte zur Überraschung aller in Stuttgart vorbeischauen, da er auf der Suche nach einer passenden Gemahlin auf Sophie aufmerksam geworden war wegen ihres »griechischen Namens«, den er bei einer künftigen Königin von Griechenland für unerlässlich hielt. König Wilhelm fand diesen Grund für eine Eheschließung absurd und beschied dies Ansinnen abschlägig. Sophie sollte bei seinem Besuch erst gar nicht anwesend sein, weshalb sie zu Tante Maria von Sachsen-Weimar »floh«. König Otto konnte diese Abfuhr verschmerzen, weniger der Herzog von Braunschweig, der beleidigt reagierte und auch eine Einladung des württembergischen Königs an den Bodensee ausschlug. Alles ge-

Das Prinzessinnen-Palais, heute Wilhelmspalais, wurde von König Wilhelm I. für seine Töchter aus der Ehe mit Katharina Pawlowna 1834 in Auftrag gegeben. Der Baumeister war Giovanni Salucci, doch wohnte nur Marie in diesem Schloss, da Sophie zum Zeitpunkt der Fertigstellung schon verheiratet war.

schah zum Leidwesen Sophies, sie hatte den kleinen Flirt mit dem Braunschweiger Vetter in den Tagen von Berlin genossen.

Maria von Sachsen-Weimar verübelte ihrem Schwager in Württemberg, dass er Sophie nicht nach Griechenland gehen ließ, sie meinte »es wäre Sophies vornehmste Pflicht gewesen, Russland zu dienen«. Sie sah in der Tochter ihrer Schwester ein Mitglied der Zarenfamilie, und Griechenland war mit Russland verbündet – angeblich existierten für diese Fürstin nur »Männer, Frauen und die kaiserliche Familie von Russland«.

Zunächst aber wurden Heiratspläne für die ältere Schwester Marie geschmiedet und eine Verbindung mit dem in Frankreich regierenden Hause Orléans ins Auge gefasst. Vom Alter her schien Ferdinand von Orléans, der älteste Sohn des »Bürgerkönigs« Louis Philippes und seiner Gemahlin Amélie, der passende Kandidat zu sein. Man arrangierte deshalb ein zwangloses Treffen während des Sommerurlaubs in Gais bei St. Gallen, als König Wilhelm aus dem Zarenhaus ein entschiedenes Veto gegen diese Absichten erreichte und die württembergische Familie schnell wieder abreiste. Der Herzog von Orléans hat daraufhin Stuttgart immer gemieden, wenn er in Deutschland war. Marie selbst war zu dieser Zeit in ihren Cousin, den Prinzen Friedrich von Württemberg verliebt, der zu ihrem großen Kummer aber mehr Neigung für ihre kleine Schwester Sophie zeigte und weniger für sie. Noch lange Zeit litt Marie unter dieser unglücklichen Liebe, so dass Sophie meinte, die Verbitterung, die Marie in ihren späteren Jahren kennzeichnete, sei darauf zurückzuführen. Prinz Friedrich ging die Ehe mit einer anderen Cousine ein, der Halbschwester Maries, Katharina von Württemberg.

Auch Marie heiratete, am 19. März 1840, zwar nicht ganz standesgemäß, doch auf ihren ausdrücklichen Wunsch Alfred Graf Neipperg. Sie war eine anmutige, sehr zarte junge Frau, aber selbstbewusst, die gerne ihre königliche Abstammung betonte. Das kinderlose Paar führte zunächst eine harmonische Ehe, bis Graf Alfred nach einem Jagdunfall geistig behindert blieb und in der Anstalt Winnenthal bis zu seinem Tode gepflegt werden musste. Seine Witwe überlebte ihn um 22 Jahre. König Wilhelm I. hatte neben dem Neuen Schloss in Stuttgart ein kleines Palais für die Töchter Katharina Pawlownas aus den Mitteln ihres mütterlichen Erbes bauen lassen. Sein Hofbaumeister Giovanni Salucci wurde beauftragt und baute einen kleinen Palast im klassizistischen Stil mit einem schönen Garten, das »Prinzessinnen Palais« – heute Wilhelmspalais. Hier wohnte Marie mit ihrem Hofstaat, Sophie lebte damals schon in den Niederlanden. Nach dem Tod des Grafen Neipperg behielt Marie ihre Räumlichkeiten in diesem Schloss. Sie engagierte sich zwar sehr im sozialen Bereich, war aber im persönlichen Umgang manchmal schroff und »ungenießbar«.

Sophie hatte in ihrer Jungmädchenzeit angeblich nur einmal diese »vielleicht einzige Schwäche ihres Herzens«, wie sie es in späteren Jahren bezeichnete, – ihre große Bewunderung für ihren Cousin Jérôme Napoleon, den sie während seiner militärischen Ausbildung in Württemberg fast täglich bei Hofe sah. Er war ein charmanter, hübscher junger Mann von 18 Jahren, der jedoch von seiner erst 14-jährigen Cousine keine rechte Notiz nahm, obwohl sie so für ihn schwärmte. Dagegen hatte sich sein jüngerer Bruder, genannt Plon-Plon, ein bisschen in Sophie verliebt, was wiederum sie nicht ernst nahm. Dennoch entwickelte sich zwischen beiden eine gute Freundschaft, sie blieben immer brieflich in Verbindung, er sprach von ihr von einer »femme Philosophe«.

Nun musste auch für Sophie ein Ehepartner gefunden werden, nach dem Wunsch ihres Vaters sollte Sophie in ein regierendes Haus einheiraten, denn sie war, wie man so sagt, eine gute Partie. Sie war zu einer begabten, gebildeten und attraktiven jungen Frau herangewachsen, die zudem noch immens reich war, es fiel ihr eine beträchtliche Summe aus dem mütterlichen Erbe zu. Da der Blick des Vaters auf den Erbprinzen von Oranien gefallen war, unternahm König Wilhelm mit seinen Töchtern eine erste Reise an die holländische Küste unter dem Vorwand des Seebadens, dabei sollten sich die jungen Leute einmal begutachten. Kronprinz Wilhelm von Oranien, der Schwiegervater in spe, war sehr charmant und väterlich zu Sophie, während seine Gemahlin Anna Pawlowna, Sophies Tante, ihren Nichten gegenüber ausgesprochen kühl blieb. Ihre Söhne, die jungen Prinzen, waren große, starke Jungen, aber ohne gute Manieren, die nicht den besten Eindruck bei den Mädchen hinterließen. Allerdings haben sie sich auch nur selten getroffen, die meiste Zeit verbrachte Sophie mit ihrer Freundin Olivia Wellesley, die mit ihrer Familie im selben Hotel wie Sophies Familie in Scheveningen wohnte.

Eheglück?

Als junges Mädchen hatte Sophie romantische Vorstellungen von Heirat und war voller Hoffnung, selbst einmal eine gute Ehe zu führen. Ein Vorbild für sie waren die eigenen Eltern, deren Verbindung die Tochter mit Sicherheit verklärt sah. Dennoch war sie sich durchaus bewusst, dass sie keine Liebesheirat eingehen könne, sondern dass politisches Kalkül ihr einen Ehemann bestimmen wird.

König Wilhelm III. der Niederlande. Staatsgemälde vom Hofmaler Pienemann

Nachdem das Haus Oranien im Mai 1838 sein Interesse an einer Heirat des Prinzen Wilhelm mit Sophie bekundet hatte, beschloss man, dass sich alle Beteiligten im Sommer am preußischen Hof in Berlin treffen sollten. Dazu gehörten die Prinzen von Oranien, Marie von Sachsen-Weimar, das russische Zarenpaar und Wilhelm von Württemberg samt Tochter. Besonders fröhlich stimmte die Braut in spe der Antrag aus den Niederlanden nicht, ihr Vater jedoch war froh, dass sie ihre Zustimmung gab. Als ihre Tante Maria Tränen bei Sophie entdeckte und sie danach fragte, meinte die Nichte, »sie fühle keine Spur von Glück«, worauf Maria meinte, »haben wir denn ein Recht auf Glück? So eine Idee, glücklich zu werden! Sie ist eine Prinzessin und diese Sorte Mensch hat kein Recht auf Glück!«

An ihre mütterliche Freundin Lady William Russell schrieb Sophie aus Potsdam am 2. Juni 1838: »Ich bin älter geworden. In diesen acht Tagen hat sich mein Schicksal entschieden und meine Zukunft. Denn ich bin liiert für immer mit dem Sohn eines Mannes, den sie sehr gut kennen, dem Prinzen von Oranien. Sie mögen dies Geheimnis noch für sich behalten, niemand hier ist darüber informiert außer meiner Tante von Weimar und dem Kaiser [gemeint ist der russische Zar Nikolaus I.].«

Von nun an galt Sophie als verlobt, auch wenn erst am 21. Oktober im Auftrag des holländischen Königs offiziell um ihre Hand angehalten wurde. König Wilhelm I. gab seine Zustimmung, worauf am

25. Oktober der Bräutigam nach Stuttgart reiste und bis Anfang Dezember als Gast im Neuen Schloss blieb. So sollte sich das Brautpaar besser kennen lernen.

Aus Anlass der bevorstehenden Hochzeit wurde im Juni 1839 ein Inventarium angelegt, um den Brautschatz festzuhalten. Demnach besaß die Braut ein Kapitalvermögen von 1 240 000 Gulden, dazu kamen Pretiosen, Gold und Silber im Wert von weiteren 28 000 Gulden, wobei Sophies Schmuck in dieser Rechnung noch gar nicht berücksichtigt war, sein Wert betrug nochmals ungefähr 200 000 Gulden – sie war also eine reiche Braut. Natürlich gehörte zur Ausstattung auch die Kleidung, in diesem Fall waren es 73 Kleider, sechs Mäntel, zwölf Hüte, nicht allzu viel für eine Prinzessin, aber – 88 Paar Schuhe! Eine Besonderheit stellte ein kleines Bändchen dar, welches auch verzeichnet war und ein Motto als Aufschrift trug: »Vita sine litteris mors est« (Leben ohne Bildung ist der Tod) – das passt zu Sophie.

Die Hochzeit wurde auf den 18. Juni des folgenden Jahres anberaumt, einen Tag nach dem Geburtstag der Braut. Es muss ein »brandheißer« Sommertag gewesen sein, sie trug ein langes Kleid aus weißem, schwerem Damast, reich mit silbernen Blumen bestickt und einer langen Schleppe, die von zwei Damen des Hofstaats getragen wurden. Ein kostbarer leichter Schleier soll ihre Gestalt umhüllt haben »wie ein Nebel«, im Haar trug sie einen Kranz aus Myrten und Orangenblüten, dazu ein Diadem, das Brautgeschenk des Vaters. Nachmittags um vier Uhr fand die Trauung durch den Hofprediger von Grüneisen im Marmorsaal des Neuen Schlosses statt, in Anwesenheit aller Mitglieder der königlichen Familie. Es war die übliche Zeremonie: Aufstellung der Stadtgarde, Glockengeläut sämtlicher Kirchen, Salutschüsse, Festbeleuchtung in der ganzen Residenz. Im Weißen Saal des Schlosses gab es nach der Trauung ein Festbankett mit Tafelmusik, anschließend begaben sich die hohen Herrschaften in die Galerie, wo Kaffee serviert wurde. Um acht Uhr abends fand ein Polonaiseball statt, bei dem auch das diplomatische Corps, Offiziere und viele Gäste geladen waren. Beim festlichen Ball im Schloss Rosenstein am folgenden Tag trug sie sinnigerweise Rosen im Haar und wertvolle Juwelen aus erlesenen Perlen, das Geschenk des Bräutigams.

Der Brautzug von Württemberg in die Niederlande dauerte 15 Tage. Man fuhr am Rhein entlang, überall begrüßt von der Bevölkerung mit Musik, Gedichten, Blumen, Flaggen. In Mainz wurde der Hofstaat der Braut ausgetauscht und die Weiterfahrt auf einem reich geschmückten Schiff zurückgelegt bis Arnheim, wo der Bruder des Bräutigams, Prinz Alexander, die Reisegesellschaft begrüßte. Die beiden neuen holländischen Hofdamen, Fräulein von Pabst und Fräulein von Stirum, sowie die Obersthofmeisterin, Frau von Knobelsdorff, unterhielten sich untereinander gerne in holländischer Sprache und hofften, Sophie würde sie nicht verstehen. Sie fühlte sich auch ein wenig ausgeschlossen und einsam und vermisste ihren vertrauten Umgang. Der Einzug der jungen Braut in ihrem neuen Land war bestens vorbereitet worden. Bei der Ankunft im Schloss Huis ten Bosch in Den Haag am 16. Juli hatte sich eine große Menschenmenge versammelt, die begeistert war, als das Paar sich Hand in Hand auf dem Balkon zeigte. Königin Wilhelmina, die Großmutter, war damals schon gestorben, weshalb die Braut nur vom Großvater, König Wilhelm I. von Oranien, begrüßt wurde. In ihm fand Sophie einen verständnisvollen Freund, der ihr in der fremden Umgebung Rückhalt gab und ihr bei den vielen Problemen, die in der Folge auftreten sollten, zur Seite stand. Sein Tod wenige Jahre später war für sie daher ein herber Verlust.

Die erste Zeit verbrachte das Prinzenpaar im Schloss Het Loo bei Apeldoorn, einem barocken Palast mit ausgedehnten Parkanlagen, welche auch heute weithin berühmt sind. Bis in unsere Tage diente das Schloss der königlichen Familie als Sommerresidenz. Die junge Familie genoss dort die Sommermonate und nach außen hin wirkte alles nach Familienidylle mit häuslichem Glück und spielenden Kindern. Lange noch blieben die Kinderfeste, die damals im Schloss gefeiert wurden, im Gedächtnis der Menschen. Sophie gebar am 4. September 1840 den Thronerben Wilhelm (Nikolaus Alexander Friedrich Karl Heinrich), worüber besonders der Urgroßvater in heller Freude war. Zur Taufe am 10. November versammelte sich die ganze königliche Familie in der Kirche von s' Gravenhage. Drei Jahre später erfolgte am 15. September 1843 die Geburt des zweiten Sohnes, Prinz Maurits (Wilhelm Friedrich Moritz Alexander Heinrich Karl). Der Knabe war immer etwas kränk-

Schloss Huis ten Bosch nahe Den Haag. Heute ist dort der private Wohnsitz von Königin Beatrix.

lich, nach einer schlichten Erkältung bekam er eine Infektion, an der er im Alter von sieben Jahren 1850 starb. Ein Jahr später, am 25. August 1851, waren die Eltern glücklich über die Geburt eines weiteren Sohnes, Alexander (Wilhelm Karl Heinrich Friedrich), der vor allem Sophie in der Trauer über den frühen Tod von Prinz Maurits ein wenig hinwegtrösten konnte. Erste nachhaltige Probleme in der Ehe tauchten auf, als ihr Gemahl und dessen Vater, der regierende König, beschlossen, ihren ältesten Sohn und Thronerben unter fremder Aufsicht erziehen zu lassen, also der Mutter zu entziehen. Trotz ihres Protestes gab es keine Möglichkeit für sie, dagegen einzuschreiten.

Das Paar hatte kaum gemeinsame Interessen. Sie las und schrieb viel und beschäftigte sich mit politischen Fragen. Er wiederum führte am liebsten das Leben eines Landedelmannes mit Jagen, Landwirtschaft und keinen hohen geistigen Ansprüchen. Gemeinsam aber war ihnen die Liebe zur Musik und Kunst. Charakterlich harmonierten beide Ehepartner überhaupt nicht miteinander. Nach Aussagen von Hofleuten verhielt sich Wilhelm »oft seltsam, in einem Augenblick tyrannisierte er sie, im nächsten Moment aber war er ganz verliebt. Seine Anfälle von Raserei und Gewalttätigkeit traten periodisch auf, allmählich konnte sie damit umgehen, akzeptiert hat sie das nie«. Wilhelm konnte aber auch ein angenehmer und höflicher Gesprächspartner sein, hatte Augenblicke von Gutmütigkeit und Herzlichkeit. Sie schrieb über ihren Gemahl: »Er ist ein unberechenbares Gemisch aus Absurdität, Unmenschlichkeit und Torheit – mit Intervallen von Wohlwollen und Gerechtigkeit. Damit würde selbst ein Talleyrand nicht fertig werden.«

Aber ihr Gemahl hatte umgekehrt auch unter ihr zu leiden. Da er nichts von intelligenten Frauen hielt, »sie sollten lieber bei Haus und Familie bleiben«, ließ sie ihn spüren, dass sie sich geistig überlegen fühlte. Sie war wenig duldsam, hatte keine guten Nerven und konnte den andauernden Streit nicht ertragen. Sie war temperamentvoll, neigte dabei manchmal ein bisschen zur Sturheit und hatte das Bedürfnis, immer und überall eine Rolle zu spielen. Frau von Massenbach, die Hofdame Königin Olgas von Württemberg, nannte es »Fürstenstolz«: »Sie hat eine außergewöhnliche Begabung, unverkennbare Reize, aber einen so leidenschaftlichen Charakter, der sie nicht immer Gutes stiften ließ.«

Da sich Sophie angeblich sehr kühl ihrem Gemahl gegenüber verhielt, fühlte er sich zurückgewiesen und begann, sie mit anderen Frauen zu betrügen. Zuerst gab es nur hinter ihrem Rücken Getuschel und Gerüchte um Schauspielerinnen oder Pariser Halbweltdamen, mit der Zeit zeigte sich der König jedoch ungeniert in der Öffentlichkeit mit seinen Favoritinnen. Es ist auch bekannt, dass er zahlreiche uneheliche Kinder hinterlassen hat. Sophie fühlte sich gedemütigt durch die ständige Untreue ihres Gemahls, nahm dies nicht hin, sondern machte einen Skandal daraus, obwohl ihr der Vater geraten hatte, Wilhelms Eskapaden einfach zu übersehen. In späteren Jahren hat sie sich andere Gedanken zu diesem Thema gemacht und schrieb: »Wir Frauen sind auf zwei rivalisierende Felder verteilt; die Ehegattinnen und Mütter sitzen auf dem einen, die Freundinnen unserer Männer und Söhne gehören zum anderen. Wir nennen diese Frauen schlecht, aber ist das die ganze Wahrheit?«

Das Königshaus Oranien

Durch die Siege Napoleons I. wurden die Niederlande 1810 dem französischen Kaiserreich einverleibt und der Bruder des Kaisers, Louis Bonaparte, zum König von Holland ernannt. Schon drei Jahre später, 1813 endete die napoleonische Ära und der Prinz von Oranien, der bis dahin im Exil gelebt und im preußischen Heer gegen Napoleon gekämpft hatte, kehrte in die Niederlande zurück. Auf dem Wiener Kongress wurden Belgien und Niederlande zu einem Königreich vereint, welches nun von König Wilhelm I. von Oranien regiert wurde. Seine in Deutschland gelegenen Erblande tauschte er gegen die Herrschaft in Luxemburg ein, das er zum Großherzogtum erhob und in Personalunion regierte.

König Wilhelm II. und seine Gemahlin Anna Pawlowna mit ihren Kindern im Park ihres Schlosses nahe Den Haag

König Wilhelm I. (1772–1843)

Er war mit Wilhelmina von Preußen verheiratet, mit der er drei Kinder hatte. Nach der belgischen Revolution von 1830, die eine Trennung Belgiens von den Niederlanden zum Ziel hatte, musste er erhebliche finanzielle Einbußen hinnehmen. Er verlor das Vertrauen des Volkes, worauf er am 7. Oktober 1840 abdankte und unter dem Titel eines Grafen von Nassau seine letzten Lebensjahre in Berlin verbrachte. Dort verstarb er am 12. September 1843.

König Wilhelm II. (1792–1849)

Nach der Abdankung des Vaters übernahm sein ältester Sohn die Regierung und wurde als Wilhelm II. König der Niederlande. In Luxemburg wurde er von seinem Bruder vertreten, der dort sehr beliebt war. Wilhelm war am 6. Dezember 1792 geboren worden. Nach seinem Studium in Berlin und Oxford befehligte er das niederländische Heer in der Schlacht bei Waterloo, wo er leicht verwundet wurde. Im Freiheitskampf der Belgier 1830 machte er zunächst Zugeständnisse, worauf ihm der Vater das Kommando entzog, weil er seine Kompetenzen als Kronprinz überschritten hatte. Nach seinem Regierungsantritt war Wilhelm II. zunächst nicht zugänglich für politische Reformen, wurde aber durch die Revolutionen des Jahres 1848 gezwungen, einer Verfassung zuzustimmen. Unter seiner Regierung und nach Verhandlungen mit dem Führer der liberalen Partei, Johan Rudolf Thorbecke, kam es zur Einführung der noch heute bestehenden Parlamentarischen Monarchie. Am 21. Februar 1816 heiratete er die russische Großfürstin Anna Pawlowna, dem Paar wurden drei Söhne und eine Tochter geboren. Wilhelm II. starb am 17. März 1849, seine Witwe überlebte ihn um 16 Jahre und starb 1865.

König Wilhelm III. (1817–1890)

Zum Nachfolger wurde der älteste Sohn als König Wilhelm III. Da durch die liberale Verfassungsreform die Macht des Königs massiv eingeschränkt war, hatte Wilhelm III. ernsthaft erwogen, zu Gunsten seines Sohnes auf die Thronfolge zu verzichten und sich völlig aus der ungeliebten Politik zurückzuziehen. Dies scheiterte jedoch am Veto des Vaters und seiner Ratgeber. So musste er trotz seiner reaktionären Gesinnung den Vertreter der Liberalen, Johann Rudolf Thorbecke, als Regierungschef akzeptieren. In Luxemburg wurde er würdig vertreten, zunächst von seinem Bruder Alexander und nach dessen Tod von Heinrich. Beide Brüder waren in Luxemburg sehr populär, bis 1890 blieb das Land mit den Niederlanden in Personalunion verbunden.

Wilhelm III. wurde am 19. Februar 1817 geboren. Obwohl er der Erbprinz war, wurde er von seinen Eltern als Kind vernachlässigt, man zog ihm den jüngeren Bruder Alexander vor. Dieser war ein gefälliger Junge, der leichter zu erziehen war als Wilhelm, welcher oft launisch und schnell aufbrausend war. Er wurde als Jugendlicher noch wie ein kleines, unmündiges Kind behandelt und von jeglichen Regierungsgeschäften vollständig ferngehalten. Trotz der vielen Eskapaden, die er sich in seiner Ehe mit Sophie erlaubte und die sich an allen Höfen und auch im niederländischen Bürgertum herumgesprochen hatten, genoss er in der Bevölkerung großes Ansehen. Der König konnte auch gutmütig und volkstümlich sein, für die Menschen symbolisierte er das Königtum, weshalb man ihm vieles verzieh.

Königin Emma (1858–1934)

Aus der Ehe mit Sophie hatte Wilhelm III. drei Söhne, die den Vater nicht überlebt hatten. Um die Thronfolge zu sichern, heiratete er nach dem Tod Sophies noch einmal, Emma von Waldeck-Pyrmont. Sie war am 2. August 1858 im Schloss von Arolsen geboren worden und wuchs mit vielen Geschwistern auf, ihre Schwester Marie

Königin Emma der Niederlande, geborene Prinzessin von Waldeck-Pyrmont, die zweite Gemahlin König Wilhelms III.

war die erste Gemahlin des württembergischen Thronfolgers Wilhelm und eine andere Schwester, Helene, heiratete den englischen Herzog von Albany. Emmas Hochzeit fand am 7. Januar 1879 statt, der Bräutigam war schon 62 Jahre alt, seine Braut zählte 21 Jahre. Trotz dieses erheblichen Altersunterschieds führten beide eine glückliche Ehe. Sie verstand es weit besser als ihre Vorgängerin, ihren Gemahl geduldig und freundlich dahin zu führen, wo sie ihn haben wollte. Am 31. August 1880 wurde die einzige Tochter des Paares, Wilhelmina, geboren. Nach dem Tod Wilhelms III. am 23. November 1890 übernahm Emma die Regentschaft für ihre Tochter bis zu deren Volljährigkeit. Die jetzige niederländische Königin Beatrix ist die Urenkelin von Königin Emma, die als eine energische und tatkräftige Frau den Reigen erfolgreicher Regentinnen im Hause Oranien begründete.

Königin der Niederlande

König Wilhelm III. war kein ehrgeiziger Regent, ihm war an einem ruhigen, genussreichen Leben gelegen, neben seiner lebhaften und schon früh emanzipierten Gemahlin musste er jedoch um seine eigene Position fürchten. Er war daher bestrebt, sie am Hofe an den Rand zu drängen und weitgehend zu isolieren, es war ihm ausgesprochen wichtig, sie als Frau an seiner Seite und in ihm untergeordneter Stellung zu belassen. Seiner Ansicht nach sollte sie sich ausschließlich »um die Repräsentation und das Soziale kümmern«. Sophie jedoch hatte andere Vorstellungen von den Aufgaben einer Königin, wollte aktiv mitwirken und dachte nebenbei auch an ihr persönliches Glück.

Von ihrer Schwiegermutter, Königin Anna, war keine Unterstützung zu erwarten, sie gehörte einer anderen Generation an und kam am holländischen Hof besser zurecht als ihre Schwiegertochter. Sie war kühl und berechnend, nicht ehrgeizig und legte, wohl als letzte der Fürstinnen, großen Wert auf die Hofetikette. Anna war die jüngere Schwester von Sophies Mutter Katharina Pawlowna. Die beiden Zarentöchter hatten sich früher nie gut verstanden, Anna war in ihrer Jugend oft eifersüchtig auf die stets im Vordergrund stehende Katharina, was sie jetzt deren Tochter, ihrer Nichte und gleichzeitigen Schwiegertochter, spüren ließ. Das Verhältnis der beiden fürstlichen Damen am holländischen Hof hat sich nie gebessert. Nach dem Tod Annas nahm Sophie jedoch an der Trauerfeier für sie in der orthodoxen Hauskapelle teil, trotz ihrer Vorbehalte gegenüber der Zarenfamilie.

Es gab auch gute Augenblicke im Hofleben, zum Beispiel während ihrer feierlichen Krönung, als sich Sophie mit den Söhnen an der Hand auf dem Balkon zeigte und die Menge ihr zujubelte. Manches Mal genoss die Königin den öffentlichen Auftritt, bei Empfängen war sie dann sehr freundlich und machte die Menschen untereinander bekannt. War ein Hofball, zeigte sie sich mitunter im Glanz ihres wertvollen und herrlichen Brillantschmucks, den sie von der Mutter geerbt hatte und welcher aus dem Besitz des russischen Zarenhauses stammte. Sie legte bei derlei Anlässen großen Wert darauf, dass auch die geladenen Gäste in entsprechender Hof-Toilette erschienen, was der Gattin eines deutschen Diplomaten einmal heftiges Kopfzerbrechen bereitete – sie sollte bei Hofe vorgestellt werden und die neue Festrobe war nicht rechtzeitig geliefert worden!

Die kleinen Gesellschaften liebte die Königin mehr, es ging zwanglos zu und sie war meist gut gelaunt, ihre Unterhaltung glich dann einem Feuerwerk. Sophie hatte eine kuriose Einrichtung ins Leben gerufen, »Le thé de la Reine«, diese Veranstaltung sei »ganz amüsant gewesen und sie hat hervorragend parliert. Beginn war um 21 Uhr, um 22 Uhr wurde ein Tisch hereingebracht und Punsch und Austern serviert, nichts anderes. Normalerweise endet dies um 22.30, doch die Königin unterhielt sich so gut, dass sie erst um ½ 12 Uhr erklärte, es

Fächer aus Perlmutt von 1861 aus dem Besitz Königin Sophies. Er war ein Geschenk ihrer Cousine Mathilde und ist signiert mit einer Krone und »S«. Diesen Fächer hält Sophie auf dem Winterhalter-Gemälde in der rechten Hand.

sei nun Mitternacht und sich zurückzog« – so der Bericht Frau von Bunsens, der Gattin eines Diplomaten am Haager Hof. Sie berichtet ferner sehr anschaulich von einem Geburtstagsfest für den Prinzen Alexander im September 1869, bei dem die Königin jeden Gast einzeln begrüßt habe und ständig umherging wie eine gute Hausfrau, um alle ins Gespräch zu ziehen. »Der König hingegen war schlecht gelaunt, hat nur getadelt und genörgelt, doch die Leute sind wohl daran gewöhnt, denn keiner hat es weiter beachtet.«

Ein Blick in Sophies Arbeitszimmer »Mon Cabinet« verrät vielleicht, wie sehr ihr die württembergische Familie fehlte und wie wenig Bezug sie zur neuen Umgebung aufgebaut hatte. Neben dem Schreibtisch stand der Gipsabdruck einer Marmorbüste ihrer Mutter, Königin Katharinas. An der Wand hing, neben vielen Ölbildern mit Landschaften, ein Gemälde der Großmutter, Zarin Maria Feodorowna. Außerdem gab es ein Bild der Schwester als junges Mädchen und vom Vater als älterer Herr in Zivil. Auch ein Mädchenbildnis der Mutter und ein Gemälde der Grabkapelle auf dem Rotenberg vervollständigten den Bildschmuck an den Wänden – die holländische Familie war nicht so ausführlich vertreten.

Neben Diplomaten und Gelehrten zog die Königin auch viele Künstler an ihren Hof, in diesem Punkt war sie mit ihrem Gemahl einig. Sophie war einigermaßen musikalisch, zumindest sehr an Musik interessiert. Als Kind hatte sie gerne und auch recht ordentlich auf dem Piano musiziert, später angeblich ihr Klavier nicht mehr geöffnet, mit einer Ausnahme. Franz Liszt lebte von Mai 1875 bis Mai 1876 im Schloss Het Loo bei Apeldoorn, dort hatte das Königspaar eine Art Stipendium für Musiker gestiftet, sie sollten die Möglichkeit erhalten, kostenfrei und unbeschwert ihrer Kunst nachzugehen. Liszt folgte Sophies Einladung, daran teilzunehmen, und so hat sie einmal mit ihm zusammen musiziert.

Getrennt von Tisch und Bett

Obwohl es im Leben des Königspaares auch immer wieder Phasen der Annäherung gab, wollten schon im Jahre 1850 die Gerüchte um eine Scheidung nicht verstummen. In den Niederlanden wurde befürchtet, Sophie könnte von einer ihrer Reisen einfach nicht mehr zurückkehren. Doch um dem Ansehen des Königshauses nicht zu schaden, kam eine Scheidung nicht in Betracht. Im Jahre 1855 schien die Beziehung des Ehepaares auf einem Tiefpunkt angelangt zu sein und Sophie suchte offenbar Rückhalt bei ihrer württembergischen Familie. Die Hofdiarien verzeichnen, dass Sophies Schwester Marie die Königin im Mai zwei Wochen in den Niederlanden besucht hatte und Sophie anschließend den Sommer bis tief in den Herbst hinein bei der Familie am Bodensee und in Stuttgart verbracht hat, zusammen mit Sohn Alexander, der damals noch ein Kind war. Vermutlich beschloss in dieser Zeit der Vater, König Wilhelm I., endlich eine Regelung herbeizuführen, jedenfalls wurde am 25. Dezember 1855 eine geheime Akte unterzeichnet, welche eine Trennung von Tisch und Bett regelte. Ein entsprechender Vertrag war zwischen König Wilhelm III. der Niederlande und seinem Schwiegervater, König Wilhelm I. von Württemberg, ausgehandelt worden. Mitunterzeichner dieses Vertrags waren neben Sophie Prinz Frederik von Oranien, Jus-

Diese Postkarte aus dem ausgehenden 19. Jahrhundert zeigt das königliche Stadtpalais Noordeinde in Den Haag.

tizminister Donker Curtius und die beiden Privatsekretäre des Paares, De Kock und von Weckherlin. Es wurde festgelegt, dass König und Königin bei offiziellen Anlässen gemeinsam auftreten mussten, aber in ihrem Stadtschloss in Den Haag, dem Palais Noordeinde, getrennte Wohnungen innehatten. Im Sommer konnte Sophie das Schloss Huis ten Bosch alleine bewohnen, Wilhelm durfte es nicht betreten, solange sie dort war. Die Ausbildung des Kronprinzen Wilhelm lag in der Verantwortung des Vaters, für die Erziehung des jüngeren Sohnes war bis zu dessen neuntem Lebensjahr Sophie zuständig.

Nach dieser internen Trennung des Königspaares, die nach außen hin weitgehend geheim bleiben sollte, lebte Sophie noch isolierter als je zuvor in der Haager Residenz. Der König versuchte, sie politisch und gesellschaftlich völlig ins Abseits zu drängen. Erst nachdem er anlässlich eines Besuchs 1862 in Paris mit Napoleon III. die Situation im Haag besprochen und dieser sich vehement für Sophie eingesetzt hatte, wurde das Leben in den Niederlanden für sie erträglicher und ihr Gemahl wieder etwas zugänglicher.

Das idyllisch mitten in einem Wald gelegene kleine Schloss Huis ten Bosch wurde Sophie als Sommerresidenz zuerkannt. Heute liegt das Schloss nicht weit vom Stadtzentrum Den Haags entfernt und ist der private Wohnsitz von Königin Beatrix der Niederlande. Zu Sophies Zeiten war Huis ten Bosch noch erheblich weiter vor den Toren der Residenz. Sophie hatte einen herrlichen Garten anlegen lassen und liebte es, dort spazieren zu gehen, wenn die Blumen üppig blühten. Auch im Winter muss der Park reizvoll gewesen sein, denn das Schloss ist umgeben von Wasserläufen, auf denen man dem holländischen Nationalsport, dem Eislauf, frönen konnte. Laut der Diplomatengattin Frau von Bunsen fand sich die »beau monde des Haags« bei der Königin ein und »selbst alte Hofdamen fliegen dahin wie Vögel«.

Beide Söhne wuchsen inzwischen heran. Kronprinz Wilhelm, um dessen Erziehung es so viel Streit gegeben hatte und um dessen geistige und seelische Entwicklung sie so besorgt war, bereitete ihr später viel Kummer.

Kronprinz Wilhelm von Oranien, der älteste Sohn Sophies, der fern von ihr erzogen wurde, weshalb sie stets um ihn besorgt war.

Nachdem Prinz Wilhelm auf Wunsch des Vaters und des Großvaters nicht unter ihrer Obhut erzogen werden sollte und von ihr getrennt aufwachsen musste, blieb er dennoch mit der Mutter in regem brieflichem Kontakt. Über 500 erhaltene Schreiben geben Zeugnis davon, wie eng die Verbindung mit Sophie zumindest in seinen jungen Jahren war, er schrieb ihr vom Studium in Leiden, später dann von seiner Ausbildung auf See, von der Fregatte »Doggersbank« oder der M.S. »Groningen«. Die Feier zu seiner Volljährigkeit 1858 war ein großes Fest, an dem er gleichzeitig auch zum offiziellen Thronfolger der Niederlande erklärt wurde. Sophie versuchte, auch mit Hilfe ihres Freundes Lord Clarendon, Wilhelm mit Alice, einer Tochter Queen Victorias von England, zu verheiraten. Clarendon schrieb an Sophie, sie könne stolz auf ihren Sohn sein, »der Prince of Orange« mache einen guten Eindruck, »good looking and gentlemanlike«. Doch irgendwann schien er sich die Gunst der Prinzessin und auch der Queen verscherzt zu haben, zum tiefen Bedauern Sophies zerschlugen sich die Heiratspläne. Danach wollte der Prinz eine morganatische Ehe mit Mathilde van Limburg-Stirum aus dem niederländischen Kleinadel eingehen, wozu seine Eltern aber ihre Zustimmung verweigerten.

Vom Vater mit keiner verantwortungsvollen Tätigkeit am Den Haager Hof betraut, ging er nach Paris und verkehrte dort in einschlägigen Etablissements. Seine anfangs komfortable finanzielle Ausstattung verspielte und vertrank er mit den Jahren. Seine Geliebte in dieser Zeit war Henriette Hauser, der Edouard Manet mit seinem Gemälde aus dem Jahre 1877 und Emile Zola mit seinem Roman »Nana« ein Denkmal gesetzt haben.

Prinz Wilhelm blieb unverheiratet und starb zwei Jahre nach seiner Mutter am 11. Juni 1879 an »völliger Erschöpfung« – wie es hieß.

Der jüngste Sohn Alexander studierte in Leiden an der Universität, wo seine Mutter ihn häufig besuchte. Sie sagte von ihm, »das Herz von diesem Jungen ist ein Schatz«. In seinen Kinderjahren hatte sie ihren jüngsten Sohn vielfach auf ihren Reisen mitgenommen, wahrscheinlich hat dies seine Reiselust angeregt, denn man findet Berichte des jungen Mannes an seine Mutter aus allen Ecken Europas bis hin nach Afrika. Neben diesen zweihundert Briefen an die Mutter nehmen sich sieben Telegramme an den Vater in der gleichen Zeit seltsam spärlich aus. Offenbar hing Prinz Alexander sehr an der Mutter. Zum Leidwesen Sophies hatte der Junge ein Rückenleiden, weshalb seine körperliche Verfassung nicht immer stabil war und er auf manche sportliche Betätigung verzichten musste. Nach dem Tod seines Bruders Wilhelm wurde er zum Thronfolger ernannt, doch fünf Jahre später ist auch er im Alter von 35 Jahren verstorben. Einmal schrieb

Das berühmte Gemälde »Nana« von Edouard Manet, 1877, zeigt die Geliebte des niederländischen Kronprinzen in Paris, Henriette Hauser.

Sophie, nachdem sie bei Königin Victoria von England glückliche Tage in einer herzlich warmen Atmosphäre erlebt hatte: »Das einzige, worum ich sie beneide, dass sie Großmutter ist.« Sie hätte sich so sehr ein glückliches Familienleben gewünscht!

Sophie als Politikerin

Von Anfang an mischte sich Sophie in die Tagespolitik ein. Sie empfand jedoch eine ständige Diskrepanz zwischen der Anerkennung und der Bedeutung, welche sie im Ausland genoss, und ihrer schwachen Position und dem geringen Einfluss, dem sie zu Hause in den Niederlanden ausgesetzt war. Nachdem Wilhelm III. nur widerstrebend die Regierung übernommen hatte, hoffte sie kurze Zeit, selbst regieren zu können, diese Hoffnung hat sich indessen schnell zerschlagen.

Der neue König hätte gerne absolutistisch regiert, ihm war, im Gegensatz zu seiner Gemahlin, die liberale Strömung nach 1848 ein Dorn im Auge. Sophie machte ihrerseits keinen Hehl aus ihrer Sympathie für die Liberalen und für Thorbecke. Sie kritisierte auch den selbstherrlichen Regierungsstil des Zaren, weshalb sie mit den Romanows, obwohl sie zur Familie zählte, nur schwer zurechtkam. Für Sophie zählte einzig die Leistung eines Regenten, sie fand die alten Dynastien arrogant in ihrem Anspruch des Gottesgnadentums. In konservativen Hofkreisen wurde diese Einstellung nicht gerne gesehen, auch wohlmeinende ausländische Diplomaten warnten Sophie wegen ihrer manchmal politisch unvorsichtigen Äußerungen.

Einer Meinung war das Königspaar in seiner Sympathie für den französischen Kaiser Napoleon III. und ihrer Abneigung gegen die preußische Politik. Als Deutsche sah Sophie in der deutschen Einheit zunächst ein hohes Ziel und war enttäuscht, welche politische Entwicklung das preußische Kaiserreich vor allem gegen Frankreich nahm. Zudem war sie als ehemalige württembergische Königstochter persönlich betroffen über den Verlust der Souveränität ihres Landes an Preußen. Während des Krieges 1870/71 zwischen Frankreich und Deutschland erklärte sie, im Moment könne sie den Anblick von Deutschen nicht ertragen.

Dagegen stand sie ihren französischen Verwandten, insbesondere dem Kaiserpaar sehr nahe. Immer wieder kam es zum politischen Austausch mit Napoleon III., welchem sie auch gerne mal Ratschläge erteilte. In einem Brief an Napoleon III. vom 18. Juli 1866 schreibt sie:

Anlässlich des »Kaisertreffens« in Stuttgart im September 1857 sah man am Vorabend des Geburtstags von König Wilhelm I. von Württemberg sieben Monarchen in der Loge des Hoftheaters versammelt. Von links nach rechts erkennt man: Sophie der Niederlande, Napoleon III. von Frankreich, Zarin Maria Alexandrowna, Wilhelm I. von Württemberg und seine Gemahlin Pauline, Zar Alexander II. und Amalie, Königin von Griechenland.

»Ihr Prestige hat in den letzten 14 Tagen mehr gelitten als es in der ganzen Zeit Ihrer Regierung gewonnen hatte. […] Ihr nehmt ein Geschenk an [gemeint ist Venetien] und habt nicht einmal Worte des Dankes dafür. Ich weiß, dass Sie die ernste Gefahr nicht sehen, die in dem vereinigten Deutschland und Italien liegt. Ihre Dynastie wird bedrängt. […] Ich sage Ihnen die Wahrheit, die Sie eventuell zu spät erkennen. Dies ist mein letzter Brief in alter und aufrichtiger Freundschaft. [...] Ich will die Selbstachtung haben, alles getan zu haben, um den Untergang von Ihnen abzuwehren.«

Außenpolitisch verschaffte Sophie ihrem Land und dem Hause Oranien neues Prestige, allein durch ihr eigenes hohes Ansehen bei Staatsmännern und in aristokratischen Kreisen. Dabei lagen ihr die niederländischen Belange am Herzen, sie wollte erreichen, dass auch dieses kleine Land in der europäischen Politik eine Rolle spielen sollte. Ihr Freund, Lord Clarendon, hatte sie dazu ermuntert, ein »Testament Politique« zu verfassen, worin sie ihre Meinung über die Zukunft Deutschlands kundtut. Sie bedauert darin manche Entwicklungen, beispielsweise die Integration der ehemals Freien Reichsstädte und den damit verbundenen Zuwachs an Gebiet und Macht für einzelne Länder, insbesondere für die Königreiche auf deutschem Boden. An anderer Stelle kritisiert sie, dass nur »4 Königliche« die deutsche Meinung vertreten. Der Lord spielte mit dem Gedanken, dieses Werk zu drucken und herausgeben zu lassen.

Der bedeutende Historiker Leopold von Ranke, der Verfasser eines mehrbändigen Werkes der preußischen Geschichte, hielt sich eine Zeit lang in den Niederlanden auf. Ranke war Historiograph des preußischen Staates und gilt als Mitbegründer einer neuen, mehr wissenschaftlich orientierten Form der Geschichtsschreibung, sein Gesamtwerk umfasst 54 Bände. Er war also ein viel beschäftigter Mann. Zu seinem Bedauern fand er nicht die Zeit, Sophie einen Besuch abzustatten. Als er sich deshalb bei ihr entschuldigte, meinte sie: »[...] aber essen müssen Sie auch. Also, dann kommen Sie jeden Tag zum déjeuner und wir können uns nebenbei unterhalten!« So geschah es und er sagte später: »Die Königin ist so gebildet in Zeitfragen, über die Zustände der Völker, der Regierungen, dass ich ihr nichts sagen konnte, was ihr fremd und neu war. Sie lebt ein europäisches Leben, ist Kosmopolit.«

Immer wieder Reisen

Sophies ältester Sohn, Prinz Wilhelm, sagte einmal: »Meine Mutter ist von Natur aus ruhelos und ständig in Bewegung.« Sie reiste stets mit kleinem Gefolge, nur in Begleitung ihrer Hofdame Fräulein von Pabst, einem Kammerherrn und ihrem Sekretär, Staatsrat von Weckherlin. Ihr größtes Vergnügen auf Reisen war, unerkannt durch die Straßen zu bummeln, Schaufenster anzuschauen, auch etwas einzukaufen – leider wurde sie häufig erkannt und ihr Inkognito war dahin. Es hatte sie nie große Mühe gekostet, fremde Sprachen zu erlernen, weshalb sie sich überall mit den Menschen unterhalten konnte, auch Niederländisch beherrschte sie sehr gut. Viel Interesse hatte sie immer für Land und Leute, aber ihre besondere Vorliebe war die Geschichte, insbesondere die Genealogie der verschiedenen europäischen Fürstenhäuser, sie war »ein wandelnder Gotha«. Sophie kannte den gesamten Stammbaum des englischen Königshauses mit allen verwinkelten verwandtschaftlichen Verflechtungen.

Folgerichtig war sie am englischen Hof ein gerne gesehener Gast. Queen Victoria beschrieb Sophie: »Sie ist groß, ladylike, gracefull, sehr grande dame.« Bei ihrem offiziellen Besuch in England 1857 als niederländische Königin bewältigte sie ein solches Mammut-Programm, dass ihr Begleiter, Sir Benjamin Hall, stöhnend bemerkte, sie ließe nichts aus und habe sämtliche wichtige Leute getroffen. Königin Sophie hatte bei dieser Gelegenheit auch Verbindung mit Florence Nightingale aufgenommen, die von ihr sehr bewundert wurde. Sie ließ sich beraten wegen der Einrichtung einer Kinderklinik, die sie in ihrer Heimat geplant hatte, aber dann doch nicht verwirklichen konnte. Die Gründung einer »Irrenschule« für geistig behinderte Kinder hingegen wurde ausgeführt und sie übernahm auch die Schirmherrschaft.

Neben den zahlreichen offiziellen Reisen, die Sophie zu wichtigen Ereignissen unternommen hat, war sie gerne auch privat unterwegs. Unzählige Male besuchte sie Paris und erlebte dort eine Reihe glanzvoller Feste in den Tuilerien oder anderswo, meist mit ihren Jugendfreunden, wie Jérôme Napoleon und Mathilde Bonaparte. Seltener begegnete sie ihrem Onkel, Prinz Paul von Württemberg, welcher auch in Paris lebte. Sehr viel Wert legte Sophie auf die Freundschaft mit Napoleon III. und Kaiserin Eugenie, die sie jedes Mal aufsuchte, wenn sie in Paris weilte. Sie hat die Kaiserin ganz eindrucksvoll be-

Häufig war Sophie zu den prachtvollen Festen in den Pariser Tuilerien eingeladen. Hier ein nächtliches Gartenfest im Sommer 1867, gemalt von Paul Tetar van Elven.

schrieben: »Sie ist eine besonders hübsche Frau, aber es ist ein Gesicht, das man nicht oft sehen muss [...] da ist keine Seele, die es erwärmt und leuchten lässt.« Sehr oft aber hielt sich Sophie in den damals gerne besuchten Badeorten Europas auf, wo man immer interessante Leute traf und die Königin eine gesuchte und vielbegehrte Gesprächspartnerin war. In diesen Kreisen konnte sie brillieren und ihr »unglückliches Zuhause« für eine Weile vergessen.

Schon als junges Mädchen durfte Sophie kurz nach ihrem 16. Geburtstag eine erste größere Reise nach Italien unternehmen. Sie waren eine kleine Reisegesellschaft, König Wilhelm I. mit seinen Töchtern Marie und Sophie sowie der Gräfin Beroldingen und den Schwestern Le Harpe, auch der Leibarzt Dr. Hardegg war mit von der Partie. Die Reiseroute führte in die Schweiz und über den Splügenpass bis zum Comer See und weiter nach Mailand. Sophie war voll jugendlichem Enthusiasmus und nahm alle Eindrücke von der fremden Landschaft und den Sehenswürdigkeiten in sich auf. Von Mailand ging es in schnellem Tempo weiter nach Genua, wo man sich Richtung Neapel einschiffte. Eine Zwischenstation gab es in Livorno, wo man mit der Schwester des Vaters, Katharina von Montfort, und ihrer Familie zusammentraf und einige erholsame Sommertage »en famille« verbrachte.

Nach einigen Tagen Aufenthalt in Neapel blieb man in Castellamare und genoss das Baden im Meer. Ein Höhepunkt der ganzen Reise war für Sophie ein Ausflug nach Paestum und Sorrent, ganz alleine mit dem Vater, ihren Hofstaat hatten sie im Hotel zurückgelassen. Vater und Tochter hatten einmal Ruhe vor den ständigen Klagen ihrer Mitreisenden. Für Constance La Harpe war das »Ungemach der Reise« zu viel, sie hatte für nichts Interesse, während ihre Schwester Cornélie nichts von Kunst hielt, sich aber für die Natur interessierte, vermutlich noch mehr für den mitreisenden Arzt, den sie einige Monate später heiratete. Sophie hatte sich fest vorgenommen, bei der Reise über nichts zu klagen, nicht über die Logis, nicht über das Essen. Die Zeit des Vaters war knapp, weshalb sie nicht mehr nach Rom und Florenz kamen. Sophie war etwas enttäuscht, die besten Kunstschätze Italiens, wie sie es nannte, nicht gesehen zu haben – sie hat es später nachgeholt.

Wenn Sophie gerade nicht auf Reisen und nicht zu Hause war, verbrachte sie ihre Zeit gerne in Württemberg. Den Bezug zu ihrer Familie hat sie nie aufgegeben, sie kam regelmäßig jedes Frühjahr und jeden Herbst in die Heimat. Sie logierte dann im Neuen Schloss, empfing dort auch gerne Gäste oder lud Freunde zum Besuch ein. Ganz offensichtlich hat sie sich Sonderrechte herausgenommen, denn sie war ja streng genommen hier nicht die Hausherrin. Einmal ist sogar verzeichnet, dass sie eine Soiree gegeben hat, zu welcher 100 Personen geladen waren – Sophie fühlte sich also ganz zu Hause. Meistens speiste sie bei ihren Aufenthalten alleine mit dem Vater, manchmal war auch Marie dabei, Königin Pauline hingegen musste sich zurückziehen. Es wundert nicht, dass die Besuche Sophies in Stuttgart immer wieder zum Zankapfel für das württembergische Königspaar wurden und kein Frieden mit der Stiefmutter zustande kam.

Freunde überall in Europa

Freundschaften spielten im Leben Sophies eine wichtige Rolle. Sie wurde von ihren Freunden sehr geschätzt, nicht allein wegen ihres Wissens und ihrer geistreichen Unterhaltung, sondern weil sie, jenseits der Hofetikette, natürlich und ungekünstelt auftrat. An dieser Stelle wäre eine Vielzahl von Namen zu nennen, von guten Freunden und vielen Bekannten, denen sie im Laufe ihres bewegten Lebens begegnet ist. Hier seien einige herausgegriffen.

Zu ihren ältesten Freundinnen in Württemberg gehören Olivia de Ros und ihre Cousine Marie. Olivia heiratete den Sekretär des britischen Botschafters in Stuttgart, Lord Wellesley. Marie, Gräfin von Württemberg, war drei Jahre älter als Sophie und wurde auf Grund ihrer auffallenden Schönheit von ihr sehr bewundert. Auch der junge Jérôme Bonaparte gehörte damals zu Maries Verehrern und hat heftig um sie geworben. Doch sie ging eine glückliche Verbindung mit Baron von Taubenheim ein, einem Neffen von Sophies Gouvernante, Charlotte von Bauer. Sehr gut befreundet war Sophie mit Lord und Lady William Russell. Er war damals britischer Gesandter in Württemberg und traf häufig mit der jungen Prinzessin zusammen. Lange Zeit unterhielt Sophie einen Briefwechsel mit seiner Gemahlin, der sie sich anvertraute und ab und zu ihr Herz ausschüttete.

Bei Hofe wurde gemunkelt, Lord Russell, damals ein Herr mittleren Alters, habe in der 16-jährigen Prinzessin »zärtliche Gefühle geweckt« – bestimmt hat sie ihn ein bisschen »angehimmelt«. In seinem Tagebuch hat er jedenfalls vermerkt, er habe bei einem Ball auf Schloss Rosenstein mit Sophie getanzt, sie sei »so fröhlich, so wohl gelungen und hat die große Seele ihrer Mutter – ist auch ein wenig romantisch, nicht ungewöhnlich bei einem jungen Mädchen!«. Ein Jahr später schreibt er: »Sophie ist ein charmantes Mädchen, das jedem Thron in Europa zur Ehre gereicht.« Einige Jahre nach Sophies Hochzeit hat Lord William sie in Stuttgart wieder getroffen und fand, dass sie nicht glücklich wirke, obwohl sie einen netten Jungen habe und zum zweiten Mal schwanger sei. »Sie ist eine gescheite, fähige Frau, hätte einen anderen heiraten sollen.« Und als er sie in den Niederlanden, in Het

Loo besucht hatte, meinte er nach einem langen gemeinsamen Spaziergang, »sie ist so lebendig und liebenswert, lebt in diesem alten Schloss weitab von Hofetikette und isoliert«.

Zu ihrer Cousine Mathilde Bonaparte hatte Sophie ein ganz besonderes Verhältnis. Die beiden Mädchen begegneten sich zum ersten Mal in Stuttgart, kurz nach dem Tod von Mathildes Mutter, Katharina von Westphalen. Diese Tante hatte Sophie während der Italienreise kennen gelernt und sie lieb gewonnen, danach hatten sie sich einige Male geschrieben, den frühen Tod Katharinas hat sie sehr bedauert. In ihren Erinnerungen schrieb Sophie: »Kleingeistigkeit sind dieser Frau fremd gewesen.« Nun also kam die Tochter für einige Zeit an den württembergischen Hof und schloss sich an die wenig ältere Sophie an. Mathilde sei das »bezauberndste Wesen, das sie je traf«, beschrieb Sophie die Freundin. Über vierzig Jahre lang teilten sie sich ihre glücklichen Momente, aber auch allen Kummer mit und halfen sich gegenseitig über manche Krise hinweg. Im Sommer 1846 besuchte zum Beispiel Mathilde die Cousine in Het Loo, damals war sie tief betroffen über die Untreue ihres Gemahls, des Fürsten Demidoff, wofür sie Verständnis und Trost bei Sophie fand. Immer wieder gab es auch Ratschläge von Sophie, die eine scharfe Beobachterin war und vieles sehr treffend einschätzte. Ein schönes Beispiel hierfür sind die Sätze, in denen sie sich über den Charakter der österreichischen Erzherzoginnen auslässt: »[…] sie äußern nie eine Meinung, verschanzen sich hinter einer Mauer des Schweigens, lieben niemanden und machen sich dies zur Pflicht« – in diesem Fall war Mathildes Schwägerin Clothilde gemeint.

Erst kürzlich tauchten bei einer Auktion mehrere hundert bisher unbekannte Briefe aus der Korrespondenz der beiden Freundinnen auf, die sicherlich weitere Details dieser Beziehung offenbaren werden.

Gleich zu Beginn ihrer Ehe fand Sophie auch am holländischen Hof in ihrer neuen Familie Freundinnen, wie Prinzessin Luise oder Amelie, die Gemahlin von Prinz Heinrich. Beide Fürstinnen sind früh verstorben. Sehr gut verstand sich Sophie mit der einzigen Schwester ihres Gemahls, ihrer Schwägerin Sophie von Oranien, sie war nur

Mathilde Bonaparte, die Cousine und Freundin Sophies. Auf dem Winterhalter-Gemälde von 1850 trägt die Fürstin ein ähnliches Diadem wie Königin Sophie – vielleicht ließen die Freundinnen bei demselben Juwelier arbeiten?

sechs Jahre jünger. Nach der Beschreibung war sie »eine lebhafte, kluge kleine Person mit wahrhaft königlicher Beweglichkeit. Sie tanzt bis spät in die Nacht und ist von früh bis spät auf den Beinen«. Zu Sophies Bedauern waren sie nur drei Jahre zusammen in Den Haag, im Herbst 1842 heiratete die Freundin ihren Cousin, den Erbprinzen Carl Alexander von Sachsen-Weimar, den einzigen Sohn ihrer Tante Maria. Sophie spielte eine wichtige Rolle als spätere Großherzogin in Weimar, unter anderem war sie maßgeblich daran beteiligt, das literarische Erbe von Goethe und Schiller zusammenzufassen und förderte die Einrichtung eines speziellen Archivs hierfür.

Zwei Freundinnen aus Sophies späterem Bekanntenkreis sollen noch erwähnt werden, Lady Salisbury-Derby und Lady Malet. Eine ihrer intimsten Freundinnen wurde Lady Marian Malet, die sie in Den Haag kennen gelernt hatte, als deren Mann, Sir Alexander Malet, britischer Legationssekretär war. Nach der Rückkehr des Paares nach England unterhielt Sophie mit dieser hochintelligenten Frau einen ausgedehnten Briefwechsel. In der Haager Gesellschaft war Lady Malet nicht gut angesehen, man sagte ihr einen Hang zum Spiritismus nach, doch Sophie fühlte sich zu ihr hingezogen. Im Jahre 1865 wurde Sophie mit Lady Salisbury-Derby bekannt, deren Ehemann später vier Jahre lang britischer Außenminister war. Mit dieser Freundin teilte sie das Interesse an Politik, sie haben sich häufig auch persönlich getroffen und nicht nur korrespondiert. Lord Derby schilderte seinen Eindruck von Sophie in seinem Tagebuch: »Sehr klug, sehr redselig, sehr ungleich: leicht erregbar, scheint insbesondere Lord Clarendon zu verehren. Nicht im Mindesten förmlich, keine Steifheit, wie sonst bei Royals üblich.«

Lord Clarendon

Lord Clarendon, der »liebste Freund« Sophies

Der 4. Earl of Clarendon, George William Frederick Villiers, war Diplomat im Dienste der britischen Krone, zunächst in St. Petersburg und anschließend sechs Jahre lang in Madrid. Der gut aussehende Lord hatte ein weltmännisches Auftreten und galt als sehr sprachgewandt, er genoss viele Sympathien an den europäischen Fürstenhöfen. Später wurde er zum Außenminister berufen, noch in seiner Amtszeit starb er überraschend mit 70 Jahren, am 27. Juni 1870. Lord Clarendon war verheiratet und hatte acht Kinder. In seinen Briefen an Sophie berichtet er immer wieder stolz über die Erfolge seiner Söhne oder von seiner Tochter Constance. Sophie lernte ihn 1857 in London bei ihrer Englandreise kennen und war von ihm begeistert, sie rühmte seinen Geist, seine Stimme, seinen Charme.

Sie begannen einen intensiven Briefwechsel, wobei zumeist Fragen der europäischen Politik verhandelt wurden. Er nutzte ihre Verbindungen geschickt, um an Informationen aus erster Hand zu gelangen. Für den französischen Kaiser oder auch den württembergischen König auf der einen Seite und den britischen Staatsmann Lord Clarendon auf der anderen, spielte Sophie als kluge Informantin eine wichtige Rolle. Mit den Jahren wurden die Briefe zwischen dem Lord und Sophie immer persönlicher, nicht nur inhaltlich, auch der Ton änderte sich. Wenn es anfangs noch »Madame Your Majesty« hieß, so wurde am Ende ein intimes »liebste Sophie« daraus. Sie schrieb ihm »à coeur ouvert«, er formulierte etwas zurückhaltender. Vorsichtigerweise bemühte er sich, seine Briefe selbst aufzugeben, damit sie nicht in falsche Hände gerieten und er riet Sophie, seine Post immer gleich zu verbrennen.

Für Sophie war dieser Freund, neben dem Vater, zum wichtigsten Menschen geworden, weshalb sie wünschte, der Lord möge König Wilhelm kennen lernen. Im November 1858 besuchte Clarendon Stuttgart und schilderte Sophie anschließend seine Eindrücke von dieser Begegnung und seinen Respekt vor dem württembergischen König. Lange hatte der Freund gezögert, eine Einladung Sophies nach Huis ten Bosch anzunehmen – »The game not being worth the candle« – doch nach dem Tod König Wilhelms von Württemberg hat er sie im Herbst 1864 endlich in den Niederlanden besucht und schrieb danach: »Die Tage, die ich unter ihrem Dach verbringen durfte, waren die glücklichsten meines Lebens und der 6. Oktober wird mir noch lange in Erinnerung bleiben.« So entspann sich eine »amiteé amoureuse« zwischen dem 64-jährigen Lord und der damals 46-jährigen Königin. Da Sophie gleichzeitig auch mit der Gemahlin Clarendons und der Tochter in Kontakt stand und Briefe wechselte, auch in ihrem Haus in London verkehrte, kam es mitunter zu delikaten Situationen.

Dennoch darf man feststellen, dass die Beziehung zu Lord Clarendon ein Lichtblick im Leben Sophies war, sein Tod nach sechs glücklichen Jahren der Freundschaft bedeutete für sie einen unersetzlichen Verlust. Im Jahre 1865 hatte sie damit begonnen, ihre Jugenderinnerungen aufzuschreiben, nicht zuletzt um ihrem »liebsten Freund« einen sehr persönlichen Einblick in ihr Leben zu gewähren. Ein Jahr lang arbeitete sie daran, er hat die Memoiren gelesen und war beeindruckt davon. »Histoire de ma vie« – Geschichte meines Lebens, gibt auch uns einen wertvollen Blick auf diese nicht immer glückliche Frau.

Das Ende

Sophie war ihr Leben lang immer umtriebig gewesen und wirkte äußerlich gesund. Doch mit zunehmendem Alter zehrte ihr unruhiger Lebenswandel, sie bekam ein Leberleiden und wurde herzkrank. Nach wie vor machte sie Besuche bei Freunden oder lud ihrerseits Gäste ins Schloss. Im Winter liebte sie Whistpartien in kleiner Runde mit ausgesuchten Gästen. Bis zuletzt hielt sie ihre umfangreiche Korrespondenz aufrecht, mit ihren alten Freunden oder mit aktuellen Politikern, mit denen sie brieflich diskutierte. Zu ihrem Kummer ließ die Sehkraft nach und sie musste sich häufig vorlesen lassen.

In ihrem letzten Sommer kam sie wie in jedem Jahr für die Sommermonate nach Huis ten Bosch. Doch sie hatte diesmal keinen Blick für ihre geliebten Blumen im Park, was ihre Hofdamen sehr verwun-

Auch in fortgeschrittenem Alter trug Sophie noch ihre typische Korkenzieher-Locken-Frisur. Hier eine Fotografie aus ihren letzten Lebensjahren

Königin Sophie der Niederlande auf dem Totenbett

derte. Sie besuchte ihren Sohn Alexander, der mit einer Erkältung darniederlag, nahm den Tee bei ihm – niemand dachte, dass dies ihr letzter Besuch beim geliebten Sohn war. Wieder zu Hause erklärte sie, sie fühle sich krank und verlangte nach einem Rollstuhl. Vorsorglich wurde ihr ältester Sohn in Paris benachrichtigt, der sofort mit dem Zug anreiste und zusammen mit dem König am Krankenbett Sophies eintraf. Es schien, als sei ihr dieser letzte Besuch wichtig gewesen, sie starb kurze Zeit darauf, am 3. Juni 1877. Da sie sich eine »öffentliche Zurschaustellung« verbeten hatte, wurde sie in der Hofkapelle aufgebahrt, in einem weißen Satinkleid, umgeben von grünen und weißen Blumen, das Gesicht unter einem durchscheinenden Schleier verborgen. Königin Sophie wurde in der Gruft des Hauses Oranien in der Nieuwe Kerk in Delft beigesetzt.

Auf die Nachricht ihres Todes hin schrieb die englische Queen Victoria in ihr Tagebuch: »Armes Ding, sie hatte ein schrecklich trauriges Leben und es ist anrührend zu denken, dass so viel Talent und Klugheit und so viel Herzenswärme an einen so unwürdigen Ehemann weggeworfen wurde.« Hierzulande erinnert an Königin Sophie der Niederlande, Prinzessin von Württemberg, nur ein bescheidener Brunnen, der 1839 aus Anlass ihrer Hochzeit errichtet worden war und der im Wald an der Bürgerallee im Stuttgarter Westen liegt – das Sophienbrünnele.

Stammtafel des Königshauses Oranien-Nassau

Wilhelm I. 1772–1843
∞ I Wilhelmine von Preußen 1774–1837
∞ II Henriette von Oultremont 1792–1864 (morganatisch)

- I **Wilhelm II.** 1792–1849
  ∞ Anna Pawlowna 1795–1865
  - **Wilhelm III.** 1817–1890
    ∞ I Sophie von Württemberg 1818–1877
    ∞ II Emma von Waldeck-Pyrmont 1858–1934
    - I **Wilhelm** 1840–1879
    - I **Maurits** 1843–1850
    - I **Alexander** 1851–1884
    - II **Wilhelmina** 1880–1962
      - → Königin Beatrix der Niederlande
  - **Alexander** 1818–1848
  - **Heinrich** 1820–1879
    ∞ I Amalie von Sachsen-Weimar
    ∞ II Marie von Preußen
  - **Sophie** 1824–1897
    ∞ Carl Alexander von Sachsen-Weimar
- I **Friedrich** 1797–1881
  ∞ Luise von Preußen
- I **Marianne** 1810–1883
  ∞ Albrecht von Preußen

(1867–1953)

Prinzessin
Maria von Teck

Königin von Großbritannien

Prolog

Als am 20. Oktober 1958 nach 50 Jahren und zwei Weltkriegen mit Theodor Heuss erstmals wieder ein deutsches Staatsoberhaupt England in offizieller Mission besuchte, lud der Bundespräsident die englische Königin zum Gegenbesuch nach Deutschland ein. Bei dieser Gelegenheit versprach er, sie auf die Burg Teck zu führen, dem Stammsitz eines ihrer Ahnen. Bei der Suche nach Gemeinsamkeiten sagte Heuss zur Queen: »Es fließt auch schwäbisches Blut in ihren Adern!«

Queen Mary war von ihrem väterlichen Stammbaum her eine württembergische Prinzessin, wenn sie auch in England geboren und aufgewachsen ist. Das Schicksal hat sie auf den englischen Thron gebracht, dieser Aufgabe ist sie in vollem Umfang gerecht geworden. Ihr Andenken ist nicht nur im englischen Königshaus lebendig, auch viele Einrichtungen tragen heute noch ihren Namen. Erst in jüngster Zeit, im Jahre 2004, ist das größte Passagierschiff der Welt, Queen Mary 2, vom Stapel gelaufen. Mit ihrem würdevollen Auftreten und ihrer Eleganz entwickelte Queen Mary einen unverkennbaren Stil, der nicht nur in England bewundert wurde. Laut Presseberichten sei Mary »eine der hübschesten Frauen an Europas Fürstenhöfen ihrer Zeit gewesen«.

»Die Tecks«

Zu einem der prägnantesten Wahrzeichen der Schwäbischen Alb gehört sicherlich die Burg Teck, oberhalb der Stadt Kirchheim gelegen. Die alten Herzöge von Teck, die vom Geschlecht der Zähringer abstammten, starben im Mannesstamm 1439 mit dem Tod Herzog Ludwigs, Patriarch in Aquilea, aus. Schon 1381 war die Familie aus finanziellen Gründen gezwungen, den größten Teil ihres Besitzes,

Mary von Teck, Königin von Großbritannien

darunter auch die Burg Teck, an Württemberg zu verkaufen. Im Jahre 1495 wurde Württemberg zum Herzogtum erhoben und führte seitdem neben dem Titel auch die Teck'schen Wecken im Wappen.

Als im 19. Jahrhundert Franz, Graf von Hohenstein, der Enkel Herzog Ludwigs von Württemberg und ein Vetter des württembergischen Königs, in den englischen Hochadel einheiraten wollte, musste er durch eine Standeserhöhung für das englische Königshaus »hoffähig« gemacht werden. Franz stammte aus einer morganatischen Ehe, sein Vater Alexander hatte »unter seinem Stand« geheiratet. Man wählte den Titel eines »Fürsten von Teck«, zum einen wollte man damit das alte Herzogsgeschlecht wiederbeleben, zum anderen wohnte die Familie Herzog Ludwigs am Fuße der Stammburg Teck im Kirchheimer Schloss. Württemberg war zu dieser Zeit schon Königreich geworden und konnte deshalb eine Standeserhebung überhaupt vornehmen – dies war ein ausschließliches Privileg des Kaisers und der Könige. So wurde Franz Graf von Hohenstein am 1. Dezember 1863 von König Wilhelm I. zum »Fürsten von Teck« erhoben, im Juli 1893 erfolgte unter König Karl eine Erhebung zum »Herzog von Teck«. Eine direkte Abstammung dieser englischen Linie der Herzöge von

Historische Aufnahme der Burg Teck am Rande der Schwäbischen Alb. Sie ist die Stammburg der Herzöge von Teck.

Teck mit der alten zähringischen Herzogslinie lässt sich in komplizierten genealogischen Verbindungen tatsächlich nachweisen.

Der Stammvater dieser neuen Linie »Teck« war Herzog Alexander von Württemberg, der jüngste Sohn aus der Ehe Herzog Ludwigs von Württemberg mit Henriette von Nassau-Weilburg. Er wurde am 9. September 1804 auf Schloss Pawlowsk nahe St. Petersburg geboren. Mit seinen Eltern und Geschwistern kam er als Kind nach Württemberg, wo er im Kirchheimer Schloss aufwuchs. Nach seiner militärischen Ausbildung trat er 1830 in die österreichische Armee ein und war als Generalstabsoffizier unter Radetzky am Italienfeldzug 1859 beteiligt. Ein Jahr später nahm er, im Rang eines Generals der Kavallerie, seinen Abschied aus dem Militärdienst und lebte fortan in einem kleinen Haus in Wien. Herzog Alexander wurde von seinen Enkeln sehr geliebt, auch Mary schrieb als kleines Mädchen Briefe »an den lieben Großpapa« – in ihrem besten Deutsch! Bei ihren Besuchen in Wien konnten sich die Enkel den alten Herrn als einstmals schneidigen Offizier nur schwer vorstellen.

Als junger Mann hatte sich Alexander in Wien in die schöne ungarische Gräfin Claudine Rhédey von Kis-Rhéde verliebt und sie am 2. Mai 1835 geheiratet. Sie stammte aus einem alten ungarischen Grafengeschlecht, das in Siebenbürgen ansässig war. Nach dem württembergischen Hausgesetz war Claudine nicht ebenbürtig, weshalb ihre Ehe morganatisch war, das heißt, sie und ihre Kinder waren in Württemberg von der Thronfolge ausgeschlossen. Anlässlich ihrer Hochzeit verlieh der österreichische Kaiser an Claudine den Titel einer »Gräfin von Hohenstein«, den auch ihre Kinder führten. Das Paar lebte mit zwei Töchtern und einem Sohn in Graz. Als Claudine ihren Gemahl einmal bei einer Truppenübung besuchte, stürzte sie so unglücklich vom Pferd, dass sie von ihm zu Tode getrampelt wurde. Sie starb im Alter von nur 29 Jahren am 1. Oktober 1841 und wurde in ihrer Heimat, in der Kirche von Erdó Szent-György im heutigen Rumänien bestattet. 60 Jahre nach ihrem Tod ließ ihre Enkelin, Queen Mary, dort ein Denkmal über dem Grab errichten und 1935 die Kirche auf ihre Kosten renovieren. Queen Mary bedauerte es immer, diese ungarische Großmutter nie kennen gelernt zu haben, denn sie war

Claudine Rhédey von Kis Rhéde, Gräfin Hohenstein, die Großmutter von Queen Mary. Lithographie von Josef Kriehuber aus dem Jahre 1836

der Meinung, die Liebe zu Farben und schönen Dingen sei ihr von Claudine vererbt worden.

Der einzige Sohn aus der Ehe Claudines und Alexanders war Franz Paul Ludwig, Graf von Hohenstein, der am 27. August 1837 geboren wurde und als 1. Herzog von Teck am 21. September 1900 in England starb. Zunächst stand er sehr erfolgreich in österreichischem Militärdienst und hatte die Ehre, Kaiserin Elisabeth (Sissi) auf ihrer Reise nach Madeira zu begleiten. Er war ein gut aussehender Offizier mit besten Umgangsformen, am Wiener Hof nannte man ihn »den schönen Ulan« mit seinen pechschwarzen Haaren und seinem heißblütigen Temperament. Prince Edward of Wales lernte den jungen Mann in Wien kennen und lud ihn im März 1866 nach London ein. Er hatte dabei den Hintergedanken, dieser ehrgeizige junge Graf könnte für eine Heirat mit seiner Cousine Mary Adelaide, Princess of Cambridge, in Betracht kommen. Sie war nicht mehr strahlend jung, doch geistreich, lebhaft und sehr gesellig, sie fehlte auf keiner Party in London. Bisher waren alle Heiratspläne gescheitert, sie litt an übermäßiger Körperfülle, die damals an den Fürstenhöfen ein viel besprochenes Thema war: »Dieses Gebirge von einem Mädchen« – wurde einmal gesagt. Lange Jahre suchte man nach einem passenden Heiratskandidaten, dabei bewies sie Humor und Selbstironie, bei ihren Freunden konnte sie über ihr Leben als »alte Jungfer« spotten. In der englischen Aristokratie war sie dank ihres unkomplizierten Wesens sehr beliebt.

Eine Ehe mit dem Grafen Hohenstein bedeutete für Mary Adelaide die vielleicht letzte Chance, doch noch zu heiraten, und es verwunderte, dass ihre Mutter so lange mit der Einwilligung zu dieser Ehe gezögert hat – der Graf habe kein Vermögen, keinen Namen, keine Position und auch der Altersunterschied sei zu groß. Doch die anderen Familienmitglieder haben Franz mit offenen Armen aufgenommen und ihn zu dieser Ehe förmlich gedrängt. So konnte am 12. Juni 1866 im Schloss Kew die ersehnte Hochzeit gefeiert werden. Franz lebte nun in England und nahm seinen Abschied aus der österreichischen Armee. Er fand jedoch in England keine neue Aufgabe, notgedrungen musste er mit der Rolle eines Privatmannes vorliebnehmen, was sich als sehr unbefriedigend für ihn erwies. Trotz seiner Erhebung zum Fürsten von Teck vor der Hochzeit litt er stets unter seiner nicht ebenbürtigen Abstammung und kompensierte dies mit einem besonders aufwändigen Lebensstil. Manche Extravaganzen des Paares überschritten das Budget erheblich, auch wenn die Apanage Mary Adelaides in Höhe von 10 000 Pfund für ein wohlsituiertes Leben hätte ausreichen können.

In White Lodge, Richmond, führten die Tecks ein recht beschauliches Landleben und in London nahmen sie, dank der umtriebigen Mary Adelaide, in vollen Zügen am gesellschaftlichen Leben teil. Doch Franz wurde immer apathischer, in der englischen Aristokratie rangierte er hinter seiner Gemahlin, weshalb man sagte, er stehe unter dem

Princess Mary Adelaide of Cambridge mit ihren Söhnen und Tochter Mary Victoria, der späteren Queen Mary, um 1880

Pantoffel und wirke neben seiner lebhaften und voluminösen Frau »wie ein dünner Schatten«. Er widmete sich seinen Sammlungen und dem Garten in White Lodge, aus dessen anfänglicher Wildnis er ein wahres Juwel gestaltete; heute befindet sich dort die berühmte »Royal Ballet School«. Auch als Innenarchitekt erwarb Franz sich große Verdienste, sein Stadtpalais in London, den Kensington-Palast, hat er mit sehr viel Geschmack und großem Verständnis für die historische Bedeutung des Gebäudes eingerichtet. In diesem Palast wurden auch die Kinder des Paares geboren, wie zuvor schon im Jahre 1819 Victoria von Kent, die spätere Queen. In unseren Tagen lebte in diesen Mauern Lady Di, Prinzessin Diana, die Gemahlin des britischen Thronfolgers Charles, bis zu ihrem tragischen Tod im Jahre 1997.

Für seine heranwachsenden Kinder war der Fürst von Teck ein liebevoller Vater. Mary Adelaide übernahm die Erziehung und den Unterricht teilweise selbst und verbrachte so viel Zeit mit den Kindern. Sie war eine strenge Mutter, doch durften sie ungezwungen im Freien, an der frischen Luft spielen, was in Adelskreisen der damaligen Zeit nicht selbstverständlich war. In diesem Punkt war sie sich mit ihrer besten Freundin, Alexandra von Wales, einig, deren Kinder im selben Alter waren. Zwischen den beiden Familien herrschte reger Kontakt, die Kinder trafen sich oft zum Spielen und zu gemeinsamen Unternehmungen. Beide Freundinnen teilten die Leidenschaft für Blumen und schöne Gartenanlagen. So waren für Mary »Tante Alix und Onkel Wales« lange vertraut aus Kindertagen, als sie in späteren Jahren ihre Schwiegereltern wurden.

Mary von Teck war das älteste Kind und die einzige Tochter der Familie, sie hatte noch drei jüngere Brüder. Alle Kinder waren schon bei der Geburt groß und kräftig und entwickelten sich gut. Der älteste Bruder und Mary sahen sich sehr ähnlich, beide waren blond und blauäugig, während der jüngste mehr dem Vater ähnelte, er war ein dunkler Typ und nicht so »handzahm« wie seine älteren Geschwister. Als die Brüder älter wurden, kam die Frage auf, ob sie nicht in den württembergischen Militärdienst eintreten wollten. Dies aber lehnte ihre Mutter strikt ab, solange man ihnen in Württemberg nicht den Titel »Hoheit« verleihen würde.

Adolphus Charles (1868–1927)

Als Duke of Teck wurde er am 13. August 1868 geboren. Auf Anordnung König Georges V. mussten die Mitglieder der britischen Königsfamilie im Ersten Weltkrieg ihre deutschen Namen ablegen, so wurde Adolphus am 14. Juli 1917 zum 1. Marques of Cambridge. Er heiratete 1894 Lady Margaret Grosvenor, mit welcher er vier Kinder hatte. Adolphus starb am 24. Oktober 1927. Mit seinem Sohn George, dem 2. Marques of Cambridge, ist 1981 die männliche Linie der württembergischen Seitenlinie Teck erloschen.

Francis Joseph (1870–1910)

Er wurde am 9. Januar 1870 geboren und blieb zeitlebens unverheiratet. Er war beim britischen Militär und nahm unter anderem an der Nilexpedition 1897 teil. Davor lebte er auch einige Zeit in Indien. Er starb im Alter von 40 Jahren in London.

Alexander George (1874–1957)

Der jüngste Sohn kam am 14. April 1874 zur Welt. Auch er musste seinen deutschen Titel im Juli 1917 ablegen und wurde 1. Earl of Athlone. Alexander war mit einer Enkeltochter Queen Victorias, Alice of Albany, verheiratet. Ihre Mutter, Helene von Waldeck-Pyrmont, war eine Schwester von Prinzessin Marie, der ersten Gemahlin König Wilhelms II. von Württemberg, welcher daher in der englischen Familie stets »Uncle Willy« genannt wurde. Prinzessin Alice ist im Alter von 98 Jahren am 3. Januar 1981 gestorben. Sie hatte die gefürchtete Bluterkrankheit in die Familie der Tecks gebracht. Ihre beiden Söhne starben daran, Maurice bald nach der Geburt 1910 und Ruprecht 1928 mit 21 Jahren. Die Hämophilie ist eine Erbkrankheit, bei der die Blutgerinnung gestört ist und schon kleinste Verletzungen lebensbedrohend sein können. Diese Krankheit wird von Müttern auf ihre

Alexander George Fürst von Teck, der jüngste Bruder Marys. Er war königlich großbritannischer Rittmeister im Husaren-Regiment.

Söhne übertragen, wobei nur die männlichen Nachkommen erkranken, Töchter hingegen sind nur Trägerinnen, können die Krankheit weitervererben, ohne selbst zu erkranken. Die Bluterkrankheit war in den Königshäusern von Spanien und Russland, auch in Preußen aufgetreten, allesamt waren sie von Queen Victoria als Trägerin dieser Krankheit »infiziert«.

Die beiden Schwestern des Fürsten von Teck, die Gräfinnen von Hohenstein, waren in Graz aufgewachsen und lebten sehr bescheiden, für den Geschmack ihrer Schwägerin Mary Adelaide wirkten sie ein bisschen provinziell. Claudine Henriette, die Ältere, blieb unverheiratet. Nach der Eheschließung ihrer jüngeren Schwester Amalie Josephine mit Baron Paul von Hügel zog Claudine zu ihrer Schwester. Die Familie lebte in der Steiermark auf dem idyllisch gelegenen Schloss Reinthal, in der Nähe von Graz. Aus der Ehe Amalies mit Baron von Hügel entspross ein Sohn, Paul Julius, der 1872 geboren wurde und mit 40 Jahren verstarb. Sie betrieben eine kleine Landwirtschaft und Claudine baute für sich selbst auf dem ansehnlichen Schlossgelände ein Landhaus im alpenländischen Stil, das »Schweizerhaus«. Die Familie in England hat sich nur selten mit diesen Verwandten getroffen. Einmal jedoch waren sie für längere Zeit bei ihnen in der Steiermark zu Besuch und erinnerten sich später immer gerne an die herzliche und liebevolle Aufnahme bei den Tanten. Auch Claudine reiste einmal nach England zu Bruder und Schwägerin, wobei sie von

Mary Adelaide überall in der Gesellschaft herumgereicht wurde, selbst Queen Victoria sei wohl einmal mit ihr in der Kutsche ausgefahren. Beide Schwestern starben kurz hintereinander und wurden in einer Gruft auf dem evangelischen Friedhof St. Peter in Graz bestattet. Die Gräber sind heute aufgelassen und Schloss Reinthal ist seit kurzem in Privatbesitz, die »kaisergelb« gestrichenen Mauern werden zur Zeit wieder renoviert.

Die Kindheit

Am 26. Mai 1867 kurz vor Mitternacht wurde Victoria Mary geboren; die Schwester und Freundinnen der Mutter waren anwesend und informierten sofort die übrigen Familienmitglieder vom glücklichen Ereignis. Da es sich bei der jungen Mutter um eine Frau von 33 Jahren handelte, war dies in damaliger Zeit nicht unbedenklich für eine Erstgebärende. Sowohl Queen Victoria auf Schloss Balmoral als auch die Tanten in Graz äußerten sich in ihren Glückwünschen sehr erleichtert über das gesunde und gut gedeihende Baby. Nach ihrem ersten Besuch befand die Queen, das Kind sei »gesund, mit vielen Haaren, als Locke oben am Kopf gebürstet«. Am 27. Juli 1867 wurde Victoria Mary im Londoner Kensington-Palast feierlich getauft auf die Namen »Victoria Mary Augusta Louise Olga Pauline Claudine Agnes« – wobei die Rufnamen Victoria Mary waren. In der Familie wurde sie nur »Princess May« genannt, wohl nach ihrem Geburtsmonat. In sehr viel späteren Jahren, bei der Krönung zur Königin von England, musste sie sich für einen Vornamen entscheiden und ist uns deshalb als »Queen Mary« ein Begriff geworden – der Name »Queen Victoria« war schon besetzt und durfte für keine weitere Königin mehr verwendet werden. Mary selbst beschrieb, wie eigenartig es für sie war, nach so vielen Jahren nochmals »umgetauft« zu werden.

Erzogen wurde die einzige Tochter der Familie von der Mutter selbst und von Gouvernanten. Fräulein Gutmann war die deutsche Erzieherin, heiß geliebt waren »Girdie«, die englische Nurse, oder »Bricka«, Mademoiselle Hélène, die für den französischen Unterricht zuständig war. Das besondere Interesse Marys galt schon früh der Geschichte und der Kunst, mit den Jahren entwickelte sie sich zur wahren Expertin auf diesem Gebiet und war eine leidenschaftliche Sammlerin von Kunstgegenständen und Gemälden. In der Zeit, als die Familie wegen finanzieller Schwierigkeiten zwei Jahre lang in Florenz lebte, konnte Mary ihre Studien in der Malerei vervollständigen. Im Alter von 14 Jahren erhielt sie Tanzstunden, worin sie sich sehr talentiert zeigte, wenn sie auch für ein Mädchen ihres Alters ein wenig zu hoch gewachsen war. Sie war hübsch anzusehen mit ihrem blond gelockten Haar, war aber auffallend schüchtern, auch in späteren Jahren konnte sie dies nur schwer ablegen, sie wirkte deshalb oft ein bisschen spröde.

Regen Kontakt hatten die Kinder Mary Adelaides und Franz von Teck zur Großmutter mütterlicherseits, der alten Duchess of Cambridge, einer sehr gebildeten Frau. Sie war oft zu Besuch bei der Familie in White Lodge, hatte ihre Freude am schönen Garten und spielte gerne mit den Enkeln, die die alte Dame ihrer herrlichen Geschichten wegen liebten. Als sie nach einem Schlaganfall halbseitig gelähmt war, bemühten sich die Enkel rührend um ihre Pflege. Die ältere Schwester der Mutter, Tante Augusta, verheiratete Großherzogin von Mecklenburg-Strelitz, wurde zur besonderen Vertrauten Prinzessin Marys. Bis zu ihrem Lebensende, Augusta wurde 94 Jahre alt, schrieben sie sich wöchentlich Briefe über sämtliche Familienereignisse, aber auch über politische Geschehnisse und persönliche Befindlichkeiten. Selbst während des Ersten Weltkrieges, als Augusta sich in Deutschland im Feindesland befand, wurden ihre Briefe befördert mit Hilfe einer Verwandten, der schwedischen Kronprinzessin.

Als Kind hatte Mary Tante Augusta gerne auf Schloss Rumpenheim am Main in der Nähe von Offenbach besucht. Dieses Schloss spielte eine große Rolle in der Familie, war es doch die Heimat der Großmutter und barg fröhliche Erinnerungen an Familientreffen. Leider fiel das Schloss im Zweiten Weltkrieg den Bomben zum Opfer. Auch das Schloss Neustrelitz in Mecklenburg, in welchem die Tante häufig wohnte, hat Mary immer wieder besucht. Die barocke Schlossanlage mit einem Park in englischem Stil nach Plänen des Potsdamer

Das großherzogliche Schloss Neustrelitz, dargestellt auf einer Postkarte aus dem Jahre 1912

Gartenarchitekten Lenné ist bis heute erhalten. Bemerkenswert sind die Orangerie, der antike Liebestempel und der klassizistische Luisentempel zum Gedächtnis an Königin Luise von Preußen, einer Prinzessin von Mecklenburg-Strelitz.

Mehrmals kam Mary in ihrer Jugend mit den Eltern auch nach Württemberg, um die Verwandten zu besuchen. Bald nach der Hochzeit hatte der Fürst von Teck mit seiner Gemahlin eine erste Reise nach Württemberg, Wien und Graz unternommen, um sie seiner dortigen Familie vorzustellen. Laut dem Testament Königin Paulines von Württemberg muss ihr die Nichte so gut gefallen haben, dass sie ihr ein Armband von Perlen und Diamanten vermachte – ein sicherlich willkommenes Geschenk für die stets in Geldnot befindlichen Tecks.

Im Sommer 1885 verbrachte die Familie Teck wieder die Ferien in Württemberg, diesmal am Bodensee, in der Sommerresidenz der königlichen Familie in Friedrichshafen und in Seefeld (Rorschach) bei Tante Katharina von Württemberg, der Schwester König Karls. Sieben Jahre später war Mary sogar mehrere Wochen in Stuttgart und Ludwigsburg. Zunächst befürchtete sie, ihr Deutsch vergessen zu haben und war dann doch überrascht, wie gut sie sich verständigen konnte. Sie freute sich, wie nett die Menschen zu ihr waren, wenn sie auch die Hofetikette für zu steif hielt und die Schlösser alt und grau fand. Sie las Bücher in deutscher Sprache, vor allem über die württembergische Geschichte und mit besonderem Interesse die Memoiren der Madame Oberkirch über das höfische Leben in Mömpelgard. In diese Zeit fiel Marys 25. Geburtstag, der von der württembergischen Verwandtschaft gebührend gefeiert wurde. Eines Nachts brach im Zimmer der Mutter Adelaide ein Feuer aus, zwei der Räume brannten völlig aus, doch verletzt wurde niemand. Marys Vater blieb gelassen und meinte trocken, es sei ja nicht viel passiert, denn die Möbel seien ohnehin altmodisch gewesen – »nun können sie wenigstens renovieren«. Daraufhin wurden die Tecks vorsichtshalber nach dem kleinen Schloss Marienwahl ausquartiert. Bei diesem Besuch besichtigte die Familie auch die Burg Teck und das Schloss in Kirchheim, in Erinnerung an ihre Vorfahren, Mary war ja an der Familiengeschichte sehr interessiert.

Im April 1904 besuchte Mary noch einmal die Residenz in Stuttgart, diesmal als Princess of Wales, zusammen mit ihrem Gemahl, um am 25. April 1904 den englischen Hosenbandorden an König Wilhelm II. zu verleihen, der ihm jedoch nach dem Ersten Weltkrieg wieder aberkannt wurde. Einige Jahre später kam auch Sohn Edward, Prince of Wales, auf der Durchreise zu »Uncle Willy« und besuchte das Schloss seiner Vorfahren in Kirchheim.

»The Wales Cousins« – die königlichen Prinzen Eddy und Georgie

Die beiden Prinzen waren die Enkel Queen Victorias und Söhne des Thronfolgers Albert Edward, Prince of Wales, und seiner Gemahlin Alexandra, einer Tochter des dänischen Königs Christians IX. Das Paar hatte fünf Kinder, die beiden Söhne und drei Töchter: Louise, die Princess Royal, Victoria und Maud, die spätere Königin von Norwegen. Sie lebten in Sandringham, Norfolk und in Marlborough House in London. Mit der Dienerschaft zusammen

Queen Alexandra mit ihren Töchtern Louise und Victoria

umfasste der Haushalt 120 Personen, die im Londoner Stadtpalais in drangvoller Enge lebten, die Söhne mussten sich ein Schlafzimmer teilen. Die Kinder verbrachten eine glückliche und behütete Kindheit, waren sehr auf die Mutter fixiert, sie nannten Alexandra stets ihre

»Motherdear«. Vorbildlich widmete sich Alexandra karitativen Aufgaben, doch ihre besondere Aufmerksamkeit galt den Tieren, sie unterhielt auf ihrem Landsitz eine regelrechte Menagerie.

Queen Victoria hielt ihren Sohn lange von den Staatsgeschäften fern und betraute ihn nur selten mit wichtigen Aufgaben, sie hatte kein großes Vertrauen in seine Regierungsfähigkeiten. So genoss das Thronfolgerpaar zunächst das Londoner Gesellschaftsleben, bis Edward seine Gemahlin zu vernachlässigen begann und sich immer häufiger auf Reisen befand. Die Queen war stets besorgt um seinen Ruf und hatte auch allen Grund dazu. Edward war in vielerlei Liebschaften verstrickt und durch seinen fragwürdigen Freundeskreis in manche peinliche Affäre verwickelt. Alexandra hat dies jedoch größtenteils toleriert, im häuslichen Kreis hatte sie die Führung, hier beugte sich ihr Gemahl ganz ihrem Willen. Ihr Tätigkeitsfeld in der Familie und innerhalb des Hofes änderte sich nicht, als Edward mit 59 Jahren als König Edward VII. an die Regierung kam.

Queen Alexandra war im Lande sehr populär. Sie war elegant, liebte kostbare Juwelen und prachtvolle Roben und entwickelte sich in der englischen Gesellschaft zur »Queen of Society«. Den Vergleich mit anderen Schönheiten an den Fürstenhöfen musste sie nicht scheuen, bei Staatsbesuchen in Wien und Paris traf Alexandra mit Kaiserin Elisabeth von Österreich und Kaiserin Eugenie von Frankreich zusammen – es gab sogar einen kleinen Wettstreit, wer denn die Schönste im Lande sei! Als sie nach der Geburt eines ihrer Kinder eine Beinversteifung erlitt, benutzte sie statt eines Gehstocks ihren Sonnenschirm und mit einem Mal wollte die Modewelt nur noch Sonnenschirme tragen! Auch ein anderer Modetrend ging auf Alexandra zurück. Sie kaschierte eine Narbe am Hals geschickt mit Perlenschnüren, die den ganzen Hals bedeckten, man sprach von einem »Hundehalsband«. Mary hat diese Schmuckmode später übernommen, wie zahlreiche Fotos belegen. Nach dem Tod ihres Gemahls König Edwards VII. und der Thronbesteigung ihres Sohnes fiel es Alexandra schwer, abzutreten. Die einstmals gefeierte Schönheit war noch immer bemerkenswert attraktiv, hatte jedoch große Probleme mit dem Älterwerden und ließ das ihre Umgebung auch spüren. Als Königin-Witwe ist Alexandra am

25. November 1925 nach einer Herzattacke gestorben.

Als zweiter Sohn wurde Prince George am Morgen des 3. Juni 1865 in Marlborough House in London geboren und auf die Namen George Frederick Ernest Albert getauft. Genannt wurde der Junge in der Familie »Georgie«, sein um ein Jahr älterer Bruder Albert Victor war »Eddy«. Die beiden Söhne wurden gemeinsam erzogen, waren unzertrennlich und traten auch zusammen in die Royal Navy ein, wobei George gegenüber dem immer leicht kränklichen und nervösen Eddy eine Führungsrolle übernahm. Einer ihrer Lehrer war Reverend John Dalton, der bis zu seinem Lebensende einer der intimsten Freunde Georges blieb. Die erste militärische Ausbildung erhielten die Prinzen auf dem Schiff »Britannia«. Anschließend dienten sie auf unterschiedlichen Schiffen, doch ihre Weltreise, die zwei Jahre dauern sollte, starteten sie im Jahre 1880 wieder gemeinsam. Prince George war 15 Jahre lang bei der Marine, was zum einen sein Äußeres stark geprägt hat, er trug vorzugsweise seine Marineuniform, zum anderen hatte ihn der Dienst beim Militär zu einem pflichtbewussten Mann mit festen Prinzipien reifen lassen. Nach seiner Zeit auf See lebte George ein halbes Jahr in Lausanne, um Französisch zu lernen. Erstmals in ihrem Leben gingen die Brüder nun getrennte Wege. Im November 1891 erkrankte George an Typhus, was er glücklicherweise gut überstand, doch der Tod seines Bruders kurze Zeit danach bedeutete einen großen Einschnitt in seinem Leben, den er lange nicht verwand.

Der spätere König George V. als Knabe im Alter von fünf Jahren

Im September 1892 verbrachte George einige Zeit in Heidelberg zum Studium der deutschen Sprache. Er erinnerte sich in seinem Tagebuch gerne daran zurück, wobei er meinte, für einen Mann von 27 Jahren sei die Zeit viel zu kurz, um eine Sprache richtig zu erlernen. Er wohnte in der Villa Felseck bei Professor Ihne, einem gewichtigen älteren Herrn mit weißer Haarmähne. Morgens und abends wurde deutsche Grammatik gepaukt, nachmittags waren Vorlesungen in der Universität, danach Bummel zum Schloss und Musik im Biergarten. George genoss das ungebundene Studentenleben und das Flair der ehrwürdigen Universitätsstadt. Diese Idylle wurde unterbrochen, weil er wieder Pflichten im Dienst der Krone zu erfüllen hatte. Gemeinsam mit dem deutschen Kaiser Wilhelm II. reiste er nach Weimar zur Goldenen Hochzeit des Großherzogs von Sachsen-Weimar und anschließend ging es nach Wittenberg zur Luther-Feier, immer in Vertretung seiner Großmutter Queen Victoria. Er durfte bei dieser Gelegenheit im kaiserlichen Zug mitfahren, was er nach Hause berichtete: »Wilhelm war so freundlich und civil zu mir. Ich habe ihn noch nie so nett erlebt!«

Verlobung und Hochzeit

Albert Victor, Prince of Wales, war von durchschnittlicher Intelligenz und von labiler Gesundheit, rauchte und trank zu viel, vermutlich litt er auch an einer venerischen Erkrankung. Sein weltmännisches Auftreten, sein ansprechendes Äußeres machten ihn bei den Damen sehr beliebt, weswegen er häufig in amouröse Abenteuer verstrickt war. Er hatte sich in Prinzessin Alix von Hessen verliebt, aber diese erlag nicht seinem Charme und gab sich spröde. Im Jahr darauf lernte er Hélène, die schöne Tochter des Herzogs von Orléans kennen und beide verliebten sich. Man sprach bereits von Heirat, doch aus politischer Sicht war eine Verbindung mit Frankreich nicht angezeigt und so wurde dieser Plan aufgegeben. Hélène trauerte angeblich noch viele Jahre um ihren Eddy, während er schon wieder anderweitig flirtete.

Der leichtlebige Prinz verkehrte häufig in recht fragwürdigen Kreisen und war in den einschlägigen Häusern Londons bekannt. So kam es, dass auch sein Name im Zusammenhang mit den Serienmorden im Londoner Eastend 1888/89 genannt wurde. Für kurze Zeit gehörte auch Edward bei Scotland Yard zum Kreis der Verdächtigen, da er die Bordelle in dieser Gegend regelmäßig besucht hatte. Sehr schnell wurde der Verdacht gegen den Prinzen fallen gelassen, ihm konnte nie etwas nachgewiesen werden. Der unbekannte Mörder ging in die Kriminalgeschichte ein als »Jack the Ripper«.

Mary Victoria, Prinzessin von Teck, als Braut 1893

Queen Victoria war sich der »Schattenseiten« ihres ältesten Enkels durchaus bewusst und war daher bestrebt, für ihn eine Ehefrau zu finden, die auf Albert Victor einen guten Einfluss haben könnte. Dies war nicht ganz einfach, sein Lebenswandel hatte sich an allen europäischen Fürstenhöfen herumgesprochen. Sein Bruder George schrieb im Oktober 1886, er hoffe, dass Eddy eine englische Frau heirate, die Engländer würden sich das sehr wünschen, doch die Großmutter und der Vater zogen eine deutsche Gemahlin vor. Der Blick Queen Victorias war auf ihr Patenkind, Prinzessin Mary von Teck gefallen, für welche es auch nicht einfach war, eine passende Heiratsverbindung zu finden. Durch ihre morganatische Abstammung war es für sie nicht möglich, in ein regierendes deutsches Fürstenhaus einzuheiraten. In England jedoch war sie einerseits zu nahe mit dem Königshaus verwandt, um eine einfache Partie zu machen, und andererseits nicht »royal« genug, um in die Hocharistokratie einzuheiraten. Die Queen hielt diesen Makel nicht für unüberwindlich, sie dachte in diesem Punkt wesentlich moderner als mancher Zeitgenosse in der britischen Aristokratie. Ihr gefiel Mary sehr gut, sie sei »ein hübsches Mädchen, gut gewachsen, ruhig und fröhlich, zudem vielseitig interessiert und gebildet«. Dennoch war vor einer möglichen Heirat Marys mit dem englischen Thronfolger eine weitere Standeserhöhung der Fürsten von Teck, wenigstens in den Herzogsrang, Voraussetzung. Erst nach langen Verhandlungen gewährte König Karl von Württemberg dieses Anliegen im Juli 1893, das Recht auf eine mögliche Thronfolge in Württemberg war jedoch für die Herzöge von Teck weiterhin ausgeschlossen.

Die Verlobung Marys mit Albert Victor, Prince of Wales, wurde am 3. Dezember 1891 gefeiert. Bei ihrer Ankunft in London stand sie zum ersten Male im Mittelpunkt des öffentlichen Interesses. Von den Eltern des Bräutigams wurde sie liebevoll aufgenommen, sie kannten Mary ja schon als kleines Mädchen. Der Hochzeitstermin wurde auf den 27. Februar 1892 festgelegt. Zu dieser Zeit grassierte in London eine Grippewelle. Bei seiner Geburtstagsfeier am 8. Januar, bei der bereits viele Gäste wegen der Grippe nicht teilnehmen konnten, muss sich der Prinz angesteckt haben – fünf Tage später ist er daran gestorben. Das Mitleid mit der jungen, unglücklichen Braut war im ganzen Lande groß, nicht nur innerhalb der Familie. Ein kleines Lied machte damals in den englischen Dorfkneipen die Runde:

»Alas his soul it has departed,
How solemn came the news,
His parents broken hearted,
Their darling son to lose.
With sympathy and feeling,
We one and all should say,
God rest his soul in silence,
And bless the Princess May!
With love and true devotion,
They watched by his bed side,
But all was gloom and sadness,
The moment that he died.«

Nach diesem Schicksalsschlag fiel es Mary schwer, ihr gewohntes Leben wieder aufzunehmen, weshalb die Teck-Familie im Frühling nach

Das Hochzeitsfoto von Prinz George von Wales und Prinzessin Mary Victoria von Teck, Juli 1893

Cannes reiste, um sich dort mit der Wales-Familie zu treffen. Gemeinsam wollte man versuchen, mit der Trauer um den Sohn und Bräutigam fertig zu werden. In Mary erwachten allmählich wieder die Lebensgeister, jedenfalls traf sie dort an der Côte d'Azur den inzwischen von seiner Typhuserkrankung genesenen George. Sie beschlossen, gemeinsam über Stuttgart zurück nach England zu reisen – vielleicht kamen sie sich da schon ein wenig näher und haben eine Verlobung ins Auge gefasst?

Diese zweite Verlobung Marys, nunmehr mit dem Bruder des verstorbenen Bräutigams, fand am 4. Mai 1893 statt, die ganze Familie freute sich darüber. Die Brüder waren in vieler Hinsicht gegensätzlich. Rein äußerlich war George kleiner, hatte braune Haare und blaue Augen. Er war geistvoller, besaß Humor und ein großes Pflichtbewusstsein. Vor allen Dingen unterschied ihn von seinem Bruder eines – er hatte zeitlebens keine Geliebte. Doch zwei Leidenschaften besaß er – die Jagd und die Liebe zu seiner schönen Mutter! An ihr hing er abgöttisch, sie war auch anfangs ein wenig eifersüchtig auf die neue Schwiegertochter, doch die beiden Frauen arrangierten sich. Die Ehe sollte glücklich werden, das Paar teilte lebenslang Kummer und Freude miteinander.

Der Sommer 1893 war ungewöhnlich heiß mit beinahe tropischer Hitze. George vermerkte in seinem Tagebuch, er komme fast um in der schrecklichen Hitze bei all den Vorbereitungen zur Hochzeit, die Nervosität vor dem großen Ereignis stieg. Mary stand erneut im Mittelpunkt des Interesses, die Presse berichtete: »Es gibt keine junge Lady, die sich besser auskennt in der englischen Geschichte und Literatur als die zukünftige Königin. Sie liebt Goethe und Schiller und Longfellow. Ihr Zimmer in White Lodge repräsentiert einen Kunsttempel.«

Das Hochzeitsfest wurde am 6. Juli 1893 in der königlichen Kapelle im St.-James-Palast gefeiert. Unter den Gästen waren das Königspaar von Dänemark, die Großeltern des Bräutigams, Prinz Heinrich von Preußen, Prinz Albert von Belgien, der Zarewitsch von Russland. Queen Victoria fuhr in der Staatskutsche mit acht Hannoveraner Pferden vor. George kam in Begleitung seines Vaters und des Onkels in die Kirche, er trug seine Marineuniform. Nach der Trauung fuhr das Brautpaar in einem Festzug durch die Straßen Londons und zeigte sich anschließend vom Balkon aus der jubelnden Menschenmenge. Queen Victoria beschrieb die Trauung: »Mary trug den Schleier ihrer Mutter, ein schlichtes weißes und silbernes Kleid, im Haar den Brillanten ›Rose of York‹. Beim Eintreten in die Kirche applaudierte die Menge, sie grüßte etwas nervös. Die Brautjungfern sahen süß aus in Weiß mit rosa und roten Rosen auf Schulter und Schuhen.« Die Schwiegermutter Marys fehlte bei der Hochzeit, sie trug noch Trauer um den verstorbenen Sohn Albert Victor. Zur Hochzeit schrieb sie einen liebevollen Brief an die Schwiegertochter und hieß sie nochmals in der Familie willkommen; sie habe Mary schon immer geliebt und freue sich nun, dass sie zu ihnen gehöre.

Nach der Hochzeit kam es zu einem kleinen Skandal. Der Journalist Edward Mylius schrieb in einer Zeitung, George sei schon verheiratet, er habe heimlich auf Malta Frau und Kind. Der englische Hof war über diese Behauptung so aufgebracht, dass gegen Mylius geklagt wurde und er für zwölf Monate hinter Gitter musste. Es war ein einmaliger Fall zwischen der Presse und dem Hof, die so genannte »Mylius Affäre«.

Die Flitterwochen verbrachte das Brautpaar in Sandringham auf York Cottage. Dieses Schloss sollte ein Refugium für die ganze Familie werden. George betonte immer, er habe dort seine glücklichsten Stunden verbracht. Auch Mary liebte Sandringham, beide hielten diesen Ort für den »Inbegriff ihres irdischen Glücks«.

Die Kinder Queen Marys

Das Paar hatte fünf Söhne und eine Tochter, die alle in Sandringham zur Welt kamen und dort ein wenig abseits vom Getriebe des königlichen Hofes aufwuchsen. Mary liebte ihre Kinder, ließ sie jedoch häufig in der Obhut der Nannys, was bei den vielen Reisen und Verpflichtungen des Thronfolger- und späteren Königspaares unumgänglich war. Doch den Unterricht in Geschichte und Kunst gestaltete sie für ihre Kinder selbst, dies waren ihre Spezialgebiete. Im privaten Kreis mit den Kindern konnte die sonst häufig etwas kühl wirkende Mary ausgelassen sein und viel lachen.

Edward (1894–1972)

Der älteste Sohn wurde am 23. Juni 1894 geboren. Nach dem Tod seines Vaters im Januar 1936 bestieg er als König Edward VIII. den

Taufe des ersten Sohnes, Prince Edward, mit den Großeltern Franz und Mary Adelaide von Teck. Foto aus dem Jahre 1894

Thron, löste jedoch mit seiner Abdankung im Jahr darauf eine der größten Krisen der britischen Monarchie aus. Ihm war die Zustimmung verweigert worden, die zweimal geschiedene Amerikanerin Wallis Simpson zu heiraten, wodurch diese zur Königin von England geworden wäre. Edward dankte ab, legte die Krone nieder, nahm den Titel eines Herzogs von Windsor an und heiratete Wallis. Die Ehe blieb kinderlos, das Paar lebte meist in Paris, wo der Herzog am 28. Mai 1972 verstarb.

Albert (1895–1952)

Am 14. Dezember 1895 geboren, kam Albert nach der Abdankung seines Bruders als König George VI. an die Regierung. Er heiratete am 26. April 1923 die aus schottischem Adel stammende Lady Elizabeth Bowes-Lyon. Das Paar hatte zwei Töchter, Elizabeth und Margaret Rose. George VI. ist am 6. Februar 1952 einem Krebsleiden erlegen, worauf die ältere Tochter Elizabeth, die heutige Queen, den Thron bestieg. Ihre Mutter bekam den Titel Queen-Mother, sie war bei der Bevölkerung sehr beliebt und starb 2002 im Alter von knapp 102 Jahren.

Mary (1897–1965)

Queen Marys Kinder Edward, Albert und Mary

Die Princess Royal, die einzige Tochter, kam am 25. April 1897 zur Welt. Sie engagierte sich stark im sozialen Bereich, war bei den englischen Mädchenpfadfindern und später Oberkommandantin des Roten Kreuzes. Ihre Heirat am 28. Februar 1922 mit dem sehr viel älteren Henry Lascelles, 6. Earl of Harewood, war angeblich keine Wunsch-Ehe. Ihre Hochzeit war das erste Familienfest nach dem Ersten Weltkrieg und wurde daher groß gefeiert. Das Paar hatte zwei Söhne und lebte in West Yorkshire. Sie stand ihrem Bruder Edward nahe und hielt auch nach seiner Abdankung den Kontakt mit ihm aufrecht, im Gegensatz zu anderen Mitgliedern der königlichen Familie. Mary starb am 28. März 1965.

Henry (1900–1974)

Der Duke of Gloucester wurde am 31. März 1900 geboren. Er heiratete am 6. November 1935 Lady Alice Montagu-Douglas-Scott aus einer vornehmen britischen Adelsfamilie. Das Paar lebte zwei Jahre in Canberra, wo Henry 1945 bis 1947 Gouverneur von Australien war. Sie hatten zwei Söhne, der ältere kam 1972 bei einem Flugzeugabsturz ums Leben. Richard, der jüngere Sohn, ist der jetzige Duke of Gloucester. Vater Henry starb am 10. Juni 1974, Prinzessin Alice wurde 102 Jahre alt und starb 2004 im Kensington-Palast in London. 1991 wurden ihre Memoiren veröffentlicht, »Memoirs of Ninety Years«.

George (1902–1942)

Der Duke of Kent, geboren am 20. Dezember 1902, war seit 1934 mit Prinzessin Marina von Griechenland und Dänemark verheiratet. Sie war die letzte ausländische Prinzessin, die in die Königsfamilie einheiratete, in der Folge kamen nur noch Ehen mit Bürgerlichen oder aus englischem Adel zustande. Das Paar hatte drei Kinder. George kam am 25. August 1942 bei einem Flugzeugabsturz in Schottland ums Leben. Mary sagte später, die Beerdigung ihres Sohnes habe von ihr die größte Selbstbeherrschung abverlangt, die sie je in ihrem Leben gebraucht hat.

Prince John (1905–1919)

Er kam am 12. Juli 1905 als jüngster Sohn zur Welt. John litt an Epilepsie und wurde außerhalb des Hofes versorgt, da man seine Krankheit geheim halten wollte. Er starb im Alter von knapp 14 Jahren am 18. Januar 1919 unerwartet, sehr betrauert von der Familie. Man hat Mary vorgeworfen, diesen Sohn sozusagen unter Verschluss gehalten zu haben. Doch war die Krankheit damals medizinisch noch nicht so weit erforscht wie heute und der Umgang mit diesem Leiden nicht frei von Vorurteilen.

Duchess of York – Princess of Wales

Nach dem Tod Queen Victorias am 22. Januar 1901 bestieg ihr ältester Sohn als König Edward VII. den englischen Thron. Eine der letzten Amtshandlungen der alten Queen war die Entsendung ihres Enkels George, Duke of York, nach Australien, um in Vertretung der Krone in Melbourne das erste Parlament des Commonwealth zu eröffnen. Diese Reise, die er zusammen mit seiner Gemahlin Mary unternahm, war für das Herzogspaar ein Erfolg und trug zu ihrer Popularität bei. George erhielt viele Einblicke und größeres Verständnis für die Länder des Commonwealth, die auf dieser Reise besucht wurden, wie beispielsweise Südafrika. Der Duke of York gewann Selbstsicherheit, denn es war ihm anfangs nicht leicht gefallen, im Lichte der Öffentlichkeit zu stehen. Bei verschiedenen festlichen Anlässen an verwandten Fürstenhöfen vertraten George und Mary immer wieder das englische Königshaus. Nach dem frühen Tod seines älteren Bruders war George in die Rolle des Thronfolgers gezwungen worden, obwohl er immer vom geruhsamen Leben eines Landedelmanns geträumt hatte. Es war nicht vorauszusehen, dass er einmal die Regierung übernehmen sollte. Seine Gemahlin war geistig beweglicher, energisch und immer tätig. Sie unterstützte ihren Ehemann, doch war sie klug genug, ihn nicht überragen zu wollen, obwohl sie ihm in manchen Dingen überlegen war.

Am 6. Mai 1910 starb König Edward VII. Am Morgen des 9. Mai 1910 fand die Proklamation seines Sohnes zum König George V. statt. Es waren hektische Tage, die Bestattung des verstorbenen Königs musste organisiert werden und gleichzeitig war der Umzug in den Buckingham-Palast vorzubereiten. Schwiegermutter Alexandra trauerte um ihren Gemahl, doch andererseits fiel es ihr schwer, sich in die neue Rolle der Königin-Witwe hineinzufinden. Sie war gewohnt, im Mittelpunkt zu stehen und sollte nun vor der neuen Königin zurücktreten. Die Situation war schwierig, zumal Alexandra von ihrer Schwester, der Zarin-Witwe, welche zu diesem Zeitpunkt gerade in England weilte, sehr beeinflusst war. Sie meinte, dass in St. Petersburg die Zarin-Mutter Vorrang vor der neuen Kaiserin habe und deshalb müsse auch Mary vor Alexandra zurückstehen – doch waren die Verhältnisse in London andere. Vor allen Dingen wollte sich die Königin-Witwe nicht von den Kronjuwelen trennen, obwohl diese nun der neuen Königin Mary zustanden und von dieser getragen werden sollten. Hinzu kam, dass sich Alexandra mit dem Auszug aus dem Buckingham-Palast, dem Sitz des regierenden Königspaares, unverhältnismäßig viel Zeit ließ. Auch wenn Mary nie ein gespanntes Verhältnis zur Schwiegermutter unterhalten hatte, nun machte ihr Alexandra das Leben schwer und Mary nannte es »no bed of roses«.

No bed of roses …

Mit der Thronbesteigung ihres Gemahls begann für Mary ein Leben, das vor allen Dingen von den Pflichten einer Königin bestimmt war. Sie nahm diese Aufgabe sehr ernst und verstand es auch, Würde und Eleganz auszustrahlen. Der König wirkte neben ihr oftmals gehemmt, litt unter einem leichten Stottern, doch sie half ihm bei seinen Reden und stand ihrem Mann immer hilfreich zur Seite. Er liebte sie sehr und auch sie sprach stets voller Hochachtung von ihm. So würdevoll Mary in der Öffentlichkeit wirkte, in privatem Kreis und unter Freunden war sie humorvoll und lachte gerne. Beide bevorzugten privat eine schlichte und eher gemütliche Häuslichkeit, doch wenn der König der Meinung war, es diene der Monarchie, konnte er mit entsprechendem Pomp auftreten. Auch Queen Mary liebte abseits der Öffentlichkeit ein schlichtes Auftreten, doch wenn sie es angebracht fand, konnte auch sie einen »wahrhaft königlichen Glanz« entfalten. Bis ins hohe Alter trug sie stets dasselbe Hutmodell, die so genannte »Tocque«, mit der sie eine eigene Hutmode kreiert hat. In der internationalen Presse war man sich bei den ungezählten offiziellen Auftritten Marys im In- und Ausland einig, »keine Monarchin kann solche Mengen an Schmuck mit solcher Leichtigkeit und Einfachheit tragen, ohne überladen zu wirken«.

Am 22. Juni 1911 fand die Krönung des Königspaares statt. Am Morgen dieses denkwürdigen Tages bewegte sich eine lange Prozession vom Buckingham-Palast zur Westminster Abbey, voran schritt die Geistlichkeit, es folgten die jeweiligen Gouverneure mit den Fahnen ihrer Länder: Südafrika, Neuseeland, Australien, Kanada, Indien. Danach kamen die verschiedenen britischen Abordnungen. Mary meinte später, dieser Krönungszug habe große Ähnlichkeit mit ihrem Brautzug einstens gehabt, nur, dass inzwischen viele ihrer Lieben gefehlt hätten, wie Queen Victoria, ihre Eltern und der Schwiegervater. Diesmal konnten nur noch »Motherdear« und Tante Augusta an dem großen Fest teilnehmen. In der Kirche begann die eigentliche Krönung nach einem alten, tausendjährigen Brauch: Der König kniete vor dem Altar, eine Hand lag auf der Bibel, dann sprach er den Krönungseid.

Die Krönungsfeier Georges V. in der Westminster Abbey. Auf dem Thron seitlich des Königs verfolgt Queen Mary die Zeremonie.

Die ganze Zeremonie bestand aus vier Teilen, jede hatte ihre historische und symbolische Bedeutung. Dazu gehörten die Anerkennung des Königs durch den Witan, dann der Eid und die Weihe durch die Kirche sowie die Huldigung der Lords. »Witan« bedeutet im Altangelsächsischen das Treffen der Weisen, die auch den Nachfolger eines Königs bestätigen mussten, was vom 7. bis zum 11. Jahrhundert in England üblich war. Etwas Besonderes war der Thron, auf welchem der König Platz genommen hatte. Er ist bekannt als »König Edwards Stuhl« und enthält den Stein des Schicksals, den im Jahre 1296 König Edward I. aus der schottischen Abtei Scone mitgenommen hatte. Nach der Legende war dies der Stein, auf dem der Prophet Jacob saß, als er im Traum die Himmelsleiter sah. Seit dem 13. Jahrhundert sitzen alle englischen Herrscher bei ihrer Krönung auf diesem Stein. Musikalisch begleitet wurde die Feier vom »Coronation-March«, den Edward Elgar eigens zu diesem Anlass komponiert hatte. Man kann ihn als inoffiziellen Hofkomponisten ansehen, denn er hatte schon zur Thronbesteigung Edwards VII. die Krönungsode geschaffen und später entstand anlässlich der Kaiserkrönung in Delhi auch noch »The crown of India«.

Am Abend des Krönungstages notierte George in sein Tagebuch: »Darling May sah wunderschön aus und es war schön, sie an meiner Seite zu haben, wie sie es in den letzten 18 Jahren war. Wir verließen Westminster um 14.15, um 11 Uhr hatte es begonnen, mit unseren Kronen und den Szeptern in den Händen. Fuhren in der goldenen Kutsche durch die Mall, St. James Straße und Picadilly, alles war sehr schön geschmückt. Als wir den Buckingham-Palast erreicht hatten, trat May und ich auf den Balkon, um uns dem Volk zu zeigen. Downey fotografierte uns in der Robe mit den Kronen. Dann gab es einen Lunch mit den Gästen. Anschließend arbeitete ich den Nachmittag, um die hunderte von Telegrammen und Briefen zu beantworten. Abends mit Gästen diniert, wirklich müde, zu Bett um 11.45. Wunderschöne Illumination überall. Dazwischen immer wieder raus getreten und dem Volk gewinkt. Wir waren beide tief berührt.«

In den nun folgenden Regierungsjahren galt Marys hauptsächliche Aufgabe der Repräsentation des Königshauses. Immer wieder fanden größere Festlichkeiten bei Hofe statt. Sehr beliebt waren die Debütantinnen-Bälle, die bis zu vier Mal im Jahr veranstaltet wurden. In einem zweistündigen Defilee wurden junge Damen der Gesellschaft den Majestäten vorgestellt, die in vollem Ornat etwas erhöht saßen, die Königin mit langer Schleppe und glitzerndem Brillantschmuck. Für Kronprinz Edward bedeuteten diese Bälle immer eine Tortur, weshalb er diese Zeremonie später umwandelte in ein nachmittägliches Gartenfest im Juli, ein Termin, der bis heute beibehalten wird. Eine alte Tradition aus den Zeiten König Edwards I. wurde von Queen Mary wieder aufgenommen – die »Moundy ceremony« am Gründonnerstag. Hierbei wurden an Alte und Bedürftige nach dem Gottesdienst vor dem Kirchenportal Geschenke, Geld, Kleidung oder Lebensmittel verteilt. Man wollte damit an die Fußwaschung Christi erinnern, es war ein Symbol der Nächstenliebe. Das Königspaar nahm dieses Ritual nach 200 Jahren wieder auf, indem es in der Westminster Abbey eigenhändig silberne Münzen, das »Moundy Money« verteilte. Es zeigt deutlich, wie geschichts- und traditionsbewusst insbesondere die Königin war.

König George V. beim Staatsbesuch in Berlin bei seinem Cousin, dem deutschen Kaiser.

Zu den Pflichten des Königspaares gehörten auch die großen und wichtigen Staatsbesuche, wie beispielsweise in Paris und Berlin.

Im April 1914 besuchten sie Paris, nachdem der französische Präsident Raymond Poincaré zuvor in London vom Königspaar empfangen worden war. Damals schrieb Mary, George habe eine schöne Rede gehalten in französischer Sprache und der Präsident habe sehr charmant darauf geantwortet. Dieser Parisbesuch war für Mary die erste Auslandsreise als Königin von England. Frankreich war damals das einzige größere europäische Land, das keine Monarchie mehr hatte, ein Staatsbesuch im demokratischen Frankreich verlangte also sehr viel Fingerspitzengefühl. Mary wollte kein falsches Wort sagen, doch war sie durch und durch eine Royal, hatte Kaiserin Eugenie und das Herzogspaar von Orleans sehr gut gekannt, die nun im Exil lebten. Es fiel ihr deshalb zunächst schwer, immer zu lächeln und charmant zu sein, doch als sie im offenen Wagen neben Madame Poincaré durch die Straßen von Paris fuhr und ihr überall die Menschen zujubelten, war sie davon sehr berührt. Sie hatte sich für diesen Anlass besonders elegant gekleidet, zum blassblauen Mantel trug sie einen Hut aus weißen Straußenfedern und zauberhaften Perlenschmuck. Nicht nur in

Frankreich, auch in der deutschen Presse wurde ihr »Outfit« bewundernd erwähnt. Mary konnte Französisch und war bewandert in der französischen Kunst und Literatur, so dass sie allgemein »gut ankam«. Sehr zufrieden über den Erfolg dieses Besuchs reiste das Königspaar zurück und war überzeugt, dass auch die Franzosen ein gutes Verhältnis mit England wünschten.

Der Staatsbesuch in Berlin am preußischen Hof war eingebettet in die Feierlichkeiten zur Hochzeit von Prinzessin Victoria Luise. Hier gab es für die englischen Gäste weniger Probleme, mit dem preußischen Hof war man ja verwandt und im Gegensatz zu Paris pflegte man einen vertrauten Umgang miteinander. Auch bei dieser Gelegenheit stahl Queen Mary vielen die Schau. Ihre Festtoiletten und ihr Diamantschmuck waren geschmackvoll und bezauberten die anderen Gäste. Mary trug einen Mantel aus indischem Seidenstoff mit eingewobenen Blumen, darunter eine goldbestickte Corsage, die Schleppe aus edlem, besticktem, irischen lace-lined Goldgewebe. Die Krone war mit Perlen und Diamanten geschmückt, am Hals prangte der berühmte Diamant »Star of Africa«. Bei solchen Anlässen empfand es Queen Mary als ihre »patriotische Pflicht«, ihr Land und den Thron majestätisch, vielleicht auch ein wenig glamourös, zu repräsentieren.

Kaiserin von Indien

Schon Queen Victoria trug den Titel »Königin von Großbritannien und Kaiserin von Indien«. Ihr damaliger Premierminister Benjamin Disraeli hatte einen entsprechenden Gesetzesentwurf angeregt, der vom Parlament angenommen wurde. Die Kaiser-Proklamation am 1. Mai 1877 in London war ein großes Ereignis, bei welchem damals sogar die Queen mitfeierte, obwohl sie noch Trauer um ihren Gemahl trug. Sie hatte eigens dafür die indischen Juwelen angelegt, die ihr von der damaligen Maharani verehrt worden waren. Nur zu einer Reise ins ferne Indien konnte sie sich nicht entschließen, weshalb sie im Winter 1905/06 das Prinzenpaar von Wales in ihrer Vertretung zu einer Huldigungsreise nach Delhi schickte.

Gleich nach seiner Krönung in London beschloss George V. sich auch in Indien feierlich krönen zu lassen, da er den Titel eines Kaisers von Indien bereits trug. Er erinnerte daran, wie erfolgreich seine erste Reise dorthin verlaufen war und baute auch jetzt auf die Loyalität der indischen Fürsten und auf das indische Volk. Doch die Minister rieten dem König zunächst von diesem Vorhaben ab, auch die Opposition im Parlament übte heftige Kritik an diesem Plan. Alle befürchteten, es könnten Unruhen ausbrechen gegen die britische Kolonialherrschaft, immer wieder waren in der Vergangenheit diesbezüglich Probleme aufgetreten. Auf eine weitere Schwierigkeit machte der Erzbischof von Canterbury aufmerksam. Er mahnte, man könne in Indien mit Rücksicht auf die Religionen der Hindus und Moslems keine Krönungsfeier im europäischen Sinne zelebrieren, etwa mit einer Messe, das könnte als Affront gewertet werden.

George V. blieb jedoch bei seinen Plänen und setzte sich gegen alle Widerstände durch. Nach einem alten Gesetz dürfen die britischen Kronjuwelen niemals außer Landes verbracht werden, weshalb eigens für diese Kaiserkrönung in Indien eine neue Krone angefertigt werden musste. Die Hofjuweliere entwarfen eine Krone mit Smaragden, Rubinen, Saphiren und 6100 Diamanten, sie wog beinahe ein Kilo und kostete den stolzen Preis von 60 000 Pfund. Da George V. der letzte Kaiser von Indien war, der sich krönen ließ, wurde die indische Kaiserkrone nur ein einziges Mal getragen und danach nie wieder. Heute kann sie zusammen mit den britischen Kronjuwelen im Tower of London besichtigt werden.

Am 2. Dezember 1911 landete das englische Königspaar mit seiner Begleitung nach einer langen Seereise an Bord der »Medina« in Indien. Überall waren die Menschen zusammengekommen, um das nunmehrige Kaiserpaar zu begrüßen. Man hatte den Kaiser auf einem Elefanten reitend erwartet, zu Pferde und in Uniform wurde er zunächst nicht erkannt. Die Tage vor dem großen Ereignis, der Delhi-Durbar, waren ausgefüllt mit glänzenden Empfängen, bei denen Mary kostbarste Juwelen überreicht wurden. Die Krönung selbst fand am 12. Dezember bei einer Durbar in Delhi statt, so nannte man in Indien die großen, spektakulären Zeremonien und Zusammenkünfte mit

Huldigungen vor den Fürsten. Wohl 300 000 Menschen versammelten sich auf einem riesigen Gelände mit vielen tausend Zelten. Von 101 Salutschüssen angekündigt, trat der Kaiser mit der neuen Krone auf dem Haupt vor die anwesenden indischen Fürsten und ließ sich huldigen. Mary trug ein Diadem mit Smaragden und den indischen Schmuck von Queen Victoria. Beide Majestäten hatten ihren Krönungsornat angelegt, die schweren Schleppen wurden von zehn Pagen, Söhnen der vornehmsten indischen Fürstenfamilien, getragen. Auf diese Festlichkeiten folgten für das neue Kaiserpaar noch einige erholsame Tage, an denen George zur Tigerjagd ging und Mary ein reiches Besichtigungsprogramm absolvierte.

Über diese Tage in Indien vermerkt ein Bericht: »Viele Leute in England hatten ihm von dieser Reise aus verschiedenen Gründen abgeraten, aber es war die ganzen 5 Wochen, die sie in diesem wunderbaren Land verbracht hatten, ein großer Erfolg. May und er waren zutiefst berührt von der Liebe, die ihnen von der Million von Menschen entgegen gebracht wurde. In den 10 Tagen in Calcutta waren die Menschen mit jedem Tag mehr enthusiastisch, weniger demonstrativ als in England.«

Mary empfand, wie wichtig der Jubel dieser Menschen und der Erfolg der ganzen Reise für ihren Gemahl waren. Die neue Kaiserwürde gab ihm mehr Sicherheit und Selbstvertrauen in seinem Auftreten und die Krönungszeremonie mitten unter einem Millionenpublikum zeigte beiden, welche Größe und Würde dieses Amt bedeutete. Für einen Augenblick glaubte das Kaiserpaar, die Glorie der britischen Krone auch in Indien zu spüren, an ihrem Herrschaftsanspruch hegten sie damals kaum Zweifel. 36 Jahre nach dieser Krönung, im August 1947, erhielt Indien seine Unabhängigkeit.

Im 18. Jahrhundert hatte sich auf dem indischen Subkontinent die »Britische Ostindien-Kompanie«, eine Gesellschaft von Kaufleuten unter dem Schutz der britischen Krone, zur führenden Macht entwickelt. Immer wieder kam es zu Kämpfen zwischen Hindus und Moslems, weshalb nach dem Aufstand von 1857 gegen die Herrschaft des moslemischen Großmoguls das Land vollends unter britische Kolonialherrschaft kam und bis 1947 bei der britischen Krone blieb. Im Jahre

1877 erklärte das britische Parlament den englischen König gleichzeitig in Personalunion zum Kaiser von Indien. In den 30er-Jahren des 20. Jahrhunderts führte Mahatma Gandhi eine Partei, die auf friedlichem Wege mehr Selbstständigkeit für Indien forderte. In einem Brief vom März 1931 schreibt der Vizekönig von Indien, Lord Irwien, an König George V. über Gandhi: »Er ist eine starke Persönlichkeit, obwohl äußerlich wenig anziehend, klein, ohne Vorderzähne, ausgemergelt. Doch kraftvoller Charakter und scharfer Verstand. Im Gespräch zum Schluss gekommen, absolutes Vertrauen, ehrlich, steht zu seinem Wort. Er will den Weg zum Frieden finden.«

Die eigens für die Kaiserkrönung in Indien angefertigte Krone ist heute im Tower von London zu besichtigen.

Bei den so genannten »Round-Table-Konferenzen« wurde nach Möglichkeiten gesucht, etwa nach dem Vorbild Kanadas, eine Verfassung auf föderalistischer Basis zu entwickeln. Die Gandhi-Partei forderte zu gewaltlosem Widerstand auf, beispielsweise durch den berühmten »Salzmarsch«, einer Kampagne gegen das britische Salzmonopol. Sie drohte mit »civiler Gehorsamsverweigerung«, solange die britische Regierung nicht bereit wäre, mehr Verantwortung in indische Hände zu legen. Am 6. Februar 1935 wurde dann das Indien-Gesetz verabschiedet, wonach elf Provinzen selbstständig wurden, doch unter einer zentralen Regierung, nur Finanzwesen und Polizeigewalt blieben weiterhin in britischen Händen. Mit dieser Regelung erklärte sich auch Gandhi einverstanden, nur die Moslems forderten Sonderrechte. Da die muslimische Bevölkerung größtenteils im heutigen Pakistan lebte, kam es 1947 zur Teilung des Landes in zwei Staaten, die Grenzziehung verlief willkürlich, wie mit dem Lineal gezogen. Beide Staaten blieben jedoch Mitglieder im Commonwealth. Pakistan ist seit 1956 »Islamische Republik Pakistan«.

Zwei Weltkriege

Während des Ersten Weltkriegs kamen auf Queen Mary neue Pflichten zu, welche sie vielfach zusammen mit ihrer Tochter, der Princess Royal, übernahm. Sie besuchten gemeinsam Lazarette oder empfingen Frauenverbände; mit dem Namen der Tochter Mary wurde ein Hilfsfonds benannt, der zu Weihnachten Geschenke an Soldaten verteilte. Queen Mary ließ die Gärten des Buckingham-Palastes öffnen, damit sich Genesende darin erholen konnten. Auch weitere Organisationen wurden von der Queen unterstützt, sie lobte die englischen Frauen für ihr couragiertes Verhalten während des Krieges. Im ersten Kriegsjahr empfing sie Mary Macarthur, Mitglied in der Gewerkschaft der Frauen, die sich für bessere Bezahlung und verbesserte Arbeitsbedingungen für Frauen einsetzte, besonders gegen die Ausbeutung in Kriegszeiten. Obwohl Queen Mary für die Frauenrechtlerinnen nie Verständnis hatte und auch den Gewerkschaften zunächst reserviert gegenüberstand, für diese Frau empfand sie eine persönliche Wertschätzung und sie versprach Mary Macarthur ihre Unterstützung.

Aus Solidarität mit der Bevölkerung beschloss König George während des Krieges, auch bei Hofe nicht mehr oder besser zu speisen als alle anderen Menschen im Lande. Allgemein herrschten kriegsbedingt Einschränkungen, weshalb den Gästen des Königspaares zum Beispiel kein Alkohol mehr angeboten wurde, nur noch Fruchtsäfte. Queen Mary hingegen ließ sich dennoch hin und wieder ein wenig Champagner in ihren Saft mischen und auch der König zog sich mitunter nach dem Essen dezent in sein Arbeitszimmer zurück, zum gewohnten Gläschen Port.

Da auch die Söhne des Königspaares an der Front in Gefahr waren, lebte Mary in ständiger Sorge um die Familie. Im Oktober 1915 erlitt

König George während einer Inspektion des königlichen Fliegercorps in Frankreich bei einem Reitunfall einen Beckenbruch. Er erholte sich nur langsam davon, danach war seine schon immer zarte Gesundheit sehr belastet, der Unfall hatte ihn nervlich sehr mitgenommen. Auch wichtige Familienereignisse fielen in diese Kriegsjahre. So verstarb im Winter 1916 Marys geliebte Tante Augusta von Mecklenburg-Strelitz im Alter von 94 Jahren. Im darauf folgenden Mai beging Mary ihren 50. Geburtstag, sie schrieb: »Ich bin 50! – Schrecklich!« Ein Jahr später feierte das Königspaar am 6. Juli 1918 die Silberhochzeit. Es hätte ein strahlendes Fest werden sollen, doch angesichts des Krieges beschränkte man sich auf eine kleine Feier und einen Dankgottesdienst in der St. Paul's Cathedral. Kurz nach Kriegsende, am 18. Januar 1919, starb der jüngste Sohn, Prince John, der wegen seiner epileptischen Erkrankung schon seit Jahren in einem Heim betreut wurde, dennoch überraschend im Alter von 13 Jahren. Mary schrieb, dass sie Gott dankbar sei, dass er ohne Qual und friedlich einschlafen durfte.

Am 15. Juli 1917 entschied König George V. seinen deutschen Familiennamen Sachsen-Coburg-Gotha abzulegen und den Namen »Windsor« nach dem Familiensitz anzunehmen. Im Hinblick auf den Krieg zwischen Großbritannien und Deutschland sah er sich gezwungen, diese Namensänderung vorzunehmen. Auch die anderen Mitglieder der königlichen Familie wurden gebeten, ihre deutschen Namen zu ändern. Prinz Louis von Battenberg wurde Marquis von Milford Haven, seine Kinder nannten sich fortan »Mountbatten« – aus dieser Familie stammt der heutige Prinzgemahl Prince Philip.

Am 11. November 1918 notiert Queen Mary: »Zuerst trübe, Regen am Nachmittag. Der größte Tag der Weltgeschichte. Der Waffenstillstand wurde um 5 Uhr morgens unterzeichnet. Die Gefechte endeten um 11. Nach dem Frühstück traten wir auf den Balkon, Tausende Londoner hatten sich versammelt und die Kapellen der Garde spielten die Nationalhymne und die Hymnen der Alliierten. Es herrschte große Begeisterung. Nachmittags bei strömendem Regen in die Stadt gefahren, um 7 kam der Premierminister. Ein Tag voller Bewegung und Dankbarkeit und mit dem Bedauern, dass so viele ihr Leben in diesem schrecklichen Krieg lassen mussten.«

Bei Ausbruch des Zweiten Weltkriegs war Mary schon seit vier Jahren Witwe und ihr Sohn als König George VI. an der Regierung. In diesen Kriegsjahren wuchs die Beliebtheit von Marys Schwiegertoch-

König George V. und Königin Mary von Großbritannien, Foto von 1913

ter Elizabeth, der neuen Königin. Man hatte dem Königspaar geraten, nach dem Kriegseintritt Englands 1940, sich in Kanada in Sicherheit zu bringen, was die Königin entrüstet ablehnte: »Die Prinzessinnen gehen nicht ohne mich, ich gehe nicht ohne den König und der König geht niemals.« Die Königsfamilie blieb also in London und erlebte die Bombardierung hautnah mit. Auch Teile des Buckingham-Palastes wurden von Bomben zerstört und Elizabeths Worte danach sind berühmt geworden: »I'am almost glad we've been bombed too, I can now look the Eastend in the face.« (Ich bin beinahe froh, dass auch wir von Bomben getroffen wurden, so kann ich den Menschen im Eastend ins Gesicht sehen.) Dieser Londoner Stadtteil war zuvor heftig bombardiert worden.

Queen Mary wurde aus London evakuiert und lebte während der Kriegsjahre bei ihrer Nichte Mary, Duchess of Beaufort, in Badminton House, Gloucestershire. Ihr gesamter Haushalt samt Personal reiste mit und belegte das ganze Schloss, der Nichte und deren Familie blieben nur wenige Privaträume. Mary fühlte sich sehr wohl dort, war aber offenbar kein einfacher Gast, weil sie vieles am Haus verändert haben wollte. Das Kriegsende am 8. Mai 1945 vernahm sie im Rundfunk, abends ging sie ins Dorflokal und feierte und jubelte mit den Dorfbewohnern. Der Abschied von den Menschen dort war tränenreich, sie meinte: »Ich war hier so glücklich, eine unter vielen, in London muss ich wieder Queen Mary sein.« Ihr Palais in London war durch Bomben beschädigt worden, wurde jedoch nach und nach wieder hergestellt. Ein erster Besucher nach der Renovierung war General Eisenhower, der spätere Präsident der Vereinigten Staaten, welcher bei Queen Mary zur Audienz geladen war.

Die Thronfolger

Seit dem 3. Mai 1880 hatte George sorgfältig ein Tagebuch geführt, doch der letzte Eintrag am Tag vor seinem Tode stammt nicht mehr von seiner Hand. Mary schrieb: »King George V. was much distressed at the bad writing above and begged me to write his diary for him next day. He passed away on Jan. 20th at 5 min. before midnight.« König George V. starb am 20. Januar 1936 auf seinem geliebten Landsitz in Sandringham. Am nächsten Tag flogen seine beiden Söhne gemeinsam zurück nach London, um der offiziellen Bekanntgabe des neuen Königs beizuwohnen. Mary blieb trotz ihrer Trauer sehr gefasst und verlor auch bei den Trauerfeierlichkeiten niemals die Contenance. Sie verließ den Buckingham-Palast und nahm ihre Wohnung in Marlborough House in London. Dieses Palais war ursprünglich für die Herzogin von Marlborough im barocken Stil erbaut worden und lag unweit vom St.-James-Palast. Das Haus erfuhr mehrere Umbauten, seit dem Tod Queen Marys wird das Palais als Sekretariat des Commonwealth genutzt.

Am 21. Januar 1936 war die Inthronisation des ältesten Sohnes als König Edward VIII. Er war sehr populär, ein Sportsmann, auch sozial engagiert, schon in jungen Jahren der Star der Londoner High Society. Seinen Status als Prinz hat er gerne ausgenutzt, er führte ein flottes Leben ohne verstaubte Moralvorstellungen. Sein Vater machte sich Sorgen um die Zukunft, wenn er an die Regierung kommen sollte. Politisch hatte Edward VIII. anfänglich mit Hitler und Mussolini sympathisiert, er hegte eine heimliche Bewunderung für die vermeintlich starken Männer auf dem Kontinent, glaubte, sie wären gute Verbündete für England. Nach seiner Abdankung empfing Hitler das Herzogspaar von Windsor in Berlin und meinte danach über Wallis Simpson, »sie hätte eine gute Königin abgegeben«.

In den Londoner Salons hatte Edward die Amerikanerin Wallis Warfield-Simpson kennen gelernt, die damals noch verheiratet war, sich jedoch scheiden ließ. Mit seiner Romanze und dem dadurch ausgelösten Skandal sorgte das Paar über lange Jahre hinweg für Schlagzeilen in den verschiedenen Gazetten in ganz Europa. König Edward hatte seine Geliebte bereits in die englische Gesellschaft eingeführt und wollte sie heiraten. Darüber kam es zu langwierigen Auseinandersetzungen mit dem Kabinett, die Vorstellung, eine zweimal geschiedene Amerikanerin wäre Königin von Großbritannien, war für den Premierminister Stanley Baldwin unmöglich. Er meinte, man müsse auch die Stimme des Volkes hören, als König habe er einen Preis zu bezahlen und könne nicht nur Rücksicht auf sein persönliches Glück nehmen. Auch von Seiten des Commonwealth kam keine Zustimmung. Doch Edward wollte nicht auf seine Liebe verzichten, stattdessen gab er am 11. Dezember 1936 über Rundfunk seine Abdankung an die Nation bekannt, nach nur 325 Tagen auf dem Thron. Er nahm den Titel eines Herzogs von Windsor an und verließ England in Richtung Frankreich, er lebte fortan in Paris. Nie zuvor hatte ein regierender König von Großbritannien abgedankt.

Die königliche Familie war entsetzt. Queen Mary, welche sich nie in das Privatleben ihres Sohnes eingemischt hatte, hoffte lange, diese Liebesaffäre würde wieder vorübergehen, wie zuvor so manches Mal. Zwei Jahre nach seiner Abdankung schrieb sie an ihren Sohn folgenden Brief: »Du scheinst nicht in der Lage zu sein, einen anderen Gesichtspunkt zu sehen als Deinen. Ich glaube, Du hast nicht gemerkt, welchen Schock Du ausgelöst hast in der Familie und in der ganzen Nation. Meine Gefühle als Mutter für Dich bleiben und ich habe Kummer mehr als Worte. Aber in meinem ganzen Leben habe ich immer das Land über alles gestellt und das kann ich auch jetzt nicht ändern.« Erst nach dem Zweiten Weltkrieg, im Oktober 1945, sah Mary ihren Sohn Edward nach neun Jahren erstmals wieder, ihre Schwiegertochter, die Herzogin von Windsor, hat sie niemals empfangen!

Der zweitgeborene Sohn Albert war nun gezwungen, die Nachfolge für seinen Bruder anzutreten, er wurde am 12. Mai 1937 zum König George VI. gekrönt. Bertie, wie er in der Familie genannt wurde, war als Kind scheu und ängstlich und war vom Vater häufig streng angefasst worden, wegen seines heftigen Stotterns. Zudem war der junge Mann gesundheitlich nicht sehr robust, eine militärische Ausbildung auf See musste er wegen Seekrankheit aufgeben, die anschließende Ausbildung bei der Royal Air Force desgleichen, weil er das Fliegen hasste. Erst mit seiner Eheschließung gewann er mehr Selbstvertrauen, seine junge, fröhliche, lebensbejahende Frau hatte den besten Einfluss auf ihn und kümmerte sich auch um eine Sprachtherapie. Queen Mary schätzte ihre Schwiegertochter sehr, weil sie natürlich war, Humor und Charme hatte. Das Paar wurde zu Duke und Du-

Nach dem Ersten Weltkrieg unternahm Edward, Prince of Wales, in Vertretung seines Vaters, zahlreiche Reisen durch das »Empire«, hier im offenen Wagen in Australien.

chess of York ernannt und verbrachte mit den beiden Töchtern ruhige Jahre in häuslichem Glück.

Nach der Thronbesteigung im Mai 1937 entwickelte sich Königin Elizabeth mit den Jahren zum populärsten Mitglied des Königshauses. Als dann ihre Tochter 1952 an die Regierung kam, wurde ihr Titel »Queen-Mother« liebevoll in »QueenMum« umgetauft. Vielen ist die elegante ältere Dame mit der farbenfrohen Garderobe und den ausladenden Hüten wohl in bester Erinnerung, stets war ihre Kleidung farblich perfekt abgestimmt. Ihre herzliche und ungekünstelte Art hob sich wohltuend ab vom ansonsten oftmals steifen Hofprotokoll.

Letzte Jahre

Queen Mary lebte als Witwe in Marlborough House, welches für sie mit jeglichem Komfort ausgestattet und von ihr mit Geschmack eingerichtet worden war. Manche Besucher schilderten, sie wirke dort in ihren Möbeln, ihren blauen Samtroben und ihrem Perlenschmuck einerseits höchst distinguiert, aber auch ein bisschen wie aus einer anderen Zeit. In ihrem hohen Alter war sie zuletzt die Einzige am Hof, die noch lebhafte Erinnerungen an die Zeit hatte, als sich die Aristokratie in den Modebädern Europas oder zu Besuch in den verschiedenen Residenzen traf. Queen Mary hatte sie alle gekannt – Sophie von Württemberg, Olga von Württemberg mit ihrer Vera, Tilla von Schaumburg-Lippe mit ihrem Charlottchen und der kleinen Bathildis – so beschrieb sie die württembergischen Verwandten. Niemand war so bewandert in der englischen Geschichte und mit Stammbäumen und konnte so herrliche Geschichten darüber erzählen wie Queen Mary. Darüber hinaus hatte sie stets ein lebhaftes Interesse an der aktuellen Politik.

Ihre Leidenschaft jedoch war das Sammeln von Gemälden, speziell von Familienbildern, und anderen Kunstgegenständen. Sie füllte ganze Vitrinen mit wertvollen Erinnerungsstücken aus dem englischen Königshaus. Besonders geliebt hat sie ihre reiche und wertvolle Porzellansammlung. Nicht immer soll sie beim Sammeln besonders zimperlich vorgegangen sein. Wenn sie etwas fand, das ihr gefiel, hat sie so lange auf den Besitzer eingewirkt, bis dieser einem Verkauf zustimmte, wenn nicht gar das gute Stück verschenkte. In ihren letzten Jahren hat sie ihre Kunstschätze in ein Museum eingebracht, an dessen Einrichtung sie lebhaft mitgewirkt hat. Gerne besuchte Queen Mary das Theater, auch Musicals wie zum Beispiel »La vie Parisienne«, woraus sie dann mit Begeisterung und im Verein mit der Kammerzofe manche Songs lauthals schmetterte – zum Entsetzen der schockierten Hausangestellten. »Sie war nicht immer die würdige Königin-Witwe, wie die Welt sie kannte«, sondern auch mal ausgelassen und vergnügt.

Am 26. Mai 1947 beging sie ihren 80. Geburtstag. Bei einer Feier mit Familie und Freunden hielt sie selbst eine Ansprache, was äußerst

Queen Mary mit ihrer Enkeltochter Elizabeth, der heutigen Königin von Großbritannien

ungewöhnlich war. Auch die BBC ehrte die Königin-Witwe mit einer Sondersendung. Einige Wochen später freute sie sich über die Verlobung ihrer Enkeltochter Elizabeth mit Lord Philip Mountbatten. »Libeth« stand ihr besonders nahe, es fällt auch eine äußere Ähnlichkeit von Großmutter und Enkelin auf, wenn man Fotos vergleicht. Aus diesem Anlass schenkte sie der Enkeltochter die Juwelen, welche sie selbst einst zur Hochzeit bekommen hatte. Über das Verlobungsfest notierte Mary in ihrem Tagebuch: »Ich stand von 9.30 – 12.15 !!!

nicht schlecht für 80.« Doch allmählich wurden ihre Beine schwächer, sie musste einen Rollstuhl benutzen, besuchte jedoch nach wie vor regelmäßig Kunst-Ausstellungen und den Gottesdienst. Wegen der Lungenerkrankung ihres Sohnes machte sich die Mutter größte Sorgen und seinen Tod am 6. Februar 1952 hat sie nur schwer verkraftet, von diesem Schlag sollte sie sich nie mehr ganz erholen.

Am Montag, 26. Mai 1952, feierte sie ihren 85. Geburtstag: »Ein schöner Tag, nicht so heiß, mein 85. Geburtstag! Mary kam freundlicherweise und half mir, wir hatten Lunch und Tea zusammen. Zwischen 2.30 und 4.30 kamen einige meiner Familie, mich zu sehen, war sehr nett. Hunderte von Briefen, Karten usw. erreichten mich – ich fühle mich sehr geehrt und hatte einen schönen Tag in Anbetracht meines hohen Alters.« Anfang Februar 1953, an einem eiskalten Wintertag, fuhr Queen Mary ein letztes Mal durch London, danach verließ sie ihr Haus nicht mehr. Am Abend des 24. März 1953 ist sie ruhig eingeschlafen. Ihr Leichnam wurde in der Westminster Hall aufgebahrt, die Trauerzeremonie glich der eines Monarchen. Erstmalig konnte auch die Öffentlichkeit an der Trauerfeier für ein Mitglied der britischen Königsfamilie teilnehmen, zuvor gab es nur den privaten Rahmen.

Schluss

In ihrem langen Leben von 85 Jahren hat Mary die Regierungen von fünf Königen Großbritanniens miterlebt, zeitweise daran teilgehabt und mitgestaltet. Selbst an der Proklamation ihrer Enkeltochter Elizabeth zur neuen Königin nach dem Tod ihres Sohnes George VI. nahm sie noch teil und fuhr sofort zu ihr mit den Worten: »[…] ihre alte Granny und Untertanin muss die Erste sein, die ihr die Hand küsst«. Aus einer solchen Geste spricht, welche große Bedeutung die Monarchie für Queen Mary hatte, sie war ihr beinahe heilig. Sie selbst stand als Gemahlin König Georges V. an der Spitze eines Weltreiches, war gekrönte Kaiserin von Indien, nur in Württemberg hätte sie den Thron nicht besteigen können – dort war sie nicht ebenbürtig!

Stammtafel des Hauses Windsor

Queen Victoria 1819–1901 ∞ Albert von Sachsen-Coburg-Gotha 1819–1861

Victoria 1840–1901
∞ Friedrich von Preußen Deutscher Kaiser

Edward VII. 1841–1910
∞ Alexandra von Dänemark

Alice 1843–1878
∞ Ludwig von Hessen

Alfred 1844–1900 Duke of Edinburgh

Helena 1846–1923
∞ Christian von Schleswig-Holstein

Albert Victor 1864–1892

George V. 1865–1936
∞ Victoria Mary von Teck 1867–1953

Louise 1867–1931
∞ Alexander Duke of Fife

Victoria 1868–1935

Edward VIII. Duke of Windsor 1894–1972
∞ Wallis Simpson

Albert König George VI. 1895–1952
∞ Elizabeth von Bowes-Lyon

Mary 1897–1965
∞ Henry Earl of Harewood

Henry Duke of Gloucester 1900–1974
∞ Alice Montagu

Elizabeth II.

Margaret-Rose

Louise
1848–1939

∞ Duke of
Argyll

Arthur
Duke of Connaught
1850–1942

Leopold
Duke of Albany
1853–1884

Beatrice
1857–1944

∞ Henry of
Battenberg

Maud
1869–1938

∞ Haakon VII.
von Norwegen

George
Duke of Kent
1902–1942

∞ Marina von
Griechenland

John
1905–1919

Literaturverzeichnis

Amburger, Erik: Deutsche in Staat, Wirtschaft und Gesellschaft Russlands. Die Familie Amburger in St. Petersburg 1770–1920. Wiesbaden 1986.

Anna Pawlowna en het Russische hof. Ausstellungskatalog. Apeldoorn 1995.

Aubry, Octave: Kaiserin Eugenie. Zürich 1937.

Baden und Württemberg im Zeitalter Napoleons. Ausstellungskatalog. Stuttgart 1987.

Baden – Russland – Württemberg, Begegnungen. Ausstellungskatalog. Ludwigsburg 1999.

Berger-Fix, Andrea und Merten, Klaus (Hrsg.): Die Gärten der Herzöge von Württemberg im 18. Jahrhundert. Ausstellungskatalog. Worms 1981.

Bertrant, Jules: König Harlekin. Das Leben des Jérôme Bonaparte. Klagenfurt 1963.

Blakiston, Georgiana: Lord William Russell and his Wife. 1815–1846. London 1972.

Boltenstern, Otto (Hrsg.): Am Hofe König Jérômes. Erinnerungen eines westfälischen Pagen und Offiziers. Berlin 1905.

Brunner, Hugo: Geschichte der Residenzstadt Cassel. Frankfurt am Main 1978.

Bunsen, Frau Carl von: An drei Gesandtschaften. Erinnerungen einer Diplomatenfrau. Berlin 1910.

Bunsen, Freifrau von: Ein Lebensbild. Gotha 1899.

Burkard, Suzanne (Hrsg.): Mémoires de la Baronne d'Oberkirch sur la cour de Louis XVI et la société français avant 1789. Paris 1970.

Calcar, Elise van: Sophia Frederika Mathilda, Koningin der Nederlanden. Haarlem 1877.

Cannadine, David: Die Erfindung der britischen Monarchie. 1820–1994. Berlin 1994.

Decker-Hauff, Hansmartin: Burg Teck und das englische Königshaus. Sonderdruck zum Staatsbesuch des Bundespräsidenten.

Die geheime Geschichte des ehemaligen Westphälischen Hofes zu Cassel. St. Petersburg 1814.

Dieterich, Susanne: Württemberg und Russland. Geschichte einer Beziehung. Leinfelden-Echterdingen 1994.

Elias, Otto-Heinrich: König Wilhelm I. In: Robert Uhland (Hrsg.): 900 Jahre Haus Württemberg. Stuttgart 1984.

Ernestine von L.(Hrsg.): König Jérôme und seine Familie im Exil. Briefe und Aufzeichnungen. Leipzig 1870.

Esbach, Friedrich-Carl: Das Herzogliche Haus Württemberg zu Carlsruhe in Schlesien. Stuttgart 1906.

Fleischhauer, Ingeborg: Die Deutschen im Zarenreich. Stuttgart 1991.

Hankel, Hans-Peter: Die reichsunmittelbaren evangelischen Damenstifte im Alten Reich und ihr Ende. Frankfurt am Main 1996.

Haus der Heimat des Landes Baden-Württemberg (Hrsg.): Maria Feodorowna als Mittlerin zwischen Württemberg und Russland. Stuttgart 2004.

Hibbert, Christopher: The Court of St. James's. The Monarch at Work from Victoria to Elizabeth II. London 1979.

Jena, Detlef: Die Zarinnen Russlands. Regensburg 1999.

Kaisenberg, Moritz von: König Jérôme Napoleon. Ein Zeit- und Lebensbild nach Briefen. Leipzig 1899.

Keppler, Utta: Für mich gab's nur Jérôme. Katharina von Württemberg und Jérôme Bonaparte. Ein biographischer Roman. Mühlacker 1995.

Kleinschmidt, Arthur: Geschichte des Königreichs Westfalen. Gotha 1893.

Kluckert, Ehrenfried: Die Kasseler Gärten: raffinierte Perspektiven. München 2007.

König Jérôme und der Reformstaat Westphalen. Ausstellungskatalog. Hofgeismar 2006.

König Lustik!? Jérôme Bonaparte und der Modellstaat Königreich Westphalen. Ausstellungskatalog. Kassel 2008.

Krieg und Frieden: eine deutsche Zarin in Schloß Pawlowsk. Ausstellungskatalog. München 2001.

Kröger, Uwe: Die Windsors: Glanz und Elend einer Monarchie. Bergisch Gladbach 1994.

Kühn, Joachim: Die Königin Hortense und ihre Söhne, 1815–1837. Nach größtenteils unveröffentlichten Quellen. Stuttgart 1965.

Kühn, Joachim: Prinzessin Mathilde Bonaparte. Stuttgart 1968.

Lahnstein, Peter: Schillers Leben. München 1981.

Lavater-Sloman, Mary: Katharina und die russische Seele. Die Lebensgeschichte Katharinas II. von Russland. Zürich 1941.

Lindemann, Martha: Die Heiraten der Romanows und der Deutschen Fürstenhäuser im 18. und 19. Jahrhundert und ihre Bedeutung in der Bündnispolitik der Ostmächte. Berlin 1935.

Lorenz, Sönke u. a.(Hrsg.): Das Haus Württemberg. Ein biographisches Lexikon. Stuttgart 1997.

Marquet, Mario: Die amerikanischen Bonapartes (1803–1845). Wien, Köln, Weimar 1992.

Maurer, Hans-Martin: Das Haus Württemberg und Rußland. In: Zeitschrift für Württembergische Landesgeschichte (ZWLG) 48, 1989, S. 201–222. Stuttgart 1989.

Merkle, Jacob: Jugendjahre der Kaiserin Maria Feodorowna von Russland geborener

Prinzessin von Württemberg 1759–1776. Stuttgart 1892.

Misciatelli, Piero (Hrsg.): Letitia Bonaparte: Napoleons Mutter in ihren Briefen. Zürich 1937.

Morgenstern, Karl von: Zum Gedächtnis der Kaiserin-Mutter Maria Feodorowna. Vortrag vom 12.12.1828 Universität Dorpat.

Nicolson, Harold: King George The Fifth: His Life and Reign. London 1952.

Osterberg, Adolf (Hrsg.): Tagebuch der Gräfin Franziska von Hohenheim, späteren Herzogin von Württemberg. Stuttgart 1913.

Panzer, Marita A.: Englands Königinnen: Von den Tudors zu den Windsors. Regensburg 2001.

Pope-Hennessy, James: Queen Mary. London 1959.

Schedler, Ernst: Stiftskirche St. Johannes der Täufer Oberstenfeld. Hrsg. Evangelische Kirchengemeinde Oberstenfeld 1993.

Schiemann, Theodor: Geschichte Russlands unter Kaiser Nikolaus I. Berlin 1904.

Schnitzler, Johann Heinrich: Geheime Geschichte Russlands unter den Kaisern Alexander und Nikolaus. Unter besonderer Berücksichtigung der Krisis von 1825. Grimma 1847.

Schnitzler, Johann Heinrich: Marie Feodorovna, Née Princesse de Wurtemberg-Montbéliard. Halle 1865.

Schubert, Friedrich von: Unter dem Doppeladler. Erinnerungen eines Deutschen in russischem Offiziersdienst 1789–1814. Hrsg. und eingeleitet von Erik Amburger. Stuttgart 1962.

St. Petersburg um 1800. Ein goldenes Zeitalter des russischen Zarenreiches. Ausstellungskatalog. Essen 1990.

Starzmann, Holger: Herzogin Henriette im Schloss Kirchheim. In: Schloss Kirchheim unter Teck: Landesfestung, Witwensitz, Schlossmuseum. Magazin-Reihe KulturGeschichte BW, hrsg. vom Staatsanzeiger-Verlag. Stuttgart 2007.

Storch, Heinrich: Gemählde von St. Petersburg. Riga 1794.

Strahlmann, Berend: Johann Caspar Lavater und die »Nordischen Herrschaften« (Großfürst Paul von Rußland, Herzog Peter Friedrich Ludwig von Oldenburg und ihre Gemahlinnen Maria Feodorowna und Friederike, Prinzessinnen von Württemberg). In: Oldenburger Jahrbuch Bd. 58, 1959, S. 197–222.

Tamse, Coenraad A. (Hrsg.): Koningin Sophie 1818–1877. Jeugdherinneringen in Biedermeierstijl van een Nederlandse vorstin uit Wurtemberg. Zutphen, de Walburg Pers. 1984.

Tamse, Coenraad A. (Hrsg.): Nassau und Oranien, Statthalter und Könige der Niederlande. Göttingen 1985.

Thorwald, Jürgen: Blut der Könige. Das Drama der Bluterkrankung in

den europäischen Fürstenhäusern. Hamburg 1954.
Turquan, Joseph: Un Joyeux Souverain : Le Roi Jérôme, Frère de Napoléon : 1784–1860. Paris 1903.
Weber, Margot: Der letzte Komtur. Grafenau-Dätzingen 2003.
Weizsäcker, Heinrich: Maria Feodorowna, die Russische Kaiserin aus dem Hause Württemberg. In: Württembergische Vierteljahreshefte für Landesgeschichte, Neue Folge, Bd. 42, 1936, S. 286–300.
Wencker-Wildberg, Friedrich: Das Haus Napoleon. Geschichte eines Geschlechts. Stuttgart 1939.
Wocker, Karl-Heinz: Königin Victoria. Düsseldorf 1978.
Zubow, Valentin Graf: Zar Paul I. Mensch und Schicksal. Stuttgart 1963.

Sonstige Quellen

Archiv des Hauses Württemberg, Altshausen: Hofdiarien.
Hauptstaatsarchiv Stuttgart: Württembergisches Hausarchiv:
G – Bestände
E 55 – Ministerium für Familienangelegenheiten, kgl. Haus.
Niederländisches Königliches Hausarchiv: KHA A 46 und A 47

Bildnachweis

Archiv der Hofkammer des Hauses Württemberg:
S. 8, 140, 147.
Archiv Harald Schukraft:
S. 23, 25, 27, 190.
Archiv Sabine Thomsen:
S. 11, 61, 65, 97.
Musée Fesch, Ajaccio:
S. 128.
Napoleonmuseum Arenenberg:
S. 131, 133, 134, 137.
Harald Schukraft:
S. 126, 136.
Stichting historische verzamelingen van Het Huis Oranje-Nassau:
S. 2, 152, 155, 157.
Eberhard Wenzler:
S. 15.

Alle übrigen Fotos:
Archiv Silberburg-Verlag

Stammtafel des Hauses Württemberg

Herzog Friedrich Eugen von Württemberg 1732–1797 ∞ **Sophie Dorothee von Brandenburg-Schwedt** 1736–1798

- **Friedrich I.** 1754–1816
  - ∞ I Auguste von Braunschweig-Wolfenbüttel
  - ∞ II Mathilde von Großbritannien
  - Kinder (I):
    - **Wilhelm I.** 1781–1864
      - ∞ I Charlotte von Bayern
      - ∞ II Katharina Pawlowna
      - ∞ III Pauline von Württemberg
      - Kinder (II):
        - **Marie** 1816–1887 ∞ Alfred Graf Neipperg
        - **Sophie** 1818–1877 ∞ Wilhelm III. der Niederlande
          - Wilhelm
          - Maurits
          - Alexander
    - **Katharina** 1783–1835 ∞ Jérôme Bonaparte
      - **Jérôme Napoleon** 1814–1847
      - **Mathilde** 1820–1904
      - **Napoleon Charles Plon-Plon** 1822–1891
        - Nachkommen Bonaparte
    - **Sophie Dorothea** 1783–1784
    - **Paul** 1785–1852 ∞ Charlotte von Sachsen-Hildburghausen
      - 5 Kinder
- **Ludwig** 1756–1817
  - ∞ I Marianne von Czartoryska
  - ∞ II Henriette von Nassau-Weilburg
- **Eugen** 1758–1822
  - ∞ Luise zu Stolberg-Gedern
- **Sophie Dorothea** 1759–1828 (Maria Feodorowna)
  - ∞ Zar Paul I. von Russland
  - 10 Kinder